COLLECTION TÉMOINS

Un procès « ordinaire » en U.R.S.S.

Le Dr Stern devant ses juges

Édité par August Stern

TRADUIT DU RUSSE
PAR ANIA CHEVALLIER

nrf

GALLIMARD

AVERTISSEMENT DE L'ÉDITEUR

Le 25 mars 1976, Le Monde *publiait l'appel suivant de Jean-Paul Sartre et Simone de Beauvoir, accompagné de la signature de cinquante prix Nobel :*

« Le 25 mars 1975 — voici un an jour pour jour — la cour d'appel de l'Ukraine confirmait la sentence qui condamnait le docteur Mikhaïl Stern à huit ans de travaux " correctifs " dans un camp à régime renforcé. Le docteur Stern exerçait depuis trente ans la profession de médecin; en 1974, l'année de son arrestation, il dirigeait le département consultatif du centre d'endocrinologie de Vinnitza; il avait organisé le premier dispensaire spécialisé dans le traitement du goitre en Ukraine de l'Ouest; c'est en grande partie grâce à lui que cette maladie qui frappait en Ukraine des villages entiers a presque disparu. Par son dévouement et sa compétence, il s'était acquis la plus haute estime de tous, tant en Ukraine que bien au-delà de ses limites.

« Cependant, le tribunal de Vinnitza le reconnut coupable. L'acte d'accusation fabriqué par le juge Kravtchenko, après interrogatoire de plus de deux mille des anciens patients du docteur Stern, lui reprochait d'avoir reçu, au cours de plus de vingt ans, les " pots-de-vin " suivants : deux oies, un coq, soixante-dix œufs, trois paniers de pommes et 775 roubles *.

« Malgré tous les efforts du K.G.B., aucun des faits allégués ne put être établi. Et, d'ailleurs, le délit de concussion

* Le rouble vaut 6,50 F au cours officiel. En réalité, sa valeur est très inférieure.

n'existe que pour les fonctionnaires. Il sautait aux yeux que le verdict était aussi inique que grotesque.

« En vérité, les prétextes invoqués n'avaient aucune importance; c'est pour de tout autres raisons que la justice soviétique frappait le praticien. Son fils Victor, physicien et mathématicien, âgé de trente-quatre ans, et son fils August, docteur en psychologie, âgé de trente ans, avaient déposé une demande d'émigration. Étant donné leur brillante réputation et leur statut relativement privilégié, le K.G.B. estima que leur départ apparaîtrait comme une contestation de la société soviétique. Il exigea du docteur Stern qu'il s'opposât à leur désir, comme la loi lui en donnait le droit. Mikhaïl Stern refusa : ses fils étaient majeurs, il n'entendait pas contrarier leur volonté. Aucune menace ne put le faire plier.

« C'est pourquoi, aujourd'hui, dans un camp de Kharkov où les conditions sont très dures, il visse des boulons. Son fils August a obtenu en 1975 le droit d'émigrer. Son fils Victor a été chassé d'Union soviétique, contre son gré, abandonnant à sa solitude une mère malade.

« Le fait que le docteur Stern fût juif n'est sûrement pas étranger au malheur qui s'est abattu sur lui. Mais nous ne le savons que trop, il y a bien d'autres circonstances où s'exerce en U.R.S.S. l'arbitraire étatique : en cas de non-conformisme idéologique, par exemple. Par-delà le drame du docteur Stern, c'est cet arbitraire que nous entendons dénoncer ici.

« Mais aussi, et en premier lieu, nous unissons nos voix dans l'espoir de sauver le docteur Stern. " Mourir debout plutôt que vivre à genoux ", a-t-il écrit dans son testament. Et c'est bien de mort qu'il s'agit. Sa santé détruite, astreint à des tâches épuisantes, il ne résisterait pas à une prolongation de sa peine. Un appel a été introduit devant la Cour suprême : nous la conjurons de l'entendre. Le seul crime du docteur Stern, c'est d'avoir respecté en la personne de ses fils le droit de l'homme à la liberté. Par représailles, sa propre liberté lui a été ôtée; et les contraintes qui pèsent sur lui vont le priver de sa vie même. Il est encore temps pour la justice soviétique de racheter cet attentat qu'à travers le docteur Stern elle a commis contre la personne humaine. Sinon elle achèvera de se déshonorer. »

Tandis que cet appel restait sans reponse, une liasse de documents dont l'authenticité n'était pas douteuse parvenait aux Éditions Gallimard : les minutes mêmes des audiences du procès qui s'était déroulé du 11 au 31 décembre 1974 à Vinnitza, ville d'environ 300 000 habitants près de Kiev.

L'accusé, comme on le verra, ayant refusé toute participation au procès si sa famille n'était pas autorisée à y assister, Victor et August Stern avaient eu l'idée audacieuse d'emporter deux petits magnétophones, plus ou moins ostensiblement dissimulés sous leurs vêtements et dont le micro dépassait de leur manche. Stupeur et affolement du K.G.B. local, dans la petite salle remplie d'une cinquantaine d'assistants pour la plupart de la police : aucun règlement ne prévoyait le cas, une fouille publique aurait fait mauvais effet.

Plusieurs fois les bandes furent saisies à la sortie ou lors d'arrestations en ville. Mais c'était mal compter avec la rapidité d'un réseau amical. Déjà les bandes avaient été repiquées, dactylographiées en plusieurs exemplaires, complétées par les notes prises en séance même, déjà elles s'étaient envolées aux quatre coins des capitales de l'Ouest. Une fois sortis d'U.R.S.S., les deux frères mirent plus d'un an à recomposer le puzzle dispersé.

« Cela n'aurait jamais été possible à Moscou même », explique August Stern, mais à Vinnitza, semble-t-il, le K.G.B. fut pris de court. Coincé d'une part entre la terreur de la hiérarchie et l'effroi devant l'intelligence de cette famille courageuse et cultivée, coincé aussi entre un légalisme pointilleux et l'arbitraire brutal, le K.G.B. de Vinnitza n'eut visiblement pas la tâche facile et manqua de réflexes. L'exceptionnelle résistance morale du docteur Stern acheva de le décontenancer.

Une circonstance supplémentaire explique sans doute, aux yeux d'August Stern, les méandres du procès et l'hésitation des autorités. Le procès coïncida partiellement avec la négociation du sénateur Jackson qui proposait un accord commercial contre des mesures libérales en faveur de l'émigration de citoyens soviétiques et pas seulement juifs. Pendant la première moitié des débats, jusqu'au 20 décembre, on put donc croire à une simple manœuvre d'intimidation qui se terminerait par un acquittement ou du moins par une peine seulement destinée à discréditer le docteur Stern ou à justifier son expulsion. Ce n'est qu'après l'échec de la négociation Jackson, paraît-il, que le juge Orlovsky donna l'impression d'avoir reçu des ordres clairs sur la manière de conduire les opérations.

*

L'intégralité du document — que August Stern tient à la disposition de qui voudrait le consulter — représente à peu près trois fois ce qui est ici publié. Bien que ce soit sa monotonie même, son caractère répétitif et ritualisé qui fasse à nos yeux son prix et son intérêt, il était matériellement impossible de le publier in extenso. *Le découpage et la présentation opérés par August Stern et la traductrice Ania Chevallier ont reposé sur trois principes :*

1° Tous les témoignages secondaires ou par trop répétitifs ont été systématiquement écartés.

2° Pour la clarté de la lecture, la chronologie de l'audition des témoins a été restructurée : ont été regroupés sur le même jour soit l'audition du même témoin convoqué plusieurs jours différents, soit les dépositions sur la même affaire de plusieurs témoins. Cependant la déposition des principaux témoins a été intégralement respectée.

3° Le réquisitoire et le texte du verdict reprennent identiquement et pratiquement dans les mêmes termes, les faits allégués dans l'acte d'accusation. Cette répétition est même sans doute un des aspects les plus significatifs de la nature de ce procès, dont les quinze jours de débats étaient donc inutiles. Cependant, pour ne pas répéter trois fois le même texte, il a paru plus éclairant de citer les extraits de l'acte d'accusation en encadré avant l'audition de chaque témoin. On les a supprimés dans le réquisitoire et le verdict, dont seules les parties générales ont été retenues. Le même principe s'applique à la plaidoirie : la partie générale est reproduite au moment où elle a été prononcée, les passages portant sur les faits particuliers étant reproduits dans le pourvoi en cassation publié intégralement en annexe. L'attitude de l'avocat, dont on ne peut d'ailleurs que souligner le courage en s'interrogeant sur la nature de sa fonction, n'est pas un des aspects les moins instructifs de cette affaire.

Tel qu'il lui est offert, le lecteur ne pourra qu'être sensible à la richesse de ce dossier comme à son caractère unique : prélèvement inattendu sur le quotidien soviétique, document aujourd'hui extraordinaire sur ce procès que le procureur Krivoroutchko déclare lui-même « très ordinaire ».

Pierre Nora,
Directeur de la collection « Témoins ».

EN GUISE DE PROLOGUE

SAISIE DES ENREGISTREMENTS DU PROCÈS

Moscou, le 2 janvier 1975 (Agence U.P.I.).

Le fils de Mikhaïl Stern, docteur soviétique, condamné il y a deux jours à Vinnitza, a été appréhendé et obligé de descendre du train faisant route vers Moscou.

Victor Stern a dit aux journalistes occidentaux que les policiers locaux l'avaient informé que c'était sur ordre du K.G.B.

Il fut retenu pendant sept heures. Sa serviette contenant des bandes magnétiques et des documents relatifs au procès de son père fut confisquée.

Victor Stern déclara que le matériel saisi n'était pas l'unique exemplaire des transcriptions et qu'il en existait des doubles.

PROCURATURE D'U.R.S.S.
Le procureur de
la Région de Vinnitza
le 16.IV.1975
N° 4/2133-74

Au citoyen Stern, Victor

Je vous informe que votre demande de restitution de magnétophones-cassettes avec l'enregistrement du procès de l'affaire accusant Stern M. selon les articles 168 et 143 du code pénal de la R.S.S. d'Ukraine, qui vous ont été confisqués, ne peut être satisfaite, dans la mesure où vous avez procédé à cet enregistrement sans l'autorisation de la Cour et qu'ils constituent la preuve de vos agissements illégaux.

Au nom du Chef de la section d'investigation
du Parquet de la Région de Vinnitza,
Le Conseiller de Justice

A.V. Reznik.

Avant le procès

6 NOVEMBRE 1973

204 jours avant l'arrestation
400 jours avant le procès

Au département de délivrance des visas
camarade EFREMOV

REQUÊTE

Je demande que soit accepté pour examen mon dossier ci-joint concernant mon désir d'émigrer de l'Union soviétique.

August STERN

6 novembre 1973

25 AVRIL 1974

34 jours avant l'arrestation
230 jours avant le procès

10 heures du matin. Bureau du chef du département des passeports de la direction des Affaires intérieures du K.G.B. de Vinnitza.

LE FONCTIONNAIRE : Vous devinez pourquoi vous avez été convoqué?

Dr Mikhaïl STERN : Je ne joue pas aux devinettes.

LE FONCTIONNAIRE : Nous savons que votre fils a déposé une demande de visa pour quitter le pays. Ne pensez-vous pas que ce fait risque de discréditer le gouvernement soviétique?

STERN : Je ne pense pas que le fait de changer de pays de résidence puisse discréditer un gouvernement.

LE FONCTIONNAIRE : Depuis combien de temps êtes-vous membre du Parti?

STERN : Depuis 31 ans.

LE FONCTIONNAIRE : Comment un communiste peut-il autoriser son fils à partir pour le monde capitaliste?

STERN : On peut aussi être communiste là-bas.

LE FONCTIONNAIRE : Et s'il lui fallait un jour se battre contre l'Union soviétique?

STERN : Est-ce que quelqu'un a l'intention d'attaquer l'Union soviétique?

LE FONCTIONNAIRE : Votre obligation et votre devoir est d'interdire à votre fils de partir.

STERN : Mon obligation est de me conformer à la loi, mon devoir est d'être honnête.

Un long silence.

LE FONCTIONNAIRE : Votre fils a soutenu une thèse de doctorat?

STERN : Oui.

LE FONCTIONNAIRE : Moi aussi, j'ai l'intention d'écrire une thèse... sur les causes de départ d'U.R.S.S. Notre conversation doit me servir de documentation scientifique.

STERN : Mon fils August avait d'autres méthodes pour se documenter...

LE FONCTIONNAIRE : Je suis sociologue.

STERN : Il ne pouvait faire venir sa documentation sur convocation.

LE FONCTIONNAIRE : Eh oui, apparemment vous ne craignez pas la colère du peuple en donnant votre accord au départ de votre fils.

STERN : Mon fils est adulte. Je refuse catégoriquement de m'opposer à sa volonté et de lui imposer ses décisions.

13 MAI 1974

16 jours avant l'arrestation
212 jours avant le procès

Au Président du K.G.B.
camarade ANDROPOV

DÉCLARATION

A mon retour d'un congrès d'endocrinologie de Kharkov, j'ai été informé par les membres de ma famille que le 12 mai 1974 ils avaient tous été convoqués simultanément et retenus pendant 4 heures dans les locaux de différentes sections de la Direction de la Sûreté de l'État sous des prétextes divers.

Pendant ce temps des « inconnus » avaient pénétré par effraction dans mon appartement avec des « intentions inconnues ».

J'estime qu'il s'agit là d'une violation de domicile caractérisée.

Je demande que ma famille soit protégée de telles incursions à caractère de gangstérisme.

Je vous serais reconnaissant de faire procéder à une enquête sur les actions illégales des collaborateurs du K.G.B. de Vinnitza, car j'ai tout lieu de craindre qu'il ne s'agisse d'une action concertée et préparée d'avance dans le but de me compromettre.

Dr Mikhaïl STERN

Le 13 mai 1974

29 MAI 1974

Arrestation

Extrait de la déposition de STERN au procès :

« ... A l'aube, une foule de miliciens et de civils s'est précipitée dans l'appartement et, me couvrant de menaces et d'injures, a commencé une perquisition illégale. J'ai été arrêté et jeté en prison... »

23 AOUT 1974

110 jours avant le procès

KIEV — PROCURATURE DE LA R.S.S.D'U.

La plainte reproduite ci-dessous a été remise le 23 août par Victor Stern au Chef de la Direction des Enquêtes de la Procurature de la R.S.S.d'U., V. Pozniak.

Au Procureur de la R.S.S.d'U.
camarade F. Gloukh

de la part de Stern Victor
et Stern August.

PLAINTE

Le 29 mai 1974 a été arrêté notre père Stern Mikhaïl.

L'arrestation fut précédée d'une série d'actions de violations criminelles de la loi et d'arbitraire, commises par les autorités locales.

Au moment de l'arrestation de Stern M. leur fut remise et notée dans l'inventaire de la perquisition, une plainte datée du 13 mai 1974, adressée au Président du K.G.B., camarade Andropov. Cette plainte demandait de faire toute la lumière sur la pénétration par effraction de membres « inconnus » du K.G.B. dans notre appartement aux fins d'une perquisition illégale.

Le 29 mai Stern August fut convoqué pour la délivrance d'un visa pour quitter l'U.R.S.S. Le jour même notre père fut arrêté et nos domiciles fouillés. La perquisition de nos domiciles dura trois jours, sous la direction du juge d'instruction du Parquet régional de Vinnitza, V. Kravtchenko. accompagnée de violations brutales de la légalité socialiste. Les perquisitions n'ont permis, et ne pouvaient pas permettre, de trouver quoi que ce soit de criminel. Toutefois, sur ordre du juge d'instruction du Parquet régional de Vinnitza, Kravtchenko, furent confisqués nos documents strictement personnels : le manuscrit d'une monographie inédite, des exemplaires d'auteurs d'articles scientifiques, des microfilms d'articles scientifiques faits très officiellement, des bibliographies, des archives personnelles.

Au cours de la perquisition furent également saisis des objets de la propriété personnelle de STERN Victor : un fusil de chasse et une automobile. La voiture fut emmenée par les collaborateurs du Parquet sans que fût présenté le moindre document ordonnant sa saisie.

Nous considérons que la confiscation de nos papiers et objets strictement personnels, dont l'appartenance peut être prouvée par des documents, constitue une violation brutale de nos droits constitutionnels. En conséquence, nous vous prions instamment, camarade Procureur de la République, de donner l'ordre de restitution immédiate des documents et objets illégalement saisis.

Le caractère des procédés employés pour l'arrestation et les perquisitions, la saisie illégale de documents et objets nous donnent des raisons de penser que sur une initiative locale on persécute un homme dans le but de déshonorer son nom sans tache. La raison de cette persécution fut clairement exprimée au cours de la perquisition du 29 mai 1974 par le juge d'instruction du Parquet régional de Vinnitza, V. KRAVTCHENKO, qui déclara que le procès intenté avait un lien avec notre désir de quitter le pays. Ces paroles se trouvent confirmées par le fait qu'à la demande du Parquet régional de Vinnitza, l'octroi du visa de sortie à STERN August a été retardé.

Toutes nos plaintes concernant les illégalités de l'instruction et nos demandes que soit mis fin aux violations commises ont été renvoyées au Parquet régional de Vinnitza. De plus, en contravention de la loi, le 28 juin 1974, nous avons reçu une réponse à nos plaintes signée du juge d'instruction du Parquet régional de Vinnitza, camarade KRAVTCHENKO, la personne même dont les illégalités faisaient l'objet de nos plaintes.

KRAVTCHENKO nous informait avec une naïveté moqueuse qu'il n'y avait aucune violation de la loi dans ses actions.

Les accusations monstrueuses à l'adresse de notre père, médecin ayant plus de 30 ans de pratique, sont absolument sans fondement. Cependant, par mesure de coercition, le Parquet régional de Vinnitza a choisi la mise aux arrêts. Dans la ville de Vinnitza se répandent les rumeurs les plus absurdes, ayant un relent médiéval sur les causes de l'arrestation. Autour d'une accusation non encore établie, se crée une atmosphère empoisonnée au sujet du « médecin meurtrier en blouse blanche ».

Étant profondément convaincus de l'innocence de notre père, STERN Mikhaïl, et eu égard à son âge ainsi qu'à son état de santé, nous vous prions, par pure humanité et pour ramener l'atmosphère à la normalité légale, de reconsidérer la décision de cette mesure de coercition.

Notre mère est la victime d'une campagne de terreur aussi absurde qu'inhumaine, ainsi que d'attaques physiques : toutes les vitres de son appartement ayant été brisées à coups de pierres, elle a été personnellement blessée. La milice appelée a refusé d'enquêter sur ces faits. Des menaces téléphoniques anonymes se succèdent de jour comme de nuit, coïncidant étonnamment avec les actions entreprises par le Parquet régional de Vinnitza.

Nous nous sommes adressés au Parquet régional de Vinnitza en exigeant que soit admis à prendre connaissance de l'affaire un avocat de notre choix du barreau de Moscou. Un refus nous fut notifié sous une forme injurieuse et le juge d'instruction nous a déclaré que « ne serait admis qu'un avocat du barreau de Vinnitza ».

A la question de ma mère, demandant de quoi notre père était accusé, le juge d'instruction KRAVTCHENKO déclara : « Ce n'est pas votre affaire. Vous le saurez en temps voulu. »

Toutes les violations de la loi énumérées, l'absurdité et le caractère artificiel des accusations contre notre père, la falsification des témoignages et la préparation de l'opinion publique à faire du « médecin-meurtrier » la proie d'une justice sommaire démontrent clairement le sens profond de cette persécution tendancieuse sans précédent, impensable de nos jours, encouragée par le K.G.B. de Vinnitza.

Nous basant sur les droits constitutionnels dont bénéficie tout citoyen de l'Union soviétique, nous nous adressons à vous pour exiger :

votre intervention immédiate et efficace pour mettre instantanément un terme aux persécutions dont notre père STERN Mikhaïl est l'objet, ainsi que pour déterminer et sanctionner les fonctionnaires coupables des violations de la loi mentionnées.

Nous adressant à vous en cette affaire, nous restons persuadés du triomphe de la justice, qui est à la base de la légalité socialiste.

Victor STERN
August STERN

Ayant pris connaissance de la plainte, V. POZNIAK déclara à Victor STERN que, si les actions du juge d'instruction KRAVTCHENKO ne correspondaient pas à la lettre de la loi, elles correspondaient à son esprit. Il confirma que l'émigration de l'U.R.S.S. discréditait son gouvernement et suggéra confidentiellement que le plus sûr moyen de classer l'affaire était de retirer les demandes de visas.

24 AOÛT 1974

109 jours avant le procès

Au département de délivrance des visas
de VINNITZA

REQUÊTE

Je demande que me soient fournis les questionnaires indispensables pour la formulation d'une demande de visa pour quitter l'U.R.S.S.

Victor STERN
Le 24 août 1974

3 SEPTEMBRE 1974

Trois mois après l'arrestation

COMMISSION ROGATOIRE, adressée par le juge d'instruction à 25 enquêteurs des Parquets régionaux de VINNITZA, donnant des directives pour tenter d'établir des chefs d'inculpation à l'encontre du Dr STERN déjà arrêté et détenu préventivement depuis trois mois au secret à la prison n° 2 de VINNITZA.

COMMISSION ROGATOIRE

J'instruis l'affaire concernant la prise de pots-de-vin et l'escroquerie de l'ancien chef du dispensaire endocrinologique de la polyclinique de la région de VINNITZA, STERN Mikhaïl.

Ci-joint une liste des malades auxquels STERN a apporté son assistance médicale. Je demande de les soumettre à un interrogatoire pour établir :

1) Quand et par qui ont-ils été envoyés pour traitement.

2) De quelle façon STERN leur a extorqué de l'argent (paroles, actes, etc.).

3) Quels médicaments recevaient-ils à la pharmacie et lesquels chez STERN.

4) Quelles sommes d'argent avaient été remises à STERN.

5) Si on lui avait remis des denrées alimentaires ou autres biens matériels.

J'ATTIRE VOTRE ATTENTION SUR L'ASPECT PSYCHOLOGIQUE DE CES INTERROGATOIRES, ASSURANT LES INTERROGÉS DE LA POSSIBILITÉ DE NE PAS ÊTRE POURSUIVIS POUR AVOIR DONNÉ DES POTS-DE-VIN, etc.

Le juge d'instruction
du Parquet de la région de VINNITZA :

V. KRAVTCHENKO

9 SEPTEMBRE 1974

93 jours avant le procès
113 jours avant le verdict

TÉLÉGRAMME

Au Procureur Général d'U.R.S.S. RUDENKO
MOSCOU

SITUATION CRITIQUE M'OBLIGE M'ADRESSER À VOUS stop DEPUIS 29 MAI CETTE ANNÉE PARQUET RÉGIONAL DE VINNITZA INSTRUIT AFFAIRE DE MON MARI STERN MIKHAÏL stop EN RUPTURE AVEC TOUTES LES NORMES DE LA LÉGALITÉ SOCIALISTE LES COLLABORATEURS DES ORGANES DE L'INSTRUCTION EXERCENT DES PRESSIONS INADMISSIBLES SUR LES TÉMOINS SE LIVRENT À DES PROVOCATIONS À LEUR ENCONTRE ET LES FORCENT À PORTER DE FAUX TÉMOIGNAGES stop LE VICE-PROCUREUR DU DÉPARTEMENT D'ILIENEZ A EXIGÉ DES CITOYENNES MARIA SOLOVEITCHOUK ET ELENA TIMOCHENKO UN TÉMOIGNAGE CORROBORANT LA VERSION DE L'INSTRUCTION SUR LA CULPABILITÉ DE MON MARI MOTIVANT CETTE EXIGENCE PAR LA NÉCESSITÉ DE SAUVER LA VIE D'ENFANTS SOI-DISANT INTENTIONNELLEMENT EMPOISONNÉS PAR DOCTEUR STERN stop JE DEMANDE VOTRE INTERVENTION IMMÉDIATE

IDA STERN

7 NOVEMBRE 1974

64 jours avant le procès

PROCURATURE DE L'U.R.S.S.
Le Procureur de la région de VINNITZA
Département des Enquêtes

7.10.1974

à la citoyenne STERN Ida

Votre télégramme à l'adresse du Procureur Général RUDENKO a été examiné par la Procurature régionale.

Vérification faite, les faits exposés dans ce télégramme n'ont pas été confirmés. Aucune violation de la loi n'a été commise au cours de l'instruction de l'affaire de votre mari.

Premier Vice-Procureur
de la région de Vinnitza
Conseiller supérieur de justice

I. TEMTCHENKO

14 NOVEMBRE 1974

27 jours avant le procès
111 jours avant la confirmation du verdict

MINISTÈRE DE LA SANTÉ PUBLIQUE
DE LA R.S.S.D'U.

CONFIDENTIEL

CIRCULAIRE A USAGE INTERNE N° 00036°
Adressée le 14.11.1974

— aux chefs des directions générales et départementales du ministère de la Santé publique de R.S.S.d'U.,

— aux responsables des services régionaux et locaux de la santé,

— aux recteurs des Instituts médicaux,

— aux directeurs des Instituts scientifiques,

— aux chefs des hôpitaux et dispensaires urbains, régionaux, départementaux...

Dans la ville de Vinnitza, l'ancien chef de la polyclinique du dispensaire endocrinologique, Stern Mikhaïl, s'est livré à une activité d'extorqueur en exigeant des pots-de-vin des malades pour les faire recevoir au dispensaire sans ordonnance des hôpitaux départementaux. 15 malades lui ont donné plus de 1 000 roubles. En outre, ce grippe-sous vendait des médicaments au-dessus de leur prix.

La section de Vinnitza du ministère de la Santé publique n'a pas encore donné tout son poids à cette affaire en n'en faisant pas encore l'objet de discussions publiques des organismes médicaux.

Le ministère de la Santé publique de la R.S.S. d'Ukraine constate donc que les responsables des organismes et institutions de la Santé publique n'ont pas pris jusqu'ici les mesures déterminantes dans le but d'améliorer efficacement le travail idéologico-éducatif dans les collectivités.

Je propose aux responsables des sections de la Santé publique :

— d'organiser dans le courant de novembre-décembre de cette année une vérification vigilante de l'exécution du plan de mesures visant le renforcement du contrôle de l'activité des institutions médicales, conformément aux circulaires du ministère de la Santé de la R.S.S.d'U. n° 115/221 du 1.VII.74 et n° 139/221 du 6.X.74;

— de faire des résultats de ces contrôles l'objet de discussions en assemblées publiques les plus larges des conseils médicaux, en y invitant les responsables des institutions médicales et les collaborateurs du Parquet;

— de soumettre au Ministère les comptes rendus de ces assemblées et les ordres qui en découleront.

LE MINISTRE : BRATUS

28 NOVEMBRE 1974

13 jours avant le procès

THE TIMES
28.XI.1974

Dans la ville ukrainienne de Vinnitza, va commencer un procès criminel.

Le prisonnier est un médecin, Mikhaïl STERN, et les accusations auxquelles il aura à faire face n'ont pas encore été révélées. Toutefois, à moins que les nerfs des autorités soviétiques ne lâchent à la dernière minute et qu'ils n'inventent une histoire d'espionnage ou de spéculation financière, il est probable qu'il sera accusé d'assassinat par empoisonnement d'enfants soviétiques, ce qui lui fut déjà reproché par écrit dans la presse.

Depuis 1963 et jusqu'à son arrestation en mai de cette année, le Dr STERN a travaillé en tant que médecin consultant au dispensaire endocrinologique de Vinnitza. Il jouissait d'une réelle affection et de la confiance de ses patients, qui venaient aussi bien de loin que de la ville même.

En novembre de l'année dernière, le fils cadet du Dr STERN, psychologue, déposa une demande pour émigrer. Le Dr STERN fut pressé par les autorités de dissuader son fils de cette intention, ce qu'il refusa. Depuis ce jour, lui-même et toute sa famille furent soumis à une série d'interrogatoires. Le 29 mai de cette année il fut arrêté. Son appartement et ceux de ses deux fils, ainsi que celui d'une belle-sœur de l'un d'eux, furent mis à sac par le K.G.B., qui commit de nombreuses violations de la loi soviétique.

Le Dr STERN fut gardé au secret, un refus ayant été opposé à sa famille d'avoir le moindre accès à lui, ce qui leur est d'ailleurs toujours refusé. C'est un homme très malade, souffrant entre autres d'ulcères et de sténocardie. Durant les trois mois où le Dr STERN fut détenu dans une cellule du sous-sol de la prison de Vinnitza, les autorités ont désespérément cherché, mais en vain, à trouver des preuves d'une action délictueuse quelconque de sa part. C'est pourquoi ils se sont mis à en fabriquer, en subornant les témoins appropriés.

Tous les patients qui avaient consulté le Dr STERN dans les dix dernières années (quelques milliers) furent interrogés par un groupe spécial de 25 enquêteurs. Les enquêteurs exigeaient qu'ils témoignent de la culpabilité du Dr STERN d'assassinats d'enfants. Les plaintes adressées par sa famille contre la nature de ces procédés ont été rejetées et, en violation même de la loi soviétique, rejetées par la personne même désignée dans ces plaintes, l'homme chargé des interrogatoires, le juge d'instruction KRAVTCHENKO. Quand la famille demanda que l'on expose l'affaire à un avocat de Moscou choisi par elle, cela lui fut refusé, le prétexte invoqué étant que le Dr STERN aurait dit qu'il ne voulait que d'un avocat de Vinnitza. Il est impossible à la famille de vérifier ces dires, puisqu'on leur refuse à tous de le voir, ses fils ayant été avertis qu'ils n'auraient pas de droit de visite *tant que la sentence ne serait pas prononcée.*

Beaucoup de patients du Dr STERN, faisant preuve d'un grand courage, ont écrit des témoignages en sa faveur. Il est évident qu'il est universellement aimé. Certains d'entre eux ont exigé que l'on tienne compte de leur témoignage au procès.

Le jour de l'arrestation du Dr STERN, et pendant la perquisition des domiciles de ses proches, le juge d'instruction KRAVTCHENKO a dit devant témoins que la préparation des charges contre le Dr STERN était liée avec le désir exprimé par des membres de sa famille d'émigrer. La même chose avait été admise par un autre officiel, le procureur POZNIAK, devant Victor STERN en août.

Le 21 octobre, la famille a déposé un certain nombre de requêtes et de plaintes au sujet du traitement infligé au Dr STERN et les violations de la loi soviétique commises pendant la préparation de l'affaire contre lui. La famille a demandé qu'un avocat choisi par elle prenne part dans l'affaire, ainsi que le droit de rendre visite au Dr STERN en prison. Le procureur ALEXANDROV a rejeté toutes les requêtes de la famille en bloc et ce sans donner la moindre raison.

Ceux qui furent chargés de fabriquer les charges contre le Dr STERN ont ignoré les témoignages favorables de milliers de ses patients. A ce jour ils ont persuadé quelque 40 personnes de témoigner contre lui. Pour le moment, le nom d'une seule de ces personnes est connu : c'est une femme nommée OVERTCHOUK, qui serait apparemment prête à témoigner qu'il a délibérément empoisonné des enfants et s'est livré à l'espionnage.

On se doit d'ajouter que Mme STERN fait l'objet d'une incessante campagne de dénigrement et de persécution, y compris des coups de téléphone menaçants de jour comme de nuit. Le 6 de ce mois, elle demanda au Procureur général de l'Union soviétique, RUDENKO, de mettre un terme à la persécution de son mari et de sa famille. La réponse rendit évident qu'il approuvait entièrement les actions entreprises par les autorités locales.

Maintenant, les autorités soviétiques ont franchi un pas de plus et semblent sur le point de revenir à la pratique ancienne des « procès sanglants » dans lesquels des juifs furent accusés de meurtres rituels de chrétiens et d'empoisonnement des puits.

Nous connaissons le nom du Président de la Cour : ORLOVSKY, nous ne savons rien d'autre, excepté que seule une protestation internationale immédiate peut sauver le Dr STERN.

29 NOVEMBRE 1974

12 jours avant le procès

COMMUNIQUÉ DE L'AGENCE DE PRESSE SOVIÉTIQUE,
PUBLIÉ PAR L'AMBASSADE SOVIÉTIQUE
DE LA HAYE, PAYS-BAS, LE 29.XI.1974, N° 22,
ARTICLE SIGNÉ BORIS ANTONOV.

L'instruction de l'affaire du Dr STERN a été terminée et transmise à la Cour. Le Dr STERN, un homme imposant et expansif avec une barbe noire et touffue, a informé le juge d'instruction qu'il voulait avoir deux avocats à la défense.

« Avez-vous à vous plaindre de quelque chose? Êtes-vous en bonne santé? », a demandé le juge d'instruction. « Je n'ai pas de plaintes », répondit STERN.

Mikhaïl STERN est inculpé conformément aux articles 168 et 143 du code pénal de la R.S.S. d'Ukraine. Toute personne accusée de tels délits doit être gardée au secret jusqu'au procès et n'a pas le droit de recevoir la visite de ses parents ou relations. Tout ceci est fait en conformité avec le code de procédure pénale pour permettre d'établir les faits criminels dans leur totalité. Par conséquent, l'affaire STERN, du point de vue de la procédure, ne contredit pas la loi...

3 DÉCEMBRE 1974

7 jours avant le procès

Le président du Comité des Droits de l'homme, Andreï SAKHAROV :

« J'ose affirmer que l'accusation portée contre le Dr Mikhaïl STERN constitue une provocation de la part des autorités, dans le but d'effrayer les personnes désireuses de quitter le pays. Certains aspects de cette affaire provoquent une profonde inquiétude. Plus de 2 000 personnes furent interrogées, et l'on exerça sur elles des pressions très fortes. On créa l'impression que STERN, espion et empoisonneur d'enfants soviétiques, était également un homme corrompu et un escroc. Les témoins furent avertis que s'ils reconnaissaient avoir donné des pots-de-vin à STERN, ils ne seraient pas poursuivis pour cet acte contraire à la loi soviétique. Malgré tout cela, la grande majorité des personnes interrogées refusèrent de porter un faux témoignage contre leur médecin.

Je demande aux médecins soviétiques et étrangers d'étudier les accusations portées contre leur confrère Car ces accusations ne se justifient à mon avis pas plus du point de vue médical, que moral ou légal.

L'affaire Dreyfus en France, l'affaire Beilis en Russie, ont conduit des milliers de gens à lutter contre les préjudices et les crimes de l'arbitraire étatique. En lançant aujourd'hui cet appel, j'espère que toutes les honnêtes gens de tous les coins de la terre feront tout ce qu'ils pourront pour défendre le Dr STERN. »

Le procès

MERCREDI 11 DÉCEMBRE 1974

Vinnitza — 10 heures du matin — ouverture du procès. Originalement prévue pour le 10 décembre, l'ouverture du procès fut remise d'un jour pour ne pas coïncider d'une manière embarrassante avec la Journée internationale des Droits de l'homme.

Le bâtiment du tribunal et tout le pâté de maisons furent isolés par un cordon de miliciens. Personne ne fut autorisé à pénétrer, même pas la femme de Stern, Ida, ni ses deux fils August et Victor. Stern fut amené par une garde renforcée qui avait arrêté le fourgon cellulaire tout contre la porte du tribunal.

Le fils aîné, Victor, réussit toutefois à faire savoir à son père qu'on ne les laissait pas entrer. Le docteur Stern déclara alors qu'il refusait de participer lui-même au procès si sa femme et ses fils n'étaient pas autorisés à entrer. Ce n'est qu'à la suite de cela que sa famille fut admise dans la salle d'audience.

11 DÉCEMBRE 1974

Premier jour du procès

Composition de la Cour :

Président :	V. ORLOVSKY
Assesseurs-jurés :	A. LAKHTIONOVA
	V. PODONENKO
	G. CHREPILO (remplaçant)
Procureur :	G. KRIVOROUTCHKO
Avocat de la défense :	D. AXELBANT
Secrétaire-greffier :	V. POUTCHKOVA

LE PRÉSIDENT : Accusé, levez-vous. Vos nom, prénom?

STERN : STERN, Mikhaïl.

LE PRÉSIDENT : Date de naissance?

STERN : Le 21 septembre 1918.

LE PRÉSIDENT : Nationalité?

STERN : Tant qu'il y aura sur terre un seul antisémite, à la question sur ma nationalité...

LE PRÉSIDENT : Arrêtez, STERN, arrêtez!

STERN : ... je répondrai : je suis juif.

LE PRÉSIDENT : Non! Vous pouvez répondre simplement?

STERN : Je fais ce que je peux. Je n'ai rien dit de spécial.

LE PRÉSIDENT : Vous avez intérêt à être bref... Études?

STERN : Supérieures.

LE PRÉSIDENT : Spécialité?

STERN : Médecin-endocrinologue.

LE PRÉSIDENT : Situation de famille?

STERN : Marié.

LE PRÉSIDENT : Composition de la famille?

STERN : Mon épouse — la plus belle des femmes — deux fils, adultes, un petit-fils...

LE PRÉSIDENT : Des enfants mineurs?

STERN : Non, une mère de 87 ans.

LE PRÉSIDENT : A votre charge?

STERN : Je suppose que oui, puisque je suis celui qui l'aide principalement.

LE PRÉSIDENT : Appartenance au Parti?

STERN : Membre du P.C.U.S. de 1944 à 1974.

LE PRÉSIDENT : Exclu du P.C.U.S. du fait de la présente affaire?

STERN : Je n'en ai pas été informé.

LE PRÉSIDENT : Vous n'en avez pas été informé, mais vous savez que vous avez été exclu du Parti. Situation militaire?

STERN : Officier de réserve, médecin-capitaine.

LE PRÉSIDENT : Avez-vous reçu des distinctions?

STERN : Non.

LE PRÉSIDENT : L'acte d'accusation vous a-t-il été notifié?

STERN : Oui.

LE PRÉSIDENT : Avez-vous des objections à la composition de cette Cour?

STERN : Pas d'objection, quoique, permettez-moi d'exprimer mes doutes quant à la possibilité d'examiner objectivement mon affaire dans la ville de Vinnitza.

LE PRÉSIDENT : Alors, que répondez-vous à la question de la Cour?

STERN : Je ne récuse personne.

LE PRÉSIDENT : Asseyez-vous. Annonce de la composition de la commission d'expertise médico-légale : OLNEV, candidat de sciences médicales, chef du Bureau médico-légal de la région de Vinnitza — président; Professeur KOUTCHOUK, docteur en médecine, chargé de la chaire de thérapie hospitalière à l'Institut médical de Vinnitza — membre de la commission. Le Procureur a-t-il des questions? Veut-il récuser?

LE PROCUREUR : Non.

LE PRÉSIDENT : L'avocat a-t-il des questions?

L'AVOCAT : Oui, j'ai quelques questions. Dites-moi, camarade OLNEV, vous travaillez comme chef du Bureau d'expertise médico-légale?

OLNEV : Oui.

L'AVOCAT : Êtes-vous spécialiste en endocrinologie?

OLNEV : J'ai une idée de n'importe quel domaine de la médecine.

L'AVOCAT : Mêmes questions au professeur KOUTCHOUK.

KOUTCHOUK : Je préside la chaire de thérapie hospitalière où sont dispensés des cours d'endocrinologie aux étudiants de l'Institut médical de Vinnitza. Je pense donc, en tant que professeur chargé de cette chaire, avoir une certaine compétence en endocrinologie.

STERN : Y a-t-il à cette chaire de thérapie hospitalière un cours indépendant d'endocrinologie et qui le dirige?

KOUTCHOUK : Depuis 1968, le cours d'endocrinologie est dirigé par mon ancien chargé de cours, devenu le professeur ZELINSKY.

STERN : Quels sont les rapports professionnels entre l'expert professeur KOUTCHOUK et le professeur ZELINSKY, anciens collaborateurs à la même chaire? Comme on le sait, le professeur ZELINSKY se trouve être aujourd'hui, en tant que vice-recteur de l'Institut médical de Vinnitza, le supérieur direct du professeur KOUTCHOUK.

LE PRÉSIDENT : Camarade Procureur, estimez-vous que le professeur KOUTCHOUK soit obligé de répondre à cette question?

LE PROCUREUR : Il faut d'autres motifs pour récuser, peut-être un lien de parenté, mais non les relations professionnelles. La question posée par l'accusé a trait aux relations professionnelles et j'estime donc qu'il n'y a pas d'obligation à y répondre.

LE PRÉSIDENT : La Cour autorise le professeur KOUTCHOUK à ne pas répondre à cette question. Y a-t-il d'autres questions?

STERN : Je récuse.

LE PRÉSIDENT : Attendez, l'ordre, un ordre rigoureux est à respecter : Plaignants, vous avez entendu? Vous avez le droit de récuser tant la composition de la Cour que les membres de la commission d'experts. Non? Bon. Maintenant vous avez le droit de récuser.

STERN : Je suis bien sûr un semi-ignorant dans les questions juridiques...

LE PRÉSIDENT : Non, ce n'est pas la peine...

STERN : ... je parle sincèrement, sans aucun sarcasme, mais j'estime qu'il vaut mieux être semi-ignorant en droit et de ne pas s'en occuper, que d'être semi-ignorant en médecine et de l'exercer! Je récuse catégoriquement le professeur KOUTCHOUK pour les raisons suivantes : Premièrement : le professeur KOUTCHOUK n'est pas un spécialiste en endocrinologie. Niveau d'études n'est pas niveau de compétence. Deuxièmement : le professeur KOUTCHOUK est un ami personnel et subordonné du professeur ZELINSKY, antisémite militant, qui a inspiré le présent procès, d'où je conclus...

LE PRÉSIDENT : Nous devons vous interrompre. Concrètement, pour quelles raisons le récusez-vous?

STERN : J'ai eu à faire personnellement au professeur KOUTCHOUK et déclare qu'il appartient à la même sorte d'antisémites convaincus que le professeur ZELINSKY. C'est pourquoi j'estime qu'il ne peut servir d'expert dans mon affaire.

LE PROCUREUR : La déclaration de STERN à propos d'antisémitisme militant... ces attaques de caractère injurieux, m'amènent à vous prier, camarades juges, d'avertir l'accusé que s'il continue à se conduire de la sorte, je demanderai son expulsion de la salle d'audience. Je demande qu'on lui expose les termes de la loi à ce sujet. Quant à la requête exprimée, je la considère comme non fondée pour décider de la récusation, les motifs invoqués par l'accusé STERN — vous avez pu vous en convaincre — ayant un caractère plus calomniateur que basé sur le droit de récusation. Ils ne sont pas légaux, je présume donc qu'il n'y a pas lieu de satisfaire à cette requête.

LE PRÉSIDENT : La parole est à l'avocat.

L'AVOCAT : Concernant l'exercice du droit de récusation, je voudrais attirer l'attention de la Cour sur le fait qu'il me semble que notre procès a commencé dans la nervosité et je désire que cette affaire soit examinée avec calme par votre juridiction. Je souhaiterais donc que vous ne fassiez pas seulement des observations à STERN ou à son conseil, mais aussi au camarade procureur, s'il formule des prétentions non conformes à la loi, invoquant notamment que si STERN traite un homme particulier d'antisémite, c'est le camarade procureur lui-même qui se trouve injurié. Je ne crois pas que cela puisse faire injure au camarade procureur, ni à quiconque dans cette salle, puisque STERN appelle « antisémite » une personne bien précise et qu'il a certainement de bonnes raisons pour le faire. Il parle du professeur ZELINSKY et va, je pense, s'en expliquer. Fonder là-dessus la demande d'expulsion de STERN de la salle d'audience et lui en faire grief me paraît donc illégal. Maintenant, concernant la récusation : STERN formule une requête déclarant qu'il ne fait pas confiance au professeur KOUTCHOUK, qui se trouve être l'ami et le subordonné de son ennemi personnel, le professeur ZELINSKY. D'ailleurs, ce motif est prévu par l'article 54 du Code de procédure pénale d'Ukraine. Quand le procureur déclare que cette situation n'est pas prévue par la loi, il pèche contre ce Code. Puisque nous parlons de loi, tenons-nous-en strictement à sa lettre. La loi prévoit avec une clarté absolue que : si un expert ou un de ses parents est personnellement intéressé aux résultats de l'expertise ou en présence d'autres circonstances jetant un doute sur l'objectivité de l'expert, cet expert peut être récusé. C'est le point de vue de STERN. J'ignore tout des relations de STERN et de ZELINSKY, de STERN et de KOUTCHOUK, mais si STERN affirme que telles sont ces relations, j'ai toute raison de le croire et je le soutiens. Mais j'ai d'autres arguments pour récuser le professeur KOUTCHOUK. Je vous demande de vous reporter à la page 33 du dossier, cote 2, à la décision du juge d'instruction KRAVTCHENKO de la nomination d'une commission d'expertise médico-légale dans cette affaire. Se basant sur les articles 75 et 196 du Code de procédure pénale d'Ukraine, le juge d'instruction décide de nommer pour cette affaire une commission d'expertise médico-légale et de confier l'exécution de cette expertise au Bureau médico-légal de la région de Vinnitza. A la page 35 du même dossier se trouve la trace de la notification à STERN de la création de cette commission. C'est-à-dire que le juge d'instruction s'est conformé à la loi et a informé l'accusé de la décision prise en lui exposant son droit de récuser des experts. Sachant que le professeur KOUTCHOUK n'a aucun rapport avec le bureau médico-légal, STERN n'a récusé personne.

A propos, si vous consultez le Code de procédure pénale, vous y trouverez des précisions concernant les conditions de constitution d'une commission d'expertise médico-légale. Il existe une directive de la commission juridique près le

Praesidium de la république d'Ukraine. Cette directive stipule : si l'on confie le soin de l'expertise non pas à une personne, mais à une institution, elle doit être faite uniquement par les membres appartenant à cette institution. Si vous parcourez le dossier de cette affaire, vous n'y verrez nulle part la décision du juge d'instruction de confier cette expertise au professeur KOUTCHOUK, c'est-à-dire que le camarade KOUTCHOUK n'a pas été formellement et légalement nommé et je suis étonné que dans ces conditions il ait procédé à l'expertise. Qui l'a chargé de participer à cette expertise? Aucun document ne le mentionne dans le dossier. J'estime que cette violation de la loi, commise par le juge d'instruction est en elle-même, sans prendre en considération les relations personnelles entre STERN et KOUTCHOUK, une raison suffisante pour que l'on déclare à haute et intelligible voix la participation du professeur KOUTCHOUK à la présente audience illégale, comme est illégale sa signature au bas de l'expertise. Pour cette raison, j'estime que le professeur KOUTCHOUK ne peut participer aux audiences et je le récuse, comme l'a fait STERN.

LE PROCUREUR : Le Bureau d'expertise médico-légale a le droit de faire appel pour l'examen d'un cas qui lui est soumis, à n'importe quel spécialiste de n'importe quelle discipline qui lui paraît nécessaire. Et si le bureau, c'est-à-dire le camarade OLNEV a agi de la sorte, je pense qu'il n'y a là aucune violation de la loi. Mais si vous estimez, camarade avocat, qu'il y a violation, je pense que la Cour est en droit, si elle le confirme, de désigner, au cours du procès, n'importe quel représentant de n'importe quelle instance médicale pour procéder à l'expertise. J'estime qu'il n'y a aucune raison pour que le professeur KOUTCHOUK ne participe pas à l'examen de ce cas en qualité d'expert médico-légal. Je pense que la Cour le confirmera en usant de son droit de décider au cours des débats de cette expertise.

LE PRÉSIDENT : Ainsi, vous vous élevez catégoriquement contre la récusation de KOUTCHOUK?

LE PROCUREUR : Oui.

La Cour se retire dans la chambre du Conseil. Après une délibération interminable :

LE PRÉSIDENT : La Cour décide de satisfaire à la requête demandant la récusation de l'expert professeur KOUTCHOUK.

LE PRÉSIDENT : Avez-vous des requêtes à formuler?

STERN : Je demande que participe aux débats une personne parfaitement objective, n'ayant aucun lien avec l'Institut médical et le professeur ZELINSKY, mais fort compétente en endocrinologie, candidat des sciences médicales, endocrinologue, ayant soutenu une thèse d'endocrinologie, le docteur KOUPERMAN. Sa participation aux débats dans le cadre de l'expertise médicale sera parfaitement suffisante pour statuer sur mon cas.

Je demande à la Cour d'accorder à l'inculpé son droit légal d'appeler pour sa défense et pour faire contrepoids aux témoins à charge, des témoins en défense, qui se partagent en deux groupes : premièrement ceux qui ont été interrogés pendant l'instruction (les procès-verbaux d'interrogatoires figurent au dossier), qui ont fait les meilleures dépositions en faveur du médecin STERN et qui n'ont intentionnellement pas été convoqués aux audiences par le juge d'instruction KRAVTCHENKO. Les noms des témoins seront présentés par mon avocat. Deuxièmement : les témoins appelés par moi personnellement, des gens que j'ai soignés avec désintéressement, que j'ai sauvés d'une mort certaine, afin qu'ils témoignent devant la Cour que le médecin juif STERN n'est pas un escroc, un « toucheur » de pots-de-vin, un voleur, mais un praticien qualifié qui a prodigué ses soins avec désintéressement durant trente ans de sa vie.

J'ai une troisième requête instante à présenter à la Cour. Prenant en considération ce qui a été constaté et confirmé par une expertise médico-légale, à savoir qu'à 57 ans, le temps passé en prison, dans les conditions les plus pénibles, a eu des répercussions sur ma santé, je prie la Cour, à titre exceptionnel, étant donné qu'il me sera demandé un effort colossal, d'accorder pour des raisons strictement humanitaires le droit à mes proches de me remettre, pendant les suspensions d'audience, une nourriture diététique, correspondant à mon état de santé.

LE PRÉSIDENT : C'est tout?

STERN : Non. Je demande instamment à la Cour de

pouvoir communiquer avec mon avocat sans demander chaque fois l'autorisation préalable du Président de la Cour, prenant en considération la difficulté de ma défense étant donné que durant 6 mois, détenu dans une cellule à régime sévère, j'ai été privé de toute possibilité de préparer cette défense.

Enfin je voudrais formuler la requête suivante et sa satisfaction ou son rejet sera pour moi un test de l'objectivité de la Cour : pendant l'instruction de toute affaire de droit commun ou non, les confrontations de l'accusé avec les témoins jouent un rôle déterminant dans la recherche de la vérité. Le juge d'instruction du Parquet régional de Vinnitza, KRAVTCHENKO, ayant reçu la mission de transformer par n'importe quels moyens le médecin STERN en escroc et « toucheur » de pots-de-vin, a conduit l'instruction avec une monstrueuse partialité et cruauté. C'est intentionnellement qu'il n'a pas procédé aux confrontations avec les témoins. A plusieurs reprises, j'ai exigé par écrit la confrontation avec tous les témoins sans exception. Parmi les 92 témoins, je n'ai été confronté qu'avec 5. C'est pourquoi j'insiste, je suis profondément persuadé que chaque témoin à charge a été préparé pour accabler le médecin juif STERN selon la recette de l'affaire des « blouses blanches » de 1952. Le juge d'instruction KRAVTCHENKO a largement recouru au chantage et à l'intimidation des témoins pour obtenir d'eux les dépositions qui lui plaisaient...

LE PRÉSIDENT : Vous n'êtes pas un illettré. Vous pouvez parler brièvement. Dites ce que vous voulez. Ce n'est pas une réunion ici, c'est un tribunal. La Cour siège pour examiner objectivement cette affaire.

STERN : Je ne suis pas un illettré, mais il me semble que j'ai le droit...

LE PRÉSIDENT : Accusé STERN, vous vous adressez à la Cour ou au public?

STERN : On leur a dit que le médecin STERN, avec sa barbiche, a été arrêté, qu'on l'avait soudoyé pour qu'il soigne mal les gens soviétiques, qu'il...

LE PRÉSIDENT : Allons, aucun rapport avec l'affaire...

STERN : ... qu'il est un espion, qu'il voulait décamper à l'Ouest; si vous confirmez qu'il prenait de l'argent, il sera envoyé aux Solovki *. Je suis persuadé qu'on faisait peur aux témoins, recourant au chantage. Si la Cour a l'intention d'examiner objectivement ma soi-disant affaire de droit commun — qui constitue en fait des représailles non dissimulées contre quelqu'un ayant le désir de quitter le pays, ce qui ne contrevient en rien aux lois soviétiques et reste conforme aux principes et idéaux de la Déclaration des droits de l'homme acceptée par l'O.N.U. et signée par l'Union soviétique — cette Cour doit me donner la possibilité d'une confrontation avec tous les témoins, en présence du procureur et de mon avocat, avant l'ouverture des débats. Si la Cour n'a pas l'intention de faire de ce procès la même tragi-comédie que son instruction, elle doit satisfaire à cette requête.

LE PRÉSIDENT : En deux mots, que voulez-vous?

STERN : Je demande une confrontation avec les témoins à charge avant l'ouverture des débats ou au moins que chaque témoin soit averti que je ne suis pas accusé d'espionnage ni d'empoisonnement et qu'il a le droit devant la Cour de rétracter ses dépositions faites pendant l'instruction.

LE PRÉSIDENT : La Cour agira conformément à nos lois. En ce qui concerne les confrontations, il ne peut y en avoir d'autres que celles librement acceptées par les personnes... Ici, en présence du public, nous procéderons aux interrogatoires. Quelle est l'opinion des parties?

LE PROCUREUR : Le fait est que cette requête n'est pas recevable. Toutefois, un médecin spécialiste endocrinologue est indispensable pour juger du cas porté devant la Cour. Mais qui désigner comme expert? Je pense qu'il faut en décider en chambre du Conseil, en consultation avec les organes compétents. J'estime donc qu'il n'y a pas lieu de satisfaire à cette requête et que cette question doit être résolue en particulier. En ce qui concerne les témoins supplémentaires, il me semble qu'on doit laisser cette question en suspens pour le moment... et qu'au cours des audiences ces questions vont être examinées durant les interrogatoires de tous les témoins, surtout qu'une partie de ceux-ci, entendus pendant l'instruction, a déposé en faveur de l'accusé STERN. Si la convocation de témoins

* Lieu des premiers camps de concentration soviétiques.

supplémentaires s'avérait nécessaire, cette question pourrait être tranchée au cours des débats.

L'AVOCAT : Pour ce qui est de la requête concernant l'exécution de l'expertise, il me paraît étrange que le procureur s'efforce de corriger les illégalités commises pendant l'instruction. Il me semble que la Cour est la première intéressée à la satisfaction de cette requête. Pourquoi? Nous n'avons maintenant que l'expert OLNEV, qui est un médecin-légiste possédant, comme il l'a dit lui-même, « une idée de n'importe quel domaine de la médecine ». Il faut réfléchir et c'est pourquoi il me semble que faire appel au camarade KOUPERMAN, qui travaille dans un hôpital des Chemins de fer, possède un grade de Candidat des Sciences médicales et une qualification de médecin-endocrinologue, nous aidera à résoudre toutes les questions propres à l'endocrinologie. J'estime donc qu'un expert endocrinologue est absolument indispensable dans ces conditions.

Deuxièmement : en ce qui concerne les témoins. Il me semble qu'il faut résoudre cette question maintenant. Pourquoi? Parce que certains d'entre eux sont ou seront présents dans la salle s'ils ne savent pas qu'ils seront appelés à témoigner. Si cette question devait être tranchée vers la fin du procès, je crois qu'il sera difficile d'assurer la présence des témoins.

La requête de STERN de faire appel comme expert à une personne précise ne contrevient pas aux dispositions légales et il me semble que cette question doit être résolue non pas par les « organes compétents », mais par la Cour et non en chambre du Conseil mais en audience publique.

La Cour se retire dans la salle des délibérations.

LE PRÉSIDENT : La Cour a examiné la requête de STERN et résolu... euh... de résoudre la question de l'expertise et de la convocation de témoins supplémentaires au cours des audiences ultérieures. En ce qui concerne la nourriture diététique, ne le consignons pas au plumitif, mais j'autorise qu'on vous remette cette nourriture au cours des suspensions.

Le Président donne lecture de l'acte d'accusation :

Visé par
Le procureur de la région de Vinnitza
Conseiller de justice d'État
de la classe III
G. TARNAVSKY

ACTE D'ACCUSATION *

Accusé : STERN Mikhaïl
Chefs d'accusation :
articles 168 § II et 143 § II
du code pénal de la R.S.S.d'U.

Des indices sont parvenus au Parquet régional, relatifs aux agissements frauduleux, d'escroquerie et de corruption, du chef de la polyclinique du dispensaire endocrinologique régional de Vinnitza, STERN Mikhaïl. Une enquête permit d'établir des éléments susceptibles d'entraîner l'ouverture, le 27 mai 1974, de poursuites criminelles.

Les résultats de l'enquête ont établi, qu'en travaillant en tant que responsable des consultations de la polyclinique du dispensaire endocrinologique régional de Vinnitza, STERN M., possédant une expérience pratique suffisante et jouissant de par ses fonctions d'une autorité suffisante auprès des malades, ayant la possibilité de régler la réception des malades, faisant souvent lui-même tout pour répandre sa réputation de « magicien » dans

* N'est donnée ici que la partie générale de cet acte d'accusation, les épisodes concrets étant reportés en encadrés au début de l'audition des témoins.

un but de profit personnel, a abusé de ses fonctions, créant délibérément des circonstances telles que la réception des malades, leur examen, les soins qui leur étaient donnés ou leur hospitalisation étaient impossibles sans qu'il touche des pots-de-vin des malades et de leurs parents.

Dans ce but, STERN M. employait plusieurs méthodes. Ainsi qu'en ont témoigné les personnes interrogées, STERN refusait pendant des jours de recevoir les malades, même ceux qui venaient des départements éloignés de la région, s'ils ne lui donnaient pas d'argent. Tantôt il les faisait entrer dans son cabinet, tantôt les en faisait sortir sous divers prétextes et à son choix recevait ceux des malades qui le « remerciaient ». Il laissait les malades nus, seuls dans son cabinet et utilisait d'autres moyens montrant qu'il fallait absolument lui donner de l'argent.

Plus d'une fois l'extorsion de pots-de-vin se faisait par des exigences directes : « s'il y a un pourboire, je la guérirai » — « pour guérir ton fils, ne sois pas avare » — « ouvre ton porte-monnaie » — « il faut y laisser quelques sous » — « tu es bien radine ». Dans certains cas les exigences devenaient impérieuses : « Qu'est-ce que vous attendez pour payer le médecin ! »

L'extorsion de pots-de-vin des malades et de leurs proches était tellement devenue une habitude pour STERN dans son travail, qu'il la considérait comme un phénomène normal. Comme s'est exprimée le témoin TIMOFEEVA O., convoquée à la requête de STERN : « On disait que STERN prenait de l'argent, que STERN ne dédaignait rien. »

De plus, dans le but de s'approprier l'argent des citoyens, par voie d'escroquerie, STERN abusait de la confiance des malades et de leurs proches en les « aidant » à se procurer des médicaments.

Comme le démontrent les témoignages, STERN proposait à de nombreux malades et à leurs proches de leur procurer des médicaments « étrangers » manquants « introuvables ailleurs que chez lui », en demandant de n'en parler à personne.

Il achetait apparemment lui-même une partie des médicaments « étrangers » dans les pharmacies pour ensuite les revendre malhonnêtement, en tant que « médicaments étrangers » aux malades et à leurs proches — tels la tereoïdine, l'insuline et autres médicaments qui se trouvaient en quantité suffisante dans les pharmacies de la région.

Plus d'une fois, STERN s'est donné l'autorité d'un « médecin-magicien » au grand cœur, proche de ses malades, allant audevant de leurs misères, utilisant pour leur parler le dialecte local, suscitant l'inquiétude des parents sur le sort de leurs enfants, il essayait de jouer sur ces sentiments pour son profit personnel.

Les éléments du dossier montrent que, travaillant en tant que chef de la polyclinique du dispensaire endocrinologique, STERN M., ayant perdu la moralité d'un responsable d'institution et d'un médecin, ne dédaignait aucune méthode pour satisfaire son goût du lucre.

Interrogé en tant qu'accusé sur les faits qui lui sont reprochés, STERN ne s'est pas reconnu coupable et a fait la déposition suivante : qu'il n'avait pas touché de pots-de-vin, qu'il ne s'est pas livré à des escroqueries, que des préparations hormonales manquaient souvent à la vente dans les pharmacies et que, ne voulant pas remettre le traitement des malades d'après sa méthode, il recevait ces médicaments des malades n'en ayant plus besoin et les recédait à d'autres à prix coûtant.

Tentant d'échapper à sa responsabilité dans les actes criminels commis, STERN a mis en avant une version de la présence « d'un complot spécialement ourdi », estimant que les accusations portées contre lui constituaient des représailles motivées par l'intention de sa famille d'émigrer. Dans le même but d'échapper à sa responsabilité, STERN calomnie de toutes les façons possibles les témoins et les plaignants, leur imposant l'idée de son désintéressement, de son juste dévouement à la cause médicale.

Comme le montrent les éléments du dossier, STERN M., sentant qu'il ne pourrait échapper à la responsabilité des crimes commis, a effacé par avance les traces de ses crimes, tenu des notes sur la manière de se conduire si ses agissements criminels étaient découverts, notes qui ont été confisquées lors de la perquisition du 29 mai 1974.

Les dépositions de l'accusé ne méritent pas l'attention et sont réfutées par les éléments du dossier. Sa culpabilité à propos des faits qui lui sont reprochés par l'accusation est entièrement prouvée.

En conséquence des causes sus-énoncées :

STERN MIKHAÏL

est accusé d'avoir, travaillant en tant que chef de la polyclinique du dispensaire endocrinologique régional de Vinnitza, abusé systématiquement, dans un but intéressé, de ses fonctions;

créé, dans le but de recevoir de l'argent des malades et de leurs proches, des circonstances difficiles dans lesquelles les malades pouvaient recevoir l'indispensable assistance médicale : en particulier en refusant pendant plusieurs jours de recevoir et d'examiner les malades, en refusant de les faire hospitaliser, etc., en fait mettant intentionnellement les malades et leurs proches dans une situation telle qu'ils étaient obligés de lui donner des pots-de-vin dans l'intérêt de leur santé et pour sauver leur vie;

réussi à extorquer de cette façon, comme l'instruction a pu l'établir, de 21 malades ou parents de malades, 3 seaux de pommes, 2 oies et 775 roubles, commettant ainsi un crime prévu par le § II de l'article 168 du code pénal de la R.S.S.d'U.;

d'avoir en outre, dans le but de s'approprier l'argent et les biens des citoyens, en abusant de leur confiance, par voie d'escroquerie, en ne dédaignant aucun moyen, sous prétexte de les « aider » à se procurer des « médicaments étrangers manquants » qui soi-disant guérissaient rapidement les maladies, leur délivrant en fait des médicaments ordinaires dont le prix était sensiblement inférieur aux sommes obtenues par lui, reçu systématiquement de l'argent des malades et de leurs proches, s'appropriant ainsi, rien que dans les 19 cas établis par l'instruction, 1 coq, 70 œufs et 754 roubles 03 kopeks, se rendant ainsi coupable des crimes prévus par le § II de l'article 143 du code pénal de la R.S.S.d'U.

En vertu du paragraphe 3 de l'article 34 du Code de procédure pénale de la R.S.S.d'U., la présente affaire se trouve être de la compétence du Tribunal régional de Vinnitza et, selon l'article 225 du Code de procédure pénale de la R.S.S.d'U., est portée entre les mains du Procureur de la Région de Vinnitza.

Acte d'accusation établi le
2 novembre 1974 dans la ville de Vinnitza

LE JUGE D'INSTRUCTION : V. KRAVTCHENKO.

LE PRÉSIDENT : Accusé STERN, plaidez-vous coupable et voulez-vous déposer?

STERN : Je plaide non coupable. Je veux déposer.

LE PRÉSIDENT : Quelle est l'opinion des parties sur l'ordre des auditions?

LE PROCUREUR : Je pense qu'il faut respecter l'ordre de l'instruction et commencer par l'audition des plaignants, puis de l'accusé et des témoins. Le premier groupe de témoins concernant les chefs d'accusation visés par l'article 143, le deuxième groupe concernant les chefs d'accusation de l'article 168, le troisième groupe caractérisant la personnalité de l'accusé.

L'AVOCAT : A mon avis, la position du procureur dénote une certaine incohérence. Tous les plaignants, à l'exception de GOUJVA, sont relatifs à l'article 143. Mais le cas de GOUJVA concerne les deux articles, ce qui fait que l'ordre proposé ne pourra être respecté. En outre, comme il faut démontrer, pour interroger les témoins, qui est STERN, quel est son travail, ses fonctions, quels ont été les résultats obtenus, etc., je propose de commencer par l'interrogatoire de STERN lui-même, et ensuite celui des témoins et plaignants.

LE PRÉSIDENT : Accusé STERN, quel est votre avis?

STERN : Mon avis concorde avec celui de mon avocat. Je voudrais seulement dire, bien que je n'aie pas le droit d'insister, mais je demande instamment à la Cour de me croire : il y a une nécessité pressante à entendre l'accusé d'abord. Et j'espère qu'il saura démontrer non seulement le non-fondé des chefs d'accusation, mais une non-conformité évidente des dépositions de nombreux témoins avec les documents de l'accusation.

LE PRÉSIDENT : OLNEV, votre avis?
OLNEV : Je suis d'accord avec l'avis du Procureur.

LE PRÉSIDENT : Plaignants, vous avez entendu les deux propositions? Le Procureur propose de commencer par l'interrogatoire des plaignants, ensuite celui de l'accusé, puis celui des témoins, suggérant d'entendre les témoins relatifs à l'article 143 et ensuite ceux de l'article 168. Votre avis?

Tous les plaignants se rangent à l'avis du procureur.

LE PRÉSIDENT : La Cour, ayant délibéré sur le siège, décide de commencer par l'interrogatoire des plaignants, ensuite de l'accusé, puis d'entendre les témoins pour chaque épisode. L'audience est suspendue.

AUDITION DES TÉMOINS

Plaignante OVERTCHOUK Anna, née en 1935, gérante d'un magasin agricole.

Éléments de l'instruction :

Cote 1, p. du dossier 43

PLAINTE

Ces derniers temps m'est venu un soupçon quant à la justesse du traitement prodigué par STERN à mon fils. A la suite de cela j'ai décidé de m'adresser spontanément au Parquet.

Le 15 mai 1974. OVERTCHOUK Anna.

Côte 1, p. du dossier 117

Confrontation avec l'accusé le 30 mai 1974 :

VOUS ÊTES UN ESPION. ON VOUS A CHARGÉ DE MAL SOIGNER LES GENS SOVIÉTIQUES. ON VOUS PAYAIT POUR CELA.

Cote 2, p. du dossier 216

PLAINTE

Vu que STERN, par voie d'escroquerie, sous prétexte de soigner mon fils, m'a extorqué 65 roubles, je demande que les mesures soient prises pour lui réclamer en ma faveur des dommages-intérêts du montant de la somme indiquée.

OVERTCHOUK Anna.

LE PRÉSIDENT : Que savez-vous de la présente affaire?

OVERTCHOUK : En 1971, mon enfant a été dirigé sur l'hôpital d'ici par le conseil de révision.

LE PRÉSIDENT : Garçon ou fille?

OVERTCHOUK : Garçon, Victor.

LE PRÉSIDENT : Né en quelle année?

OVERTCHOUK : En 1958.

LE PRÉSIDENT : C'est le conseil de révision qui l'a envoyé?

OVERTCHOUK : Oui, comme retardé dans sa croissance.

LE PRÉSIDENT (*au greffier*) : Vous suivez?

LE GREFFIER : Oui.

LE PRÉSIDENT : Bon.

OVERTCHOUK : La première fois, c'est un parent de mon mari qui a amené l'enfant. Ce n'est pas moi. Une femme en blanc leur a donné des médicaments... enfin, pas des médicaments... comment déjà?

LE PRÉSIDENT : Une ordonnance?

OVERTCHOUK : Une ordonnance. Avec cette ordonnance, j'ai été à la pharmacie, mais je n'ai pu obtenir ni la boîte, ni les médicaments. La fois d'après, c'est moi qui ai accompagné l'enfant. On m'a envoyée chez STERN. Je suis entrée dans son cabinet et j'ai raconté que je ne pouvais trouver ce médicament nulle part. STERN m'a dit qu'il pouvait m'aider, ayant des relations, et qu'il s'efforcerait de me procurer le médicament.

LE PRÉSIDENT (*au greffier*) : Vous suivez?

LE GREFFIER : Oui.

OVERTCHOUK : S'il devait se procurer ce médicament, évidemment, il serait obligé de me le faire payer. J'ai mis 25 roubles sur la table, n'ayant pas une coupure plus petite sur moi. J'ai évalué, pensé qu'il n'y avait pas de monnaie à rendre, ou que cela coûterait encore plus. Voilà. Peut-être que la fois d'après on ferait les comptes. La fois d'après, c'est mon mari qui est venu. Il faisait déjà des piqûres à l'enfant et a fixé des dates précises auxquelles l'enfant devait venir pour ses piqûres. Après...

LE PRÉSIDENT : Où faisait-il les piqûres?

OVERTCHOUK : Dans son cabinet.

LE PRÉSIDENT : Ah ah, dans son cabinet.

OVERTCHOUK : Au jour fixé, l'enfant venait et recevait sa

piqûre. Alors, pour les médicaments, nous avons payé 65 roubles.

LE PRÉSIDENT : Vous avez dit que vous avez donc donné... donné en tout...

OVERTCHOUK : Moi, j'ai donné 35 roubles.

LE PRÉSIDENT : Et les deux autres fois?

OVERTCHOUK : C'était mon mari.

LE PRÉSIDENT : C'est-à-dire que vous avez donné successivement 35 roubles — 25 et 10 et votre mari 20 et 10, n'est-ce pas? Cela fait 65 roubles.

OVERTCHOUK : Oui.

LE PRÉSIDENT : Bon, ensuite?

OVERTCHOUK : Ensuite, on n'a rien payé. Il soignait de lui-même.

LE PRÉSIDENT : Le procureur a-t-il des questions?

LE PROCUREUR : A-t-il ausculté votre fils en votre présence?

OVERTCHOUK : Comme tous les autres. Il a dit qu'il faudrait peut-être faire des piqûres.

LE PROCUREUR : Alors, il l'a bien examiné, ausculté?

OVERTCHOUK : Oui. Il a dit : votre enfant a un retard dans le développement des organes sexuels.

LE PROCUREUR : C'est tout? Alors comment vous... Dites-moi dans quelles circonstances l'enfant se trouvait hors du cabinet après avoir été ausculté et pourquoi il vous a dit qu'il devait vous parler?

OVERTCHOUK : Le docteur il avait pitié, il examinait l'enfant et moi, je pleurais beaucoup. Je savais que l'enfant, le pauvre, était retardé, je ne savais pas ce qu'il allait dire...

LE PROCUREUR : Bien.

OVERTCHOUK : Les autres enfants auraient pu se moquer de lui.

LE PROCUREUR : Alors, qui a éloigné l'enfant? Est-ce vous qui avez dit...

OVERTCHOUK : Tant de temps a passé...

LE PROCUREUR : Vous ne vous rappelez plus?

OVERTCHOUK : C'était peut-être moi, c'était peut-être lui.

LE PROCUREUR : La première fois, vous avez questionné l'enfant sur sa maladie?

OVERTCHOUK : Le docteur a examiné l'enfant tel qu'il était

alors et a dit qu'il était retardé. Mais quand j'ai remis l'argent, l'enfant n'était plus là.

LE PROCUREUR : L'enfant n'était pas là quand vous avez remis l'argent, cette fois. A-t-on fait des piqûres à votre fils cette première fois où vous êtes venue?

OVERTCHOUK : On ne lui a rien fait. Il n'y avait pas encore le médicament.

LE PROCUREUR : On vous a envoyé le médicament pour cette somme?

OVERTCHOUK : Il ne m'a rien envoyé. C'est l'enfant qui venait et recevait ses piqûres.

LE PROCUREUR : Combien de fois votre fils est-il venu?

OVERTCHOUK : Eh bien... autant de fois que le docteur lui disait de revenir...

LE PROCUREUR : Sur décision...

OVERTCHOUK : Sur décision du médecin.

LE PROCUREUR : Combien de fois, vous pouvez le dire?

OVERTCHOUK : Je ne sais plus, le temps a passé.

LE PROCUREUR : Alors, ces piqûres étaient faites par...

OVERTCHOUK : Le docteur lui-même,

LE PROCUREUR : Le Dr STERN?

OVERTCHOUK : Oui.

LE PROCUREUR : Vous êtes sûre que c'est bien le Dr STERN qui faisait les piqûres et personne d'autre?

OVERTCHOUK : Je le sais par mon fils. Il rentrait et je lui demandais.

LE PROCUREUR : Alors, c'est d'après les affirmations de votre fils que vous savez que les piqûres étaient faites par...

OVERTCHOUK : Le Dr STERN lui-même.

LE PROCUREUR : Le Dr STERN. Maintenant, témoin, répondez à la question suivante : quand vous avez rendu visite la seconde fois au Dr STERN, étiez-vous seule ou avec votre fils? Et dans quelles circonstances s'est déroulée cette visite?

OVERTCHOUK : Cette fois-ci, j'avais de la monnaie et j'ai donné 10 roubles, pour continuer le traitement.

LE PROCUREUR : Vous étiez venue avec votre fils?

OVERTCHOUK : Oui, chaque fois quelqu'un venait avec lui, un parent ou bien... mais on n'entrait pas dans le cabinet, l'enfant entrait seul.

LE PROCUREUR : Quand vous êtes venue avec lui, combien de temps après...

OVERTCHOUK : J'en sais rien...

LE PROCUREUR : Vous ne pouvez pas le dire? Alors, la seconde fois, quand vous êtes venue avec votre fils, celui-ci a été ausculté? Ou n'y a-t-il pas eu auscultation?

OVERTCHOUK : Je ne pourrais pas le dire maintenant...

LE PROCUREUR : Vous ne vous rappelez plus. Bon. Où étiez-vous cette fois-ci?

OVERTCHOUK : L'enfant est entré seul cette fois. Peut-être l'a-t-il ausculté, peut-être pas.

LE PROCUREUR : Alors votre fils a été reçu seul. Et comment vous êtes-vous trouvée dans le cabinet?

OVERTCHOUK : Le petit est sorti en disant : « Entre, maman. »

LE PROCUREUR : Et quand vous êtes entrée, que s'est-il passé?

OVERTCHOUK : J'ai encore mis 10 roubles sur la table et dit de continuer le traitement.

LE PROCUREUR : Non, vous avez interrogé le Dr STERN, oui ou non?

OVERTCHOUK : Il a dit que le traitement donnait des résultats.

LE PROCUREUR : Bon. Il a dit que le traitement donnait des résultats. Quoi encore?

OVERTCHOUK : J'ai mis 10 roubles sur la table et j'ai dit : « Prenez 10 roubles, procurez-vous encore de ce médicament. »

LE PROCUREUR : Vous avez donc donné encore 10 roubles et demandé au docteur qu'il se procure à nouveau ce médicament pour soigner votre fils. Bien. Vous êtes revenue chez STERN?

OVERTCHOUK : Pas moi personnellement.

LE PROCUREUR : Dites-moi, je vous prie, concrètement, quand votre mari venait... comment vous est connu le fait qu'il donnait de l'argent?

OVERTCHOUK : Il y allait, il disait qu'il avait donné. Je ne sais pas.

LE PROCUREUR : Par les dires de votre mari, vous savez que lors de ses visites au Dr STERN il payait — ou plutôt donnait de l'argent... Un total de 30 roubles? C'est bien cela? Vous avez certainement demandé pour quoi il donnait cet argent?

OVERTCHOUK : Pour le traitement, pour quoi d'autre?

LE PROCUREUR : Les injections, qui les faisait?

OVERTCHOUK : Le docteur, sur place.

LE PROCUREUR : Bien. Encore une question. A part les piqûres faites par le Dr STERN votre fils recevait-il d'autres soins ailleurs?

OVERTCHOUK : A la maison.

LE PROCUREUR : A la maison?

OVERTCHOUK : Nous avons une parente infirmière.

LE PROCUREUR : Son nom?

OVERTCHOUK : Overtchouk, Anna Ivanovna.

LE PROCUREUR : Où travaille-t-elle?

OVERTCHOUK : Comme infirmière dans un hôpital.

LE PROCUREUR : Elle travaille comme infirmière à l'hôpital de la région de Lipovetz. Sur l'ordre de qui votre fils était-il soigné par elle? Quel traitement recevait-il? Vous le savez ou non?

OVERTCHOUK : Quel traitement, je n'en sais rien, mais quand mon mari est venu avec l'enfant, STERN a donné une ordonnance. A la pharmacie ils ont eu les médicaments et sont revenus chez STERN. STERN a lui-même... je ne sais plus... je n'y étais pas... Et alors elle lui administrait ce médicament. Je devais venir chez elle avec le médicament. Je lui avais dit que nous venions de la part du Dr STERN.

LE PRÉSIDENT : Elle administrait donc le médicament qui vous avait été donné?

OVERTCHOUK : Oui.

LE PROCUREUR : Ensuite. C'est votre mari qui se procurait ces médicaments sur ordonnance. Oui?

OVERTCHOUK : Sur l'ordonnance de STERN.

LE PROCUREUR : Combien de fois, le savez-vous, ont été obtenus ces médicaments?

OVERTCHOUK : Trois fois à peu près.

LE PROCUREUR : C'est clair. Je n'ai pas d'autres questions.

L'AVOCAT : Vous avez été reçus par le Dr STERN ou par un autre?

OVERTCHOUK : C'est une femme qui nous a envoyés à lui.

L'AVOCAT : Un médecin?

OVERTCHOUK : Qu'est-ce que j'en sais...

L'AVOCAT : Voyons, vous arrivez, elle examine votre fils?

OVERTCHOUK : Elle le regarde et dit qu'il faut entrer dans le cabinet du Dr STERN.

LE PRÉSIDENT : Quand vous a-t-elle reçue? Elle recevait avec STERN?

OVERTCHOUK : Qu'est-ce que j'en sais...

LE PRÉSIDENT : Non, attendez. Elle était dans la même pièce que STERN?

OVERTCHOUK : Elle y était quelquefois.

L'AVOCAT : Vous avez dit qu'elle avait prescrit des médicaments que vous n'avez pu vous procurer. C'est bien cela?

OVERTCHOUK : C'est mon mari qui y est allé la première fois. Je ne sais pas si l'enfant a été ausculté.

L'AVOCAT : Cote 4, page 4 du dossier il y a une fiche. La première consultation avait été donnée par le Dr LIVCHITZ.

LE PRÉSIDENT : Absolument exact. C'est bien noté.

L'AVOCAT : Vous avez donc essayé de vous procurer le médicament avant d'avoir été chez STERN?

OVERTCHOUK : Oui.

L'AVOCAT : Et n'avez pas réussi.

OVERTCHOUK : Et n'ai pas réussi.

L'AVOCAT : Une autre question : quand vous êtes venue chez STERN, vous a-t-il demandé quelque chose?

OVERTCHOUK : Non.

L'AVOCAT : Qui a demandé?

OVERTCHOUK : C'est moi qui demandais.

L'AVOCAT : C'est vous qui lui avez demandé...

OVERTCHOUK :... qu'il guérisse mon enfant.

L'AVOCAT : Qu'il guérisse. Bien. Dites-moi, a-t-il examiné l'enfant en votre présence?

OVERTCHOUK : Oui.

L'AVOCAT : En tant que mère, vous n'avez pas été étonnée que le docteur demande à votre fils de se déshabiller devant vous?

OVERTCHOUK : Non. Il est médecin.

L'AVOCAT : Il est médecin et vous êtes la mère. Après avoir examiné votre fils, il vous a dit...

OVERTCHOUK : Qu'il pouvait m'aider.

L'AVOCAT : Vous aider. Et a commencé son traitement?

OVERTCHOUK : Il fallait les médicaments.

L'AVOCAT : Vous lui avez laissé 25 roubles. Combien de piqûres ont été faites entre le moment où vous avez laissé 25 roubles et celui où vous êtes revenue et avez donné 10 roubles?

OVERTCHOUK : Si j'avais su, j'aurais noté. Comme le temps a passé, je ne me rappelle plus.

L'AVOCAT : Mais vous avez dit que lorsque vous êtes revenue, vous avez posé 10 roubles pour...

OVERTCHOUK : Pour poursuivre le traitement.

L'AVOCAT : Vous considériez que le docteur avait à ce moment-là déjà fait quelque chose?

OVERTCHOUK : Oui.

L'AVOCAT : C'est pour cela que vous avez redonné l'argent?

OVERTCHOUK : Oui.

L'AVOCAT : Votre mari le savait? Vous lui racontiez à la maison?

OVERTCHOUK : Peut-être. Maintenant je ne me souviens plus.

L'AVOCAT : Une autre question : vous aviez été envoyée par le conseil de révision régional. Après le traitement, le conseil de révision a-t-il réexaminé votre fils?

OVERTCHOUK : Oui.

L'AVOCAT : Et il a été reconnu en bonne santé?

OVERTCHOUK : C'est déjà la troisième fois. Il a grandi de 15 centimètres et forci.

L'AVOCAT : Vous n'avez donc pas de griefs à l'encontre du Dr STERN en tant que médecin traitant?

OVERTCHOUK : Je n'en ai pas parce que l'état de l'enfant n'a pas empiré.

L'AVOCAT : Justement, vous trouvez qu'il a aidé votre fils?

OVERTCHOUK : Lui, ou je ne sais pas... peut-être est-il de petite taille parce que je suis petite. Il a l'air d'avoir beaucoup grandi.

L'AVOCAT : Vous trouvez donc que les résultats du traitement ont été positifs?

OVERTCHOUK : Les résultats... ou peut-être a-t-il grandi tout seul.

L'AVOCAT : Maintenant, de quoi, à votre avis, est coupable le Dr STERN?

OVERTCHOUK : Qu'est-ce que j'en sais, moi? Peut-être parce qu'il a dit qu'il se procurerait un médicament hollandais et l'administrerait à l'enfant...

L'AVOCAT : Alors, vous ne savez pas...

LE PRÉSIDENT (*interrompant*) : Il faisait les piqûres lui-même?

OVERTCHOUK : Oui, il administrait les piqûres lui-même.

L'AVOCAT : Alors, vous ne savez pas, ne savez vraiment pas de quoi est accusé le Dr STERN?

OVERTCHOUK : Comment pourrais-je savoir?

L'AVOCAT : Alors cette question : si l'on prend le procès-verbal de votre déclaration qui se trouve...

LE PRÉSIDENT : Cote 1...

L'AVOCAT : Cote 1, page du dossier 46, on y lit : « Ensuite la commission du conseil de révision n'avait plus rien à objecter à la santé de mon fils. » Exact?

OVERTCHOUK : Exact. Mon fils est en bonne santé.

L'AVOCAT : En conséquence j'ai une autre question...

LE PRÉSIDENT (*s'adressant à la salle*) : Camarades, vous nous empêchez de travailler! Je serai obligé de faire procéder à des expulsions!

L'AVOCAT : Quand vous avez déclaré au juge d'instruction que vous avez eu « des soupçons quant à la qualité du traitement prodigué à votre fils »...

OVERTCHOUK : Pas des soupçons...

L'AVOCAT : Quoi alors?

OVERTCHOUK : Simplement, on m'a dit que... qu'il n'avait peut-être pas besoin d'être soigné. Qu'il n'était pas grand parce que j'étais petite. Simplement qu'il n'avait plus besoin des médicaments... et je ne suis pas revenue avec l'enfant.

L'AVOCAT : Bon. Mais pourquoi avez-vous déclaré que des soupçons vous étaient venus quand votre fils était guéri, reconnu en bonne santé, déclaré bon pour le service par le conseil de révision, comme un solide garçon? Pourquoi vous sont venus des soupçons? Si on vous avait dit qu'il n'était pas bien, si on l'avait réformé, cela aurait été compréhensible, mais quand on vous a dit qu'il était très bien — pourquoi des soupçons?

OVERTCHOUK : Et quels soupçons je pouvais avoir?

L'AVOCAT : Vous n'avez donc pas eu de soupçons?

OVERTCHOUK : Je soupçonnais simplement qu'aucun traitement n'était nécessaire à l'enfant, c'est tout. Et pas des soupçons...

L'AVOCAT : Qu'il avait mal soigné l'enfant — intentionnellement?

OVERTCHOUK : Intentionnellement non, mais seulement que l'enfant était petit, qu'il ne fallait peut-être pas le soigner du tout. Mais pas intentionnellement.

L'AVOCAT : Une autre question : vous avez dit, si je ne me trompe, que c'est vous qui avez demandé à STERN d'éloigner votre fils de son cabinet, comme il allait être question de sa maladie?

OVERTCHOUK : Vous auriez fait comme moi si votre enfant était malade!

L'AVOCAT : Je comprends. Mais je vous demande comment cela s'est passé?

OVERTCHOUK : Je ne voulais pas que l'enfant soit présent.

L'AVOCAT : Je vous comprends, vous aviez raison, cela aurait été gênant qu'il soit là et entende tout. Mais vous avez demandé au docteur de le faire sortir?

OVERTCHOUK : Oui.

L'AVOCAT : Vous n'avez donc, comme vous l'avez dit, aucun grief à l'encontre du Dr STERN?

OVERTCHOUK : Non.

L'AVOCAT : Je n'ai plus de questions.

STERN : Anna Antonovna?

LE PRÉSIDENT : Ici on s'adresse en disant « témoin »!

STERN : Témoin...

LE PRÉSIDENT : Oui, témoin...

STERN : J'ai simplement l'habitude, comme médecin. Je vous suis très reconnaissant de votre déposition. Avant tout, je voudrais que vous disiez : vous savez bien entendu qu'avant moi d'autres médecins avaient soigné votre fils. C'est-à-dire, il ne recevait pas de piqûres, mais des comprimés, etc. Vous savez qu'il a été envoyé par le conseil de révision autour d'octobre 1972, d'après la fiche. Je ne me rappelle de rien, bien entendu, j'ai tout reconstitué d'après ma fiche et les questions. Je ne me souviens plus du tout de ce cas.

LE PRÉSIDENT : Si vous voulez le dossier — vous pouvez le consulter.

STERN : Non, je vous remercie, j'ai rétabli. Vous vous rappellerez qu'en octobre 1972 votre fils mesurait 1,41 m et pesait 33 kilos. Il est venu chez moi en février 1973. Je demande à la Cour d'examiner cette fiche. Elle mentionne que lorsqu'il est venu chez le premier médecin, le Dr SLOBODENIOUK, il avait la même taille et le même poids. Deuxième question : pourquoi le Dr SLOBODENIOUK a-t-elle envoyé votre fils à ma consultation?

LE PRÉSIDENT : La question est claire? Je vous prie, après la question de l'accusé STERN, la Cour vous demande d'expliquer...

STERN : Pourquoi, après 4 mois de traitement, le Dr SLOBODENIOUK l'a-t-elle envoyé à ma consultation?

OVERTCHOUK : Comment je peux savoir, pourquoi? je ne suis pas médecin!

STERN : Suis-je autorisé à expliquer?

LE PRÉSIDENT : Attendez, attendez, une seconde...

STERN : A cette question...

LE PRÉSIDENT : Il faut noter par écrit :... Donner une réponse à votre question... pourquoi le Dr... comment déjà?

STERN : Le Dr SLOBODENIOUK. D'abord le Dr LIVCHITZ, 4 mois après, en février 1973....

LE PRÉSIDENT : Attendez, attendez...

STERN : ... le Dr SLOBODENIOUK.

LE PRÉSIDENT : Nous avons noté : à la question de STERN, elle a répondu, sans nommer le nom du médecin, mais il figure sur la fiche...

STERN : Oui, la fiche porte : SLOBODENIOUK — 17 février 1973.

LE PRÉSIDENT : Elle a répondu qu'elle ne savait pas pourquoi. Question suivante au témoin OVERTCHOUK.

STERN : Je voudrais expliquer à la Cour...

LE PRÉSIDENT : Accusé STERN...

STERN : Anna Antonovna...

LE PRÉSIDENT : Accusé STERN, une seconde, procédons par ordre... Avez-vous d'autres questions?

STERN : J'en ai... J'ai encore beaucoup de questions.

LE PRÉSIDENT : Question suivante.

STERN : Simplement, je...

LE PRÉSIDENT : Posez votre question.

STERN : Je voudrais donner une précision...

LE PRÉSIDENT : Vos explications seront consignées plus tard.

LE PROCUREUR : L'accusé n'a à donner d'explications que quand on les lui demande!

STERN : Quand la Cour l'y autorise!

LE PRÉSIDENT : Questions suivantes.

STERN : Avez-vous vu vous-même ce que j'administrais à votre fils?

OVERTCHOUK : Non.

LE PRÉSIDENT : Elle n'a pas vu et ne sait quelles préparations ont été administrées à son fils.

STERN : Parce que je n'administrais pas une hormone, mais d'après ma méthode 4 hormones. Question suivante : vous répondez clairement... votre fils dit qu'il venait deux fois par mois, vous dites que votre fils est venu 7 fois.

OVERTCHOUK : Je ne sais pas, le temps a passé, je ne me rappelle plus...

STERN : Je vous prie donc...

OVERTCHOUK : Je n'ai pas de fiche, moi!

STERN : Je comprends. Je voudrais donc vous demander : vous pensez que votre fils venait environ une fois tous les quinze jours chez son médecin?

OVERTCHOUK : Quand vous fixiez la date, il venait.

STERN : Vous ne retirez pas vos paroles, disant qu'il est venu environ 7 fois pour les piqûres?

OVERTCHOUK : Je ne sais pas.

STERN : C'est écrit dans votre déposition.

OVERTCHOUK : Il venait, combien de fois, je ne me rappelle pas.

STERN : Je vous pose une autre question : vous savez que le traitement selon ma méthode a donné de brillants résultats — votre fils a parfaitement grandi, forci, est devenu bon pour le service militaire. Vous le savez au moins maintenant?

LE PRÉSIDENT : Ce n'est pas la peine de l'expliquer. Elle n'a pas de griefs à ce sujet.

STERN : Vous allez les entendre, les griefs : que je suis un espion, un empoisonneur ! Vous avez déclaré à la confrontation que votre fils est venu souvent, qu'il ne payait jamais. Ceci, vous le confirmez?

OVERTCHOUK : L'enfant ne payait pas.

STERN : Parfait. Je vous remercie d'avoir confirmé que les 7 fois où votre fils est venu, il a reçu un traitement hormonal, administré par moi personnellement. Vous laissiez de l'argent précisément pour ce traitement?

OVERTCHOUK : Oui.

STERN : Dernière question : Vous comprenez au moins maintenant que le Dr STERN n'est pas un espion, qu'il n'a empoisonné personne et que personne ne le payait pour mal soigner les citoyens soviétiques?

LE PRÉSIDENT : Accusé STERN, personne ne vous accuse de cela ! Vous comprenez?

STERN : Si, on m'accuse, et je dirai pourquoi ! Je vous demande... Mon conseil le dira tout de suite, à la page 117 du dossier, cote 1, il y a une déclaration lors de la confrontation... Que Anna Antonovna le dise, je lui suis très reconnaissant de son témoignage objectif, pourquoi justement le 14 mai ou le 16, cela n'a pas d'importance, tous les témoins sont entrés dans l'arène? Pourquoi justement le 14 mai la citoyenne OVERTCHOUK a-t-elle commencé à avoir des soupçons que son fils avait pu être mal soigné? Anna Antonovna, je vous en prie...

OVERTCHOUK : Comment l'aurais-je su, que ce...

STERN : Attendez, Anna Antonovna, je vous en prie, vous m'aiderez beaucoup, parce qu'enfin, me faire mettre en prison et prendre ce péché sur son âme n'est pas simple... Dites-moi honnêtement pourquoi, à la première confrontation, le deuxième jour après qu'on m'eut jeté en prison pour rien, vous avez dit... qui vous a dicté cela? qui est venu vous voir? qui a parlé avec vous?... Vous m'avez dit « Vous avez eu la mission de mal soigner les futurs appelés, vous étiez payé pour cela, vous êtes un espion ! » Qui vous a inculqué cela? Dites-le à la Cour, aux gens, qu'on sache qui fait des choses pareilles ! Et enfin, je demande...

LE PRÉSIDENT : Elle n'a pas encore répondu.

STERN : Pardon.

LE PRÉSIDENT (*élevant la voix*) : Vous entendez? Qui est venu ou n'est pas venu vous voir?

OVERTCHOUK : Je n'ai rien demandé.

LE PRÉSIDENT : Vous avez entendu, STERN dit... Vous avez donc entendu STERN affirmer que vous avez prononcé ces paroles à la confrontation. Cela a eu lieu ou non?

OVERTCHOUK : Non! Personne n'est venu me voir, personne ne m'a rien dit!

STERN : Je demande à la Cour de lire ma déposition.

LE PRÉSIDENT : Il n'est pas nécessaire de tout relire. Nous n'allons pas tout relire à l'audience et ne pensez pas que nous ne soyons pas au courant de l'affaire.

STERN : Non, relisez-la où elle dit que je suis un espion, qu'on me paye pour cela.

LE PRÉSIDENT : La Cour est intéressée à un examen objectif de cette affaire. Croyez-moi, nous examinerons tous les documents en notre possession.

STERN : Je demande qu'on relise ma déposition comme quoi la citoyenne OVERTCHOUK me reproche de recevoir de l'argent pour mal soigner les futurs appelés. C'est noté dans le procès-verbal de ma confrontation!

LE PRÉSIDENT : Pas d'autres questions?

STERN : Je...

UN ASSESSEUR-JURÉ : Pendant l'instruction, vous avez dit que STERN vous avait avertie de ne parler à personne de la maladie de votre fils.

OVERTCHOUK : Moi-même, je ne voulais pas raconter qu'il était malade et que cela circule parmi les enfants.

L'ASSESSEUR-JURÉ : Ce n'était qu'un conseil, il vous a conseillé de ne rien dire?

OVERTCHOUK : Oui, pour que les enfants ne se moquent pas de lui.

STERN : Mais vous ne m'avez toujours pas répondu, pourquoi justement le 14 mai 1974, quand mon fils a reçu l'autorisation de quitter le pays, pourquoi ce jour-là la citoyenne OVERTCHOUK a déposé une plainte? Pourquoi pas avant, ni après? Je n'ai pas reçu de réponse!

LE PRÉSIDENT : Témoin Overtchouk, nous voulons une réponse à la question de l'accusé STERN! Vous avez compris la question?

OVERTCHOUK : Ce doit être une coïncidence... Je ne savais pas...

LE PRÉSIDENT (*l'interrompant*) : Alors, y a-t-il d'autres questions? Non. Pas de questions. — Témoin suivant!

Témoin GOUJVA Semion,
serrurier

Éléments de l'instruction :

PLAINTE déposée au Parquet le 15 mai 1974
Cote 1, p. du dossier 17

Pendant longtemps j'ai subi, et je continue à subir, un grave traumatisme tant moral que physique du fait de l'attitude sans cœur et simplement inhumaine envers ma femme malade GOUJVA Maria, du chef de la polyclinique STERN, qui l'a amenée jusqu'à un état très grave, ainsi que du fait qu'il m'a extorqué des pots-de-vin sous forme de poulets, de canards, d'oignons, d'ail et d'argent, représentant au total une somme de 500 roubles.

Ne pouvant vraiment plus garder le silence, je me suis décidé à dénoncer spontanément toutes les actions malhonnêtes de STERN.

Sont au courant, d'après mes dires, du fait que j'ai apporté à STERN de l'argent et des denrées alimentaires — ma femme, ma belle-mère MELNIK, ma mère, le chauffeur MIKHAÏLSKY.

D'habitude, au moment des consultations, STERN arpentait le corridor tel un vautour, guettant la file des malades et choisissant ses gens. Il allait et venait, puis s'arrêtait devant sa proie et lui disait : « Entrez donc », et alors commençait ce qui s'est passé avec moi. Beaucoup de gens se sont trouvés dans ce cas, mais je ne peux concrètement nommer personne.

Lors de nos rencontres, STERN me disait qu'il fallait absolument que ma femme tombe enceinte, que cela la guérirait. Elle est tombée enceinte en août 1973. Son état n'a fait qu'empirer et maintenant sa vie est en danger. Tous les médecins disent qu'une grossesse lui était et lui reste contre-indiquée.

Tout cela m'a incité à dénoncer le charlatanisme de l'homme corrompu qu'est Stern, pour que d'autres gens n'aient pas à en souffrir. Voilà en résumé tout ce qui s'est produit.

Goujva.

Cote 1, p. du dossier 126

DÉCLARATION

le 30 mai 1974

En tout j'ai donné à Stern, sans compter les denrées alimentaires, pas moins de 400 roubles, je ne peux me rappeler exactement combien, mais pas moins de 400 roubles.

Cote 2, p. du dossier 213

PLAINTE

le 21 juin 1974

Vu que Stern, par voie d'escroquerie, sous prétexte de soigner ma femme, m'a extorqué de l'argent et des denrées alimentaires pour 250 roubles, je demande que des mesures soient prises pour lui réclamer des dommages-intérêts du montant de cette somme.

Goujva.

le président : Vous connaissez l'accusé? Vos relations sont-elles normales... Vous n'êtes ni son ennemi ni son parent?

goujva : Nous ne sommes pas parents. Mais il m'a offensé.

le président : Offensé? Vous avez eu des disputes, des...

goujva : Nous ne nous sommes pas disputés.

le président : Des comptes personnels. Maintenant racontez-nous ce que vous savez concernant la présente affaire, comment et pourquoi vous avez eu un différend avec le Dr Stern.

goujva : Quand ma femme est tombée malade, on l'a opérée. Quand elle est allée très mal, on m'a dit... comme ça, d'aller à Vinnitza, dans ce... On s'est mis dans la file d'attente. STERN n'appelait personne. « Tu as un sac, me dit-il, il faut arracher les mauvaises herbes autour de l'hôpital ! » Il dit à ma femme : « Vas-y aussi ! » Moi, je réponds : « Elle n'ira pas, elle ne peut pas. » Là-bas dans la cour, tout le monde travaillait. Alors il me dit d'entrer chez lui. Je suis entré. Tout de suite il m'a dit : « Je te garantis que ta femme sera guérie en six mois ou un an, je te le garantis, mais donne un gros pourboire ! » Ma femme est restée à la consultation, il l'a gardée, et moi je suis retourné à la maison. Je me suis adressé à ma belle-mère, car je n'avais pas d'argent chez moi. J'ai pris 50 roubles en une coupure, suis revenu ici. Ma femme est restée pour la nuit. Quand je suis arrivé, il m'a appelé dans son cabinet où se trouvait ma femme.

LE PRÉSIDENT : C'était le lendemain?

GOUJVA : Le lendemain. Je suis allé chez maman, je suis revenu. Quand je suis entré dans le cabinet, il était en train de parler avec ma femme. J'ai donné 50 roubles, de la main à la main. Il a pris les 50 roubles et fait l'ordonnance pour envoyer ma femme à l'hôpital. Elle y est restée près d'un mois.

LE PRÉSIDENT : Pendant ce temps, vous êtes venu voir votre femme?

GOUJVA : Oui, deux fois par semaine.

LE PRÉSIDENT : Bien. Vous avez rencontré le docteur?

GOUJVA : Bien sûr, je le rencontrais. Il me serrait la main. Je lui ai donné de l'argent plusieurs fois.

LE PRÉSIDENT : Vous avez dit que vous lui aviez donné 50 roubles et encore combien?

GOUJVA : 25 roubles.

LE PRÉSIDENT : Quand?

GOUJVA : C'était une autre fois.

LE PRÉSIDENT : Et pourquoi lui donniez-vous encore de l'argent?

GOUJVA : Il nous a ensuite envoyés à la consultation à Kiev. Il avait dit : « Donne de l'argent, je l'enverrai à l'institut. » Alors, j'ai donné, je ne sais plus combien, peut-être 25, peut-être 35 roubles. A Kiev, nous avons été reçus par un professeur. Ensuite, elle est encore restée couchée à l'hôpital. Il a pris encore 25 roubles pour le certificat pour la Sécurité sociale pour le congé de maladie. Il m'a dit encore : « Amène des provisions », et j'apportais des œufs, des poulets, des canards, des oignons. J'ai été chez lui, à la maison trois fois. Sa femme prenait tout ça.

LE PRÉSIDENT : Et pour les médicaments, vous le payiez?

GOUJVA : En mars 1974, ma femme est venue à Vinnitza pour repasser devant la commission de la Sécurité sociale. D'autres médecins lui ont donné le certificat. Elle est venue voir STERN et je lui ai donné 25 roubles pour des piqûres. Je les ai payées 4 roubles à la pharmacie et je lui ai encore donné 25 roubles dans son cabinet.

LE PROCUREUR : Ainsi vous déclarez avoir donné 50 roubles pour l'hospitalisation et 35 roubles pour l'envoi à Kiev. Lors de l'instruction, vous avez dit avoir donné 40 roubles.

GOUJVA : Je ne me souviens plus. Il se pourrait que j'aie donné 45.

LE PRÉSIDENT : Vous venez de dire 35, et maintenant vous dites 45!

GOUJVA : Je ne me souviens plus.

LE PROCUREUR : Avez-vous encore donné de l'argent, en dehors de ces occasions?

GOUJVA : Oui, mais je ne me rappelle plus... pour qu'il la soigne à l'hôpital.

LE PRÉSIDENT : Mais elle était à l'hôpital et STERN n'y travaillait pas!

GOUJVA : Mais je venais le voir à son cabinet à la polyclinique et lui remettais de l'argent de nombreuses fois.

LE PRÉSIDENT : Pourquoi donniez-vous de l'argent à STERN, qui travaillait à la polyclinique, si votre femme était à l'hôpital où il ne la soignait pas?

GOUJVA : Eh bien quoi, à l'hôpital? Il disait qu'il guérirait ma femme!

L'AVOCAT : Chez qui avez-vous pris les premiers 50 roubles pour lesquels vous êtes revenu au village?

GOUJVA : Chez ma belle-mère. Notre chauffeur m'a emmené. Je lui ai tout raconté.

LE PRÉSIDENT : Le nom du chauffeur?

GOUJVA : MIKHAÏLSKY.

L'AVOCAT : Votre belle-mère savait à quoi devait servir cet argent?

GOUJVA : Oui. Je lui avais tout raconté.

LE PRÉSIDENT : Et votre femme savait que vous donniez de l'argent à STERN?

GOUJVA : Elle savait, mais pas tout. Les 50 roubles pour l'hospitalisation et les 45 pour l'envoi à Kiev, je les ai donnés devant elle. Je prenais encore de l'argent à ma mère. Je me rappelle qu'elle les prenait sur son livret d'épargne. Et encore à ma belle-mère MELNIK Anna, je prenais souvent de l'argent.

UNE VOIX DANS LA SALLE : Pour t'acheter de la vodka!

LE PRÉSIDENT : Qui se permet?!... Nous procéderons à des expulsions! (*à Goujva*) MELNIK Anna est-elle venue avec vous voir sa fille?

GOUJVA : Oui, nous venions ensemble, apportions des oignons, des œufs, un canard et avec la belle-mère portions tout ça à l'appartement de STERN. Sa femme y était, il n'était pas là. Nous avons attendu un peu, puis ma belle-mère est allée à l'hôpital voir ma femme. Moi, je suis resté pour attendre le docteur.

LE PROCUREUR : Est-il vrai que vous buvez? STERN affirme que vous buvez et que vous avez volé sa montre. Avez-vous volé la montre de STERN?

GOUJVA : Non! Je ne bois même pas de bière, j'ai un ulcère! De montre, je ne lui en ai jamais vu!

LE PROCUREUR : Quelles sont vos relations avec votre femme? STERN affirme que vous la délaissiez et que vous êtes un coureur.

GOUJVA : Comment? J'ai deux enfants, le dernier a 6 mois!

L'AVOCAT : Où votre femme a-t-elle été opérée?

GOUJVA : Dans notre hôpital.

L'AVOCAT : Vous savez ce qu'on lui a enlevé?

GOUJVA : Je ne sais pas.

L'AVOCAT : Quand avez-vous consulté STERN pour la première fois?

GOUJVA : A ce moment-là, après l'opération.

L'AVOCAT : Vous êtes sûr de vous rappeler que vous avez tout de suite vu STERN, et pas un autre médecin?

GOUJVA : Oui, je me souviens très bien, tout de suite STERN.

L'AVOCAT : Peut-on déduire de vos paroles qu'elle a été hospitalisée le lendemain de votre arrivée?

GOUJVA : Oui, c'est exact.

L'AVOCAT : Vous lui rendiez visite à l'hôpital?

GOUJVA : Oui.

L'AVOCAT : Vous avez parlé avec les médecins qui la soignaient?

GOUJVA : Non, je n'ai pas parlé avec eux. Je n'allais que chez STERN.

L'AVOCAT : Mais il n'y travaillait pas! Aviez-vous parlé avec le directeur de l'hôpital?

GOUJVA : Non.

L'AVOCAT : Donniez-vous de l'argent à d'autres médecins?

GOUJVA : Non, je n'en donnais pas.

L'AVOCAT : En ce moment, votre femme continue à se faire soigner?

GOUJVA : Oui.

L'AVOCAT : Vous avez dit qu'il y a 6 mois elle donnait naissance à une fille. L'accouchement s'est-il passé normalement? L'enfant est-elle en bonne santé?

GOUJVA : Oui.

L'AVOCAT : Avez-vous eu une conversation avec STERN au sujet de grossesse?

GOUJVA : Oui, il disait qu'il serait bon pour ma femme de tomber enceinte, que cela lui ferait du bien.

L'AVOCAT : Elle avait entendu ce qu'il disait?

GOUJVA : Oui, ça s'est passé devant elle.

L'AVOCAT : Dans le dossier il y a votre plainte contre STERN, dans laquelle vous déclarez lui avoir donné un total de 500 roubles. Ailleurs vous dites avoir donné 400 roubles. Il y a aussi votre déposition dans laquelle vous écrivez avoir donné 250 roubles et en exiger le recouvrement. Aujourd'hui vous avez calculé quelque chose comme 170 roubles. Pourquoi changez-vous la somme?

GOUJVA : Je dis ce dont je me souviens. Je ne me rappelle pas les autres sommes.

L'AVOCAT : Quelles denrées alimentaires portiez-vous à STERN?

GOUJVA : Des œufs, des oignons, des canards.

L'AVOCAT : Combien?

GOUJVA : A trois reprises, mais combien je ne me souviens plus.

L'AVOCAT : Votre femme est-elle encore sous traitement? Comment se porte-t-elle?

GOUJVA : Eh bien, elle boit toujours ses médicaments.

L'AVOCAT : Savez-vous que par erreur on a enlevé à votre femme les glandes parathyroïdes?

GOUJVA : Non, je ne sais pas.

STERN : Pourquoi avez-vous attendu 4 ans avant de déposer plainte contre moi? Pourquoi l'avez-vous déposée justement le 15 mai?

Pas de réponse.

STERN : Deuxième question : de tous les témoins et plaignants, Goujva est le seul qui ait mentionné une importante somme d'argent. Pourquoi m'avez-vous donné de l'argent, à moi qui étais responsable de la polyclinique, n'avais aucun rapport avec l'hôpital où se trouvait votre femme ni avec le traitement qui lui était prodigué?

GOUJVA : C'est vous qui avez décidé du traitement. Il écrivait tout sur sa fiche. Il avait promis de la guérir.

STERN : Dans le document ayant servi pour mon arrestation, il est dit qu'en trois fois vous m'avez porté des denrées alimentaires pour une somme de 250 roubles. Ce que vous avez mentionné ici représente à peine 25 roubles.

GOUJVA : Je n'avais pas indiqué la somme. Ce sont eux qui ont mal compté.

STERN : Vous savez que Olga Andreevna, qui a soigné votre femme, est l'assistante du professeur ZELINSKY? Est-ce qu'ils vous ont dit que par l'ablation erronée des glandes parathyroïdes, votre femme était malade sans espoir de guérison?

GOUJVA : Ils ne me l'ont pas dit. Vous aviez promis de la guérir.

STERN : Qui vous a incité à porter plainte contre moi le 15 mai, c'est-à-dire quand mon fils a reçu l'autorisation de partir et immédiatement après qu'on eut pénétré par effraction dans mon appartement?

GOUJVA : Personne ne m'a incité, j'ai des griefs contre vous.

LE PROCUREUR : Vous êtes au courant du fait que les fils de STERN partent?

GOUJVA : Non.

Témoin GOUJVA Maria, née en 1948.

GOUJVA : On m'avait mal opérée. Puis on m'a envoyée à la commission médicale du dispensaire. J'y suis allée, me suis adressée à STERN. Il a promis de me remettre sur pied en six mois. Nous pensions qu'il nous promettait de me guérir. Il avait dit à mon mari de lui donner un gros pourboire. Puisqu'il fallait un pourboire, mon mari me laissa à l'hôpital et retourna chercher l'argent. Il ramena 50 roubles, les donna à STERN. On m'a hospitalisée.

LE PRÉSIDENT : Où lui avait-il remis cet argent, à son domicile ou...

GOUJVA : Dans son cabinet. Puis, chaque fois qu'il venait, mon mari lui donnait de l'argent. Plus tard, on m'a dit que ma maladie était incurable.

LE PRÉSIDENT : Pas si vite, s'il vous plaît. Qu'est-ce que votre mari vous a raconté à ce propos? Qu'est-ce qui s'est passé entre eux? De quoi avaient-ils parlé?

GOUJVA : Ben, mon mari demandait si j'allais mieux, ou moins mal... et il lui disait : « Qu'elle reste encore couchée, la maladie passera. »

LE PRÉSIDENT : En ce qui concerne l'argent, votre mari vous disait quelque chose?

GOUJVA : Bien sûr, quand STERN avait dit que tout irait bien, il lui avait donné l'argent.

LE PRÉSIDENT : Combien, combien chaque fois?

GOUJVA : Ben, il disait par 25 et par 35 roubles.

LE PRÉSIDENT : Combien de fois?

GOUJVA : Comment pourrais-je me rappeler maintenant, combien de fois! Il avait dit qu'il me guérirait, nous étions prêts à tout donner avec joie! J'avais déjà été hospitalisée à plusieurs reprises et rien ne me soulageait. STERN m'a envoyée à Kiev. J'y suis allée à l'Institut d'endocrinologie de Kiev, chez le professeur ROMACHKAN. Ensuite, quand je suis revenue de Kiev, on m'a encore hospitalisée ici. Je prenais quelque chose, mais quoi, je ne me souviens plus. On me faisait des piqûres, ou autre chose, je ne sais plus. Le traitement ne me faisait rien, parce que ma maladie était incurable. Ensuite on m'a envoyée devant la commission de la Sécurité sociale, je ne pouvais pas travailler.

LE PRÉSIDENT : Qui vous a envoyée?

GOUJVA : STERN. Bon, alors nous sommes encore revenus chez STERN.

LE PRÉSIDENT : Combien lui avez-vous donné?

GOUJVA : Quelquefois 30, quelquefois 35 roubles.

LE PRÉSIDENT : Qui donnait?

GOUJVA : Mon mari; moi, je ne donnais rien, je n'avais pas besoin... Je ne sais pas ce que STERN disait à mon mari.

LE PRÉSIDENT : Où se trouvait le centre de Sécurité sociale?

GOUJVA : A Kaziatine. Puis, un an après, j'ai été chez STERN. D'abord, je venais tous les jours, presque tous les jours, pour des analyses, ensuite je suis passée devant la commission de la Sécurité sociale. Il fallait un certificat de l'hôpital de Vinnitza. Alors, comme d'habitude, je m'adresse à STERN. Il me dit qu'il n'avait pas le droit de me délivrer un certificat, que c'était à l'hôpital de la circonscription de le faire. Je me suis rendue à mon hôpital. Ma doctoresse me l'a établi. Je suis encore revenue. STERN n'a pas voulu me recevoir sans attente. Il a forcé mon mari à arracher des orties pour que je sois reçue sans attendre.

LE PRÉSIDENT : Ensuite?

GOUJVA : Nous sommes revenus en ville chercher le médicament pour les piqûres. J'étais sous piqûres matin et soir. Nous sommes allés à la pharmacie. Pas de médicament. Mon mari m'a laissée à la pharmacie et est allé à l'hôpital. Quand il est revenu, on m'avait déjà donné le médicament.

LE PRÉSIDENT : Il est allé à l'hôpital... il a donné quelque chose? quoi? à qui?

GOUJVA : A STERN, il lui a donné de l'argent.

LE PRÉSIDENT : Il a donné de l'argent à STERN pour quoi?

GOUJVA : Pour qu'on me donne le médicament.

LE PRÉSIDENT : Bien. Continuez.

GOUJVA : J'ai un autre grief contre STERN : il a dit que si je tombais enceinte, tout rentrerait dans l'ordre. J'ai accouché, aucune amélioration. Je prends toujours des médicaments. Je ne sais même pas comment ce sera avec l'enfant.

LE PRÉSIDENT : Et comment vous sentez-vous maintenant?

GOUJVA : Je répondrai que si je prends mes médicaments, ça va, si je ne les prends pas, ça ne va pas.

LE PRÉSIDENT : Après l'accouchement, avez-vous senti une amélioration?

GOUJVA : Non.

LE PROCUREUR : Dites-moi, je vous prie, la dernière fois que vous avez été voir STERN pour le certificat destiné à la commission de la Sécurité sociale, vous l'avez obtenu, ce certificat? Pouvez-vous dire comment vous avez résolu ce problème?

GOUJVA : Je suis allée chez ma doctoresse, qui me soignait au dispensaire...

LE PRÉSIDENT : Son nom?

GOUJVA : On l'appelait Elena SEMIONOVNA.

LE PROCUREUR : Vous avez obtenu ce certificat?

GOUJVA : Oui.

LE PROCUREUR : Et pour l'hospitalisation — c'est votre mari qui a payé?

LE PRÉSIDENT : On ne peut pas poser la question ainsi.

LE PROCUREUR : Non, bon. Alors je la pose différemment : pourquoi votre mari a-t-il payé 50 roubles au Dr STERN?

GOUJVA : On m'a envoyée à l'hôpital et couchée là. J'y suis restée... Comme il avait dit qu'il me guérirait...

LE PROCUREUR : Quel jour avez-vous été hospitalisée?

GOUJVA : Le même jour. Il n'y avait pas de place, on m'a mise dans le couloir.

LE PROCUREUR : Savez-vous qui s'est soucié de vous faire admettre à l'hôpital malgré le manque de place?

GOUJVA : STERN.

LE PROCUREUR : C'est STERN. Cet argent a été donné devant vous?

GOUJVA : Oui, nous étions dans le cabinet de STERN.

LE PROCUREUR : Qu'est-ce que vous savez d'autre à propos de remises d'argent, et de qui le tenez-vous?

GOUJVA : Par exemple, mon mari payait pour la Sécurité sociale.

LE PROCUREUR : Pour délivrer un certificat pour la Sécurité sociale? C'est ça?

GOUJVA : Oui.

LE PROCUREUR : Et pour l'envoi à l'Institut d'endocrinologie de Kiev, vous avez payé ou non?

GOUJVA : Oui, nous avons payé, j'étais là.

LE PROCUREUR : Vous étiez là.

GOUJVA : On lui a donné 35 roubles.

LE PROCUREUR : Vous avez dit que vous étiez allée à la pharmacie et avez obtenu le médicament. L'argent pour les médicaments a-t-il été payé à STERN en votre présence?

GOUJVA : J'étais à la pharmacie, tandis que mon mari est allé chez STERN et lui a donné de l'argent. STERN a téléphoné à la pharmacie et on m'a donné le médicament.

LE PROCUREUR : C'était en votre présence, ou vous le savez d'après les dires de votre mari?

GOUJVA : Non, j'étais dans la pharmacie.

LE PROCUREUR : Maintenant, peut-on savoir comment votre mari se procurait l'argent qu'il payait au Dr STERN, à part les 50 roubles qu'il a empruntés à votre mère?

GOUJVA : Il en a pris aussi chez sa mère, même qu'elle le prenait sur son livret d'épargne.

LE PROCUREUR : Cela, nous... D'où tenez-vous ce renseignement?

GOUJVA : Parce que je sais que sa mère avait de l'argent sur son livret et maintenant elle m'a dit qu'elle n'en a plus.

LE PROCUREUR : La mère de votre mari et la vôtre sont-elles venues vous rendre visite à l'hôpital?

GOUJVA : Oui.

LE PROCUREUR : Elles apportaient quelque chose avec elles?

GOUJVA : Des poules, des oies, des œufs.

LE PROCUREUR : Pour qui?

GOUJVA : Pour STERN.

LE PROCUREUR : Comment le savez-vous?

GOUJVA : Elles me l'ont dit.

L'AVOCAT : Vous avez raconté qu'on vous avait mal opérée. Ensuite on vous a envoyée au dispensaire de Vinnitza?

Vous avez tout de suite abouti chez STERN ou chez un autre médecin?

GOUJVA : Nous sommes venus chez STERN, on m'avait dit que c'était un bon médecin et je me suis adressée à lui.

L'AVOCAT : Vous n'avez pas consulté d'autres médecins?

GOUJVA : Non.

L'AVOCAT : Vous êtes sûre de vous rappeler que vous êtes venue un jour et que le lendemain on vous a hospitalisée?

GOUJVA : C'est ça, il me semble.

L'AVOCAT : C'est ce que raconte aussi votre mari. Dites-moi, qui vous a soignée, quel docteur?

GOUJVA : La première fois Mouza NIKANDROVNA, ensuite Olga ANDREEVNA.

L'AVOCAT : Tandis que STERN vous a soignée quand vous étiez à l'hôpital?

GOUJVA : Non. Il ne s'y montrait même pas. Je le disais même à tout le monde : STERN doit me soigner et ce sont d'autres médecins qui me soignent.

LE PRÉSIDENT : Vous avez fait des réclamations?

GOUJVA : Oui.

LE PRÉSIDENT : A qui?

L'AVOCAT : A STERN?

GOUJVA : Ben, je disais comme ça, parmi les malades : qu'est-ce que c'est que ça? un médecin vous met à l'hôpital et d'autres vous soignent.

L'AVOCAT : Votre mari venait vous rendre visite deux fois par semaine. Exact?

GOUJVA : Oui,

L'AVOCAT : Vous aviez dit à votre mari que vous étiez soignée par Mouza NIKANDROVNA?

GOUJVA : Oui.

L'AVOCAT : Votre mari n'a pas fait de réclamations à STERN parce qu'il lui donnait de l'argent et qu'il n'était même jamais passé vous voir?

GOUJVA : Je ne sais pas.

L'AVOCAT : Avant de tomber enceinte, vous avez demandé le conseil de STERN ou non?

GOUJVA : Non. Quand je suis arrivée à l'hôpital, j'étais déjà enceinte... Et STERN a dit que quand j'aurai accouché, tout rentrerait dans l'ordre.

L'AVOCAT : Vous êtes donc arrivée déjà enceinte?

GOUJVA : J'étais déjà enceinte.

L'AVOCAT : Ce n'est pas STERN qui vous a dit qu'il fallait que vous tombiez enceinte, simplement vous êtes venue et lui avez dit que vous étiez enceinte. Exact?

GOUJVA : Oui.

STERN : Bon. Vous avez été chez notre gynécologue en raison de votre grossesse?

GOUJVA : Oui.

STERN : Que vous a-t-elle dit?

GOUJVA : Elle m'a dit comme ça... « Pourquoi n'avez-vous pas consulté plus tôt? Vous ne devriez pas avoir d'enfant du tout ! » Elle m'a immédiatement envoyée à la maternité où je suis restée couchée deux mois.

STERN : Quand avez-vous appris que votre maladie était incurable?

GOUJVA : Il y a longtemps qu'on me l'avait dit, après l'opération. J'ai su tout de suite que mon mal était incurable.

STERN : Pourquoi deviez-vous prendre de l'argent à vos parents? Vous ne gagniez pas assez?

GOUJVA : Nous étions en train de faire construire.

UN ASSESSEUR-JURÉ : Dites quels sont vos rapports avec votre mari. STERN prétend qu'il vous délaissait.

GOUJVA : Mes relations avec mon mari sont très bonnes. Il prend soin de moi, même qu'il y en a qui m'envient !

LE PRÉSIDENT : STERN soutient qu'il buvait cet argent. Qu'en pensez-vous?

GOUJVA : Non ! Quelle idée ! C'est un homme si bien, mon mari !

Plaignante PLIASSOUN Galina, née en 1937.

Extrait de l'acte d'accusation :

Sous prétexte d'aide à se procurer des « médicaments étrangers manquants », d'après sa propre expression, STERN a, le 24.I.69 vendu à PLIASSOUN G., pour soigner son fils Sergueï, de l'Horéogonine coûtant 2 roubles 28 kopeks pour 40 roubles, s'appropriant ainsi 37 roubles 72 kopeks.

PLIASSOUN : J'ai deux enfants, une fille et un garçon. Mon fils Sergueï a été envoyé à Vinnitza par le conseil de révision. Je me suis adressée à STERN Il a examiné le garçon, décidé d'un traitement, prescrit des comprimés, je ne sais plus lesquels, et des piqûres. Le traitement prescrit devait durer un mois sous la surveillance des médecins de chez nous. STERN nous a aussi prescrit un médicament nommé Horéogonine.

Mon fils a été soigné pendant un mois à peu près, je ne me souviens plus, et après ce temps, nous sommes revenus chez le Dr STERN. Il a dit que le traitement donnait des résultats, mais qu'il fallait quand même se procurer de l'Horéogonine.

Nous l'avions cherchée dans les pharmacies de Vinnitza, à Kiev, et à Moscou. Même à Léningrad, où nous avons des amis, on n'a pu la trouver.

Quand nous sommes revenus à Vinnitza et passé une nuit à l'hôtel, nous sommes retournés chez STERN après avoir fait faire des analyses de sang. Il nous a dit : vous pouvez vous réjouir, j'ai pu me procurer une boîte d'Horéogonine, mais elle coûte 40 roubles. Comment et dans quelles circonstances... mais il me semble qu'il y avait à la clinique la femme ou la fille d'un militaire, STERN disait qu'elle en avait mais qu'elle lui avait dit que ce médicament coûtait 40 roubles.

Il m'a dit qu'il fallait faire les piqûres sous la surveillance d'un docteur, m'a remis les médicaments et le jour même nous sommes repartis à la maison.

LE PRÉSIDENT : Combien de fois... combien de piqûres ont été faites?

PLIASSOUN : Cinq fois. La boîte contenait 5 ampoules et 5 solvants, cela ressemblait à de la pénicilline. Il nous avait dit qu'il fallait les administrer sous stricte surveillance médicale, l'enfant étant petit. Alors on lui a fait les piqûres une ou deux fois par semaine, je ne me rappelle plus exactement.

Après la première piqûre, tout allait bien, après la seconde, il était très excité la nuit et avait commencé à avoir les yeux rouges. Je suis allée voir le docteur. Il y avait d'autres médecins qui m'ont dit que STERN n'était pas là, qu'ils recevaient à sa place. Ils m'ont dit qu'en attendant il ne fallait pas continuer les piqûres. Plus tard, nous nous sommes inscrits à une polyclinique payante à Odessa et là on nous a conseillé de ne plus faire ces piqûres et nous n'en avons plus fait.

LE PRÉSIDENT : Quel est le prix officiel de ce médicament?

PLIASSOUN : Je ne sais pas.

LE PROCUREUR : Combien y avait-il d'ampoules et de solvant?

PLIASSOUN : Pas plus de 5, pas moins de 4.

LE PRÉSIDENT : Vous savez pourquoi le Procureur demande le nombre d'ampoules?

LE PROCUREUR : Lors de l'instruction, vous avez dit qu'il y en avait 4, maintenant vous dites qu'il y en avait 5.

PLIASSOUN : Oui, vous pouvez estimer qu'il y en avait pas moins de 4 et pas plus de 5.

LE PROCUREUR : D'ampoules et de solvant?

PLIASSOUN : Oui, je n'en ai vu que chez STERN.

LE PROCUREUR : Comment savez-vous que c'était de l'Horéogonine?

PLIASSOUN : C'était écrit sur la boîte en grosses lettres : horéogonine.

LE PROCUREUR : Vous êtes sûre de bien vous rappeler?

PLIASSOUN : Oui, la boîte n'était pas ouverte.

LE PROCUREUR : Pourquoi avez-vous donné 40 roubles et pas 10 ni 20?

PLIASSOUN : C'est ce qu'on m'a dit.

LE PROCUREUR : Qui vous l'a dit?

PLIASSOUN : Le docteur STERN, il a dit qu'il en avait convenu ainsi, que c'était le prix.

LE PROCUREUR : Je n'ai plus de questions.

L'AVOCAT : Vous avez dit avoir cherché ce médicament dans trois villes?

PLIASSOUN : Oui.

L'AVOCAT : Il n'y en avait nulle part. Vous avez dit aussi qu'une autre fois le docteur vous a dit que vous pouviez vous réjouir, qu'il avait trouvé le médicament. Vous vous êtes vraiment réjouie?

PLIASSOUN : Bien sûr.

L'AVOCAT : Malgré le fait qu'il vous avait dit qu'il coûtait 40 roubles?

PLIASSOUN : Bien sûr.

L'AVOCAT : Vous avez dit aujourd'hui que vous l'auriez acheté à n'importe quel prix. Exact?

PLIASSOUN : Bien sûr, pour une mère rien n'est plus précieux que son enfant.

L'AVOCAT : Une autre question : vous avez dit que ce médicament était parvenu entre les mains de STERN par la femme d'un militaire?

PLIASSOUN : Je ne me souviens plus exactement, je sais qu'il a dit qu'il y avait un malade, militaire ou autre, qui était soigné je ne sais comment.

L'AVOCAT : Et il vous a dit que c'était le propriétaire du médicament qui demandait cet argent?

PLIASSOUN : Bien sûr.

L'AVOCAT : En quoi donc le docteur vous a-t-il trompée?

PLIASSOUN : Il ne m'a pas trompée du tout!

L'AVOCAT : Alors, vous estimez qu'il ne vous a pas escroquée?

PLIASSOUN : Je serai heureuse, si tout cela finit bien...

Plaignante MATVIENKO Anna, institutrice.

Éléments de l'instruction :

PLAINTE

Je demande qu'on m'explique si le traitement appliqué à mon fils était juste et en général si l'usage des médicaments administrés en piqûres à mon fils est licite. Comme mère, j'ai fait confiance au médecin. Dans notre pays, le médecin veille comme une sentinelle sur la santé du peuple et surtout de la jeunesse.

Le 16 mai 1974 — MATVIENKO Anna

MATVIENKO : Mon fils Vitalii a passé une visite médicale avec d'autres enfants à l'hôpital. Le lendemain, je suis allée à l'hôpital. La doctoresse m'a fait entrer et m'a dit : « Ton fils n'est pas normalement développé. Va à Vinnitza, il y a là-bas un bon médecin. »

LE PRÉSIDENT : C'est la doctoresse elle-même qui vous l'a dit?

MATVIENKO : Oui. Elle a dit qu'il y avait un bon médecin du nom de STERN, qu'il pourrait aider mon fils, le guérir. Le lendemain matin j'ai immédiatement été chercher l'ordonnance pour l'envoi au dispensaire. Je me suis fait inscrire en demandant à être sur la liste de consultation de STERN. La file d'attente n'était pas très importante. Notre tour est arrivé. Il nous a reçus. C'est de toute évidence un bon médecin, aimable, on comprend que les gens choisissent un médecin tel que lui. Il a ausculté mon fils, l'a examiné attentivement partout. Il a dit qu'il lui fallait un traitement. Il a prescrit un traitement d'Horéogonine, Soustanon, Apilak et encore des comprimés dont je ne me rappelle pas le nom. Puis nous sommes allés à la pharmacie.

LE PRÉSIDENT : Avec l'ordonnance?

MATVIENKO : Oui. Mais il n'avait pas inscrit l'Horéogonine, il a dit simplement qu'il fallait en donner. Il ne l'a pas écrit sur l'ordonnance parce qu'il n'y en avait ni à l'hôpital, ni à la pharmacie. J'ai noté soigneusement le nom. Nous sommes rentrés à la maison, mais il me fallait de l'Horéogonine, c'était le plus important. Quinze jours après, je suis revenue. J'avais cherché l'Horéogonine partout, je demandais dans chaque pharmacie, j'avais fait tout Vinnitza, j'ai été à Gaïcine, à Dachev, à Ilienez. Je suis revenue chez STERN en pleurant et disant que le médicament était introuvable. Il m'a donné une boîte d'Horéogonine. Je lui ai laissé 25 roubles. Il ne m'avait rien demandé, rien soutiré, je les ai posés spontanément. Ce n'est pas STERN qui faisait les piqûres. Il est vrai qu'il m'a demandé qui les ferait. Je lui ai dit que nous avions un infirmier au village. Ensuite il a réexaminé mon fils, a dit qu'il faudrait enlever les amygdales. Je suis revenue chez lui plusieurs fois et lui ai donné en tout 55 roubles. La première fois 25, puis 20 et encore 10. Il m'avait encore procuré du Soustanon et de l'Horéogonine.

LE PROCUREUR : Vous saviez combien coûtaient ces médicaments?

MATVIENKO : Pour le deuxième, je savais que c'était plus cher, mais l'important pour moi était d'avoir le médicament.

L'AVOCAT : Le docteur vous indiquait les sommes qu'il fallait payer pour les médicaments?

MATVIENKO : Non, il n'a jamais demandé d'argent. Je donnais de moi-même.

L'AVOCAT : Vous étiez reçus facilement par STERN?

MATVIENKO : Oui, très facilement.

L'AVOCAT : Vous a-t-il jamais demandé de le payer pour ses soins?

MATVIENKO : Non, jamais.

L'AVOCAT : Il examinait votre fils?

MATVIENKO : Oui, plusieurs fois et toujours très attentivement.

L'AVOCAT : Avez-vous jamais réussi à acheter le Soustanon et l'Horéogonine à la pharmacie?

MATVIENKO : Non, jamais, c'est STERN qui me les procurait.

L'AVOCAT : C'était vous-même alors qui décidiez du prix des médicaments?

MATVIENKO : Oui, c'était moi.

STERN : A la confrontation, vous avez dit avoir posé l'argent sans que je le voie. Vous le confirmez?

MATVIENKO : Je ne sais pas si vous le voyiez ou non.

STERN : Question suivante : répondez clairement à la Cour : vous confirmez que la première fois où vous êtes venue me voir vous sanglotiez parce que l'endocrinologue de la région d'Ilienez vous avait déclaré que, bien que votre garçon soit dans sa seizième année, son développement sexuel était celui d'un enfant de trois ans?

MATVIENKO : Oui, je pleurais, criais et...

STERN : D'un enfant de trois ans, je le souligne. Vous confirmez aussi qu'après le traitement suivi justement d'après ma méthode, je montrai votre fils aux médecins du dispensaire comme un cas de réussite particulièrement rapide — en l'espace de 6 mois — de guérison d'hypogénitalisme. C'est-à-dire qu'en un laps de temps très court, votre fils était devenu un homme tout à fait normal?

MATVIENKO : Oui, vous l'avez montré à trois doctoresses.

STERN : Est-ce que vous vous rendez compte — si l'on veut bien admettre ce cas — je ne me souviens absolument de rien, je rétablis d'après la fiche et votre témoignage — que cette Horéogonine et ce Soustanon que des personnes apportaient n'en ayant plus besoin, pouvaient coûter beaucoup plus cher que leur prix en pharmacie?

MATVIENKO : Je n'y pensais pas. Je pensais à sauver mon enfant, quel que soit le prix. Même si vous m'aviez demandé de l'argent, je vous en aurais donné, mais vous ne m'avez rien demandé.

STERN : Êtes-vous reconnaissante au médecin qui a guéri votre fils?

MATVIENKO : Si l'enfant... si l'enfant s'est développé normalement et s'il reste en bonne santé sans que ces médicaments aient une conséquence sur ses autres organes, je suis pleinement reconnaissante au médecin.

STERN : Dernière question : pourquoi justement le 16 mai, quand mon fils a reçu l'autorisation de quitter le pays, avez-vous fait une déclaration au Parquet, justement le 16 mai! Je vous en prie, expliquez-moi, qui vous a inquiétée, qui vous a incitée, qui vous a forcée à écrire la déclaration suivante : « Je demande qu'on m'explique si le traitement appliqué à mon fils était juste et en général si l'usage des médicaments administrés en piqûres à mon fils est licite. Comme mère, j'ai fait confiance au médecin. Dans notre pays, le médecin veille comme une sentinelle sur la santé du peuple et surtout de la jeunesse. » Je...

LE PRÉSIDENT : Ne répondez pas à cette question!

STERN : ... je demande...

LE PRÉSIDENT : Attendez! La Cour va interroger le témoin. Pourquoi avez-vous fait votre déclaration juste à ce moment-là? Ni plus tôt, ni plus tard?

MATVIENKO : Ni plus tôt, ni plus tard, parce que l'enfant a commencé à se sentir drôle tous les matins. J'ai pensé que c'était peut-être ce Soustanon. C'est un médicament pour adultes...

LE PRÉSIDENT : Plaignante, saviez-vous que les fils STERN devaient quitter le pays?

MATVIENKO : Un fils devait partir, ou les deux, je ne sais pas.

STERN : Comment expliquer votre inquiétude quant à la justesse du traitement administré à votre fils?

MATVIENKO : Mais non, vous l'avez très bien soigné. Il lui fallait un traitement, c'est sûr, il lui fallait des médicaments, mais que vous ayez donné ce Soustanon — c'est pour les adultes...

STERN : Je n'ai en rien trompé MATVIENKO. J'ai soigné son fils et l'ai guéri — c'est l'essentiel. Comme elle vient de le dire ici, je l'ai bien reçue et sans aucune difficulté. Toutefois, KRAVTCHENKO écrit obstinément : « Il ne la recevait pas, refusait, la renvoyait. » Quand son fils de 16 ans est arrivé au dispensaire, les médecins expérimentés ont été horrifiés : un grand et bel adolescent, mais dont le développement sexuel était celui d'un enfant de 3 ans!

Elle a déclaré que je ne lui avais pas dit le prix des médicaments. Elle les avait cherchés partout sans les trouver. Je suis sûr que je n'ai pas pu lui prendre plus d'argent que ce que coûtaient réellement ces médicaments. Et si cela a été fait dans l'intérêt du malade et que la citoyenne MATVIENKO déclare à la barre qu'elle m'est reconnaissante, pourquoi se lancer dans des comptes mesquins et absolument inutiles, quand le seul fait d'un traitement aussi réussi démontre l'utilisation d'une bien plus grande quantité de médicaments que ce qui est avancé par l'accusation!

Plaignant SOUCHKO Mikhaïl, né en 1928, kolkhozien.

> *Extrait de l'acte d'accusation :*
>
> Le 10 décembre 1971, après avoir examiné le futur appelé SOUCHKO Piotr, souffrant d'un retard du développement sexuel, et lui ayant prescrit un traitement, STERN a proposé à son père SOUCHKO Mikhaïl, 2 flacons de Tereoïdine coûtant 30 kopeks. Quand SOUCHKO M. lui demanda le prix de ce médicament, il exigea 10 roubles, gardant ainsi à son profit 9 roubles 70 kopeks. Quand on a examiné le flacon de Tereoïdine présenté par le citoyen SOUCHKO M., on a constaté que le prix, indiqué sur le flacon, avait été effacé.

SOUCHKO : Une commission médicale a délivré à mon fils une ordonnance l'envoyant au dispensaire de Vinnitza.

LE PRÉSIDENT : Qui vous a reçu en consultation?

SOUCHKO : STERN. Il a examiné mon fils, l'a regardé partout et fait toutes les analyses.

LE PRÉSIDENT : Bon. Ensuite.

SOUCHKO : Il a dit qu'il pourrait le guérir. Il m'a donné deux flacons en verre...

LE PRÉSIDENT : Attendez. Le docteur vous a donné deux flacons — vous ne vous rappelez pas le nom du médicament?

SOUCHKO : C'était des petits cubes, je ne peux pas me rappeler...

LE PRÉSIDENT : Vous ne vous rappelez pas. Deux flacons. Alors, vous lui avez donné quelque chose?

SOUCHKO : Je ne lui ai pas donné cher. Je lui ai donné de l'argent comme ça... Il ne m'a rien extorqué. C'est moi qui ai donné.

LE PRÉSIDENT : Combien?

SOUCHKO : Un billet de 10 roubles.

LE PRÉSIDENT : 10 roubles. Il n'avait pas demandé cet argent?

SOUCHKO : Il n'avait rien dit. C'est moi qui lui ai donné comme ça. Il m'a lu tout ce qui était écrit, il m'a tout bien expliqué. Disons que je lui ai donné pour le remercier de son attitude envers moi. Ensuite mon fils allait à l'école et on lui administrait les médicaments. Il revenait toutes les deux semaines et je le regardais et voyais qu'il devenait normal... parce qu'il avait tout de suite commencé à être soigné, dès qu'on avait su quelle maladie il avait.

LE PRÉSIDENT : Alors, d'après vous, le médicament était efficace?

SOUCHKO : Oui. Ensuite il allait tout seul aux consultations.

LE PROCUREUR : Vous avez demandé au docteur ces deux flacons?

SOUCHKO : Oui, j'ai demandé. Il avait dit comme ça — que ça lui ferait du bien.

LE PROCUREUR : Et vous avez demandé quel était leur prix?

SOUCHKO : J'ai demandé et il m'a dit : « Regardez, c'est écrit dessus, 30 kopeks. » Il n'a rien exigé, il ne m'a rien extorqué.

LE PROCUREUR : Qu'est-ce qu'il n'a pas exigé?

SOUCHKO : Il ne m'a rien extorqué.

LE PROCUREUR (*irrité*) : Rien extorqué, rien extorqué! Combien fallait-il payer, vous le saviez ou non? Pourquoi avez-vous payé 10 roubles et pas 5 ni 30 kopeks, ce que coûtaient les médicaments?

SOUCHKO : Ben, comme ça, comme il m'avait tout expliqué si aimablement... je lui ai donné comme ça.

LE PROCUREUR : Mais qui vous a forcé à payer 10 roubles?

SOUCHKO : J'ai donné de moi-même.

LE PROCUREUR : Donné de vous-même? Mais le procès-verbal de votre déposition à l'instruction précise : « J'ai demandé combien coûtaient ces médicaments. STERN a répondu : 10 roubles. » Comment devons-nous vous comprendre?

SOUCHKO : Mais non, je lui ai donné 10 roubles de moi-même. Il ne m'a rien extorqué.

LE PROCUREUR : Mais vous aviez demandé à STERN combien coûtaient les deux flacons?

SOUCHKO : Oui, et il m'a dit qu'ils coûtaient 30 kopeks.

LE PRÉSIDENT : Vous devinez pourquoi le procureur vous tourmente ainsi? Non! Rappelez-vous ce que vous avez dit pendant l'instruction. Voilà vos paroles (*relit*) : « STERN a répondu : 10 roubles... » Qu'en dites-vous? C'est exact?

SOUCHKO : Mais j'étais dans son cabinet.

LE PRÉSIDENT : Attendez, répondez à la question : STERN vous a-t-il indiqué le prix du médicament?

SOUCHKO : Il ne l'a pas dit.

LE PRÉSIDENT : Vous comprenez qu'il y a une différence entre ce que vous disiez à l'instruction et ce que vous dites maintenant?

SOUCHKO : STERN n'a pas dit combien d'argent il voulait, j'ai donné de moi-même.

LE PRÉSIDENT : Où est la vérité alors, ce que vous dites maintenant, ou ce qui est écrit là?

SOUCHKO : Si c'est écrit, ça doit être plus vrai...

LE PROCUREUR : Qu'avez-vous écrit sur cette affaire dans votre déposition?

SOUCHKO : Que je n'ai aucune plainte contre le docteur.

LE PROCUREUR (*saute de sa place, porte le document à Souchko et crie*) : Qu'est-ce qui est écrit ici? Qui a écrit ça? Lisez!

Silence.

LE PROCUREUR : Pourquoi ne lisez-vous pas?

SOUCHKO : Je lis.

LE PROCUREUR : A haute voix! Lisez à haute voix!

SOUCHKO (*étant pratiquement analphabète, épèle laborieusement*) : « Il... a... dit... que... le... médi...cament... coûtait... dix... roubles. »

LE PROCUREUR : Alors! Vous l'avez écrit de votre main. Dites s'il a mentionné la somme ou non. Rappelez-vous les paroles de STERN quand il vous a donné le médicament!

SOUCHKO : Deux roubles et quelques...

LE PRÉSIDENT (*suppliant*) : Mais vos dépositions diffèrent! Vous comprenez? Qu'est-ce qui s'est passé en réalité?

SOUCHKO : En réalité, il a dit 30 kopeks.

LE PRÉSIDENT : Et pourquoi lui avez-vous donné 10 roubles?

SOUCHKO : Eh bien, je voulais le remercier. Le docteur nous avait plu.

LE PRÉSIDENT : Et pourquoi avez-vous dit dans votre déposition qu'il vous avait demandé 10 roubles?

SOUCHKO : Ils m'ont dit...

LE PROCUREUR : Avec qui avez-vous parlé à ce sujet?

LE PRÉSIDENT : On ne peut pas poser la question ainsi!

LE PROCUREUR : Pardonnez-moi. Quelqu'un vous a-t-il indiqué comment vous comporter devant cette Cour?

SOUCHKO : Ils sont venus...

LE PROCUREUR : Qui est venu?

SOUCHKO : Un procureur.

Rires dans la salle.

LE PRÉSIDENT : Vous comprenez pourquoi les gens rient? Qu'est-ce qui s'est réellement passé?

SOUCHKO : Il n'a pas demandé d'argent.

LE PRÉSIDENT : Y a-t-il encore des questions?

L'AVOCAT : Nous versons au dossier votre déclaration comme quoi vous avez donné spontanément de l'argent au docteur et n'avez à déposer aucune plainte contre lui. Vous n'avez vraiment aucune plainte à déposer contre lui?

SOUCHKO : Non, je n'en ai pas.

L'AVOCAT : Vous avez déclaré que STERN vous avait indiqué la somme de 30 kopeks. Pourquoi lui avez-vous donné 10 roubles?

SOUCHKO : Pour son bon accueil. Il m'avait tout expliqué, comment prendre les médicaments...

L'AVOCAT : Vous étiez donc satisfait de son accueil?

SOUCHKO : Oui.

L'AVOCAT : Quand vous êtes arrivés chez le docteur, il vous a reçus le même jour?

SOUCHKO : Il nous a reçus tout de suite.

L'AVOCAT : Il a examiné votre fils?

SOUCHKO : Il l'a examiné partout.

L'AVOCAT : Mais avant de donner le médicament, peut-être

vous a-t-il demandé de l'argent? Ou bien les gens dans le couloir vous ont-ils dit qu'il fallait lui en donner?

SOUCHKO : Non, il n'y a rien eu de tel.

STERN : Je vous remercie de votre témoignage.

LE PROCUREUR : Je proteste, on ne remercie pas pour un témoignage !

LE PRÉSIDENT : Une observation à STERN.

STERN : Vous avez dit que votre fils venait ensuite pour des piqûres. N'est-ce pas?

SOUCHKO : Oui.

STERN : Vous savez que je lui faisais ces piqûres avec mes propres médicaments et que je ne prenais pas d'argent pour cela?

SOUCHKO : C'est exact, je ne lui donnais pas d'argent.

STERN : Vous m'êtes reconnaissant d'avoir guéri votre fils?

LE PRÉSIDENT : La question est annulée.

LE PRÉSIDENT : La Cour examine le flacon, remis par SOUCHKO, et constate que le prix qui y figurait a été effacé.

SOUCHKO (*prenant le flacon et regardant à la lumière*) : Peut-être qu'on pourra quand même voir... Le prix y était.

L'AVOCAT : C'est une extraordinaire histoire de détective ! A en croire le dossier de l'instruction, l'épisode de SOUCHKO était parfaitement prouvé. Nous avons pu nous rendre compte de la véracité de ces « preuves ». Mais le plus convaincant et le plus révélateur, en ce qui concerne le juge d'instruction, KRAVTCHENKO, est le fait que SOUCHKO affirme que le prix figurait sur le flacon. Qui a pu l'effacer? Il faut le demander à KRAVTCHENKO.

LE PRÉSIDENT : Nous aurons tout le temps d'en discuter en délibération.

Témoin suivant.

Plaignant BESKOURSKY Nikifor, né en 1922, instituteur.

Extrait de l'acte d'accusation :

Le 23 septembre 1971, en examinant BESKOURSKY W., STERN dit à son père, BESKOURSKY N., que « le traitement serait coûteux ». Quand BESKOURSKY N. eut répondu que rien ne serait trop cher pour soigner son enfant, STERN lui proposa de lui acheter un médicament « introuvable partout ailleurs sauf chez lui », parce qu'« on ne le fabriquait pas en U.R.S.S. ». Arrachant des mains de BESKOURSKY 25 roubles et ensuite 2 kilos de poisson, STERN l'a emmené dans sa voiture à son domicile, d'où il est ressorti en ramenant une boîte de Profisone qui coûte 2 roubles 30 kopeks.

Lorsque, après un certain temps, BESKOURSKY revint avec son fils chez STERN et lui déclara que le traitement ne donnait pas le résultat qu'il devait, STERN proposa à BESKOURSKY de venir à son appartement, promettant de lui donner de bons médicaments.

Après avoir reçu de BESKOURSKY 7 roubles (comme la première fois, il les arracha des mains de BESKOURSKY), STERN lui donna 10 comprimés de Tereoïdine.

De cette manière, STERN a obtenu en tout de BESKOURSKY, par moyen d'escroquerie, 32 roubles, contre lesquels il lui a donné de la Profisone coûtant 2 roubles 30 kopeks et 10 comprimés de Tereoïdine, s'appropriant 29 roubles 50 kopeks.

BESKOURSKY : On m'a conseillé d'aller à Vinnitza avec mon fils Wladimir. Là-bas, à ce qu'on m'a dit, il y avait un docteur. Je ne suis pas d'ici, je viens rarement dans la région... Euh... cela va faire deux ou trois ans cette année..., je ne me souviens plus exactement. Et voilà, je suis arrivé, je ne savais pas où aller. J'ai demandé comme ça... Alors on m'a renseigné, qu'il y avait un bon docteur, alors me voilà arrivé à ce dispensaire. Je savais que STERN était le médecin-chef ou quelque chose comme ça... Alors là-bas des gens m'ont dit que c'était un bon docteur, le chef de la polyclinique. J'ai demandé le nom, on m'a répondu « STERN ». Va pour STERN. C'est là que j'ai appris qu'il s'appelait STERN. Alors, vous savez, il y en a qui peuvent attendre, attendre dans le couloir, mais moi, je devais penser au retour. Bien sûr, j'avais emporté avec moi deux kilos de poisson. J'ai pensé que si je faisais plaisir à cet homme, ce serait bien. Mon fils et moi n'avions rien mangé, nous pensions voir d'abord le docteur. On s'est dit : et si on mangeait le poisson? Voilà à quoi je pensais, voilà quel était mon rêve... Après, STERN est sorti. Alors je me suis présenté, j'ai fait la connaissance du docteur STERN. Je lui dis, comme ça, voilà la situation où je suis, voilà, je suis venu avec mon garçon, vous devriez l'examiner.

LE PRÉSIDENT : C'était dans son cabinet?

BESKOURSKY : Non, c'était sur la route... pas sur la route, dans le couloir, parce qu'il y avait la queue... Une vingtaine de minutes ont passé, quelqu'un est entré, quelqu'un est sorti, vous savez comment c'est au dispensaire... Alors je suis entré, je suis entré chez le docteur, dans son cabinet. Alors le docteur a vérifié les organes sexuels de mon fils, l'a ausculté, euh..., ausculté, comme ça... Il m'a, bien sûr, promis un médicament — un médicament, c'est un médicament, il faut le prendre. Il ne m'a pas dit le prix. J'ai sorti l'argent, camarades. L'ambiance était inhabituelle, euh... quelqu'un se faufile entre nous, un enfant. J'étais en train de sortir l'argent, un gosse arrive en courant, un gosse devant, un gosse derrière... c'est comme ça que ça s'est passé. Bien sûr, je n'ai pas eu le temps... Je regarde : plus d'argent!... Voilà... Je crois que ça s'est passé comme ça...

LE PRÉSIDENT : Vous avez donc donné cet argent à STERN. Ensuite? Comment avez-vous eu le médicament?

BESKOURSKY : 25 roubles, que j'ai sortis. Un gosse est passé devant moi, et comme ça, on nous a séparés... il avait déjà tout l'argent.

LE PRÉSIDENT : C'est STERN qui vous l'a pris, ou l'enfant?

BESKOURSKY : Non, l'enfant... le fait est que le gosse est passé, vous comprenez...

LE PRÉSIDENT : STERN a pris les 25 roubles?

BESKOURSKY : Eh bien, cet argent, sûrement qu'il pensait que je devais lui donner cet argent, voilà... ou bien euh... il ne m'a pas dit qu'il fallait lui donner quelque chose... ou quoi...

LE PRÉSIDENT : Alors, combien d'argent le docteur vous a pris?

BESKOURSKY : 25 roubles. Ensuite, nous sommes allés en voiture chez lui, j'ai attendu un peu, il est ressorti avec des ampoules... marron, qu'elles étaient... il y en avait dix. Il a dit qu'il fallait faire une piqûre tous les deux jours. C'est ce qu'on a fait... Deux semaines ont passé, je regarde mon fils : il était toujours le même, pas de changement. Je ne l'emmène pas cette fois-ci, j'y retourne seul. J'arrive donc seul, je vais voir STERN et je lui dis : « Pas foutus de donner des résultats, vos médicaments! » Bref, il me promet encore un autre médicament, des comprimés. Bien sûr, je l'ai pris. Les ampoules étaient plus petites. Il ne m'a pas dit non plus, c'était comme ça... 7 roubles, que j'ai payés. Je suis reparti et ne suis jamais revenu ici. Le gosse, gros comme il était, reste toujours aussi gros. On verra ce qui va se passer par la suite...

LE PRÉSIDENT : 32 roubles donc. C'est cela? 25 et 7 roubles, c'est cela?

BESKOURSKY : Oui.

L'AVOCAT : Que vous avait-il donné, lorsque vous avez payé 25 roubles?

BESKOURSKY : J'ai déjà dit qu'il m'a donné un flacon marron de 10... qu'il m'a donné 10 ampoules. Je l'ai déjà dit.

L'AVOCAT : Il vous a donné 10 ampoules. Et comment s'appelait le médicament?

BESKOURSKY : Je ne sais pas.

L'AVOCAT : Il y a un autre médicament dont vous avez parlé aujourd'hui, que vous avez eu pour 7 roubles.

BESKOURSKY : C'est ce que j'ai reçu la seconde fois, je ne m'en souviens plus non plus. J'ai reçu des poudres, pas des poudres, des comprimés, marron aussi.

STERN : Je demande à la Cour de noter que le témoin ne se souvient plus du nom des médicaments. Les noms inventés dans l'acte d'accusation par le juge d'instruction KRAV-

TCHENKO n'ont aucun fondement. Quant aux médicaments « qu'on ne fabrique pas en U.R.S.S. », il ressort clairement de l'audition du témoin que cette phrase est également une création du juge d'instruction, qui éprouve un inexplicable dégoût pour les médicaments étrangers! Par ailleurs, je pense que l'interprétation donnée par le juge d'instruction à la déposition de cet homme ne peut que prêter à sourire! J'imagine que j'aurais pu me retenir et ne pas lui arracher les 25 roubles des mains, mais attendre qu'il me les donne. Je ne lui ai pas pris de poisson pour 2 roubles, et même si je l'avais fait, ce ne serait pas un crime bien grave. Pour ce qui est de la somme d'argent, je ne me souviens plus pour quel prix je lui ai procuré des médicaments et lesquels. Quant à leur pays d'origine, il faut sans nulle doute faire appel aux lumières de « l'expert » KRAVTCHENKO!

LE PRÉSIDENT : STERN, la Cour peut se passer de votre ironie! L'audience est levée. Prochaine audience demain à 10 heures.

Après que l'audience fut levée, le Dr Stern s'adressa au Président pour demander de lui donner la possibilité de rencontrer sa femme et ses fils, avec lesquels il n'avait pu communiquer pendant les 6 mois de sa détention préventive. Cette faveur lui fut refusée et immédiatement après la levée de l'audience, l'accusé fut ramené à la prison.

12 DÉCEMBRE 1974

Deuxième jour du procès

Le deuxième jour, la milice ne barrait plus l'entrée du tribunal. Les miliciens et les civils s'étaient déplacés vers un vestibule au quatrième étage où, dans une petite salle pouvant contenir au plus 50 personnes, commença le deuxième jour des débats. La demande des journalistes étrangers d'y assister fut rejetée.

Version soviétique des faits :

Le procès de Vinnitza

« DONNE TOUT L'ARGENT QUE TU AS ! »

par Boris ANTONOV, correspondant spécial de l'Agence de Presse NOVOSTI de Moscou :

L'audition des témoins a continué durant le deuxième jour du procès à Vinnitza de Mikhaïl STERN, accusé d'escroquerie et de corruption. Jusqu'à 500 personnes, comprenant des habitants de la ville et de la région, des parents et connaissances de l'accusé, ainsi que des journalistes, étaient présents dans la salle d'audience.

Tous les témoins, sans exception, ont confirmé que STERN se livrait à l'escroquerie et à l'extorsion de pots-de-vin.

« STERN m'a pris mon dernier argent », se plaignait à la Cour le témoin P. MALICHEVSKY, père d'un enfant malade traité par STERN. « Il m'a donné des médicaments coûtant 6 roubles 16 kopeks. J'ai pu réunir 19 roubles et fouillais dans ma poche pour trouver plus, quand STERN m'a dit : « Mets sur la table tout ce que tu as! » Je lui ai donné mon dernier billet de 5 roubles! »

Le procès de Vinnitza continue.

Plaignant MALICHEVSKY Piotr, né en 1932, kolkhozien.

MALICHEVSKY : Le conseil de révision avait découvert que mon fils Anatole, né en 1952, était insuffisamment développé et l'avait envoyé au dispensaire de Vinnitza chez STERN. Il nous a reçus, a examiné mon fils et a dit qu'il fallait le soigner. S'il faut il faut. Il m'a délivré une ordonnance et m'a donné deux flacons de comprimés roses et verts, ainsi qu'un médicament pour des piqûres. Il a expliqué comment il fallait les prendre et a dit de revenir au bout de deux semaines pour contrôle. Il a dit que tout cela coûtait 19 roubles. Je les lui ai donnés sur place. Je suis retourné chez lui plus tard, pour le remercier. J'ai laissé 5 roubles dans son cabinet en les posant sans qu'il les voie. Deux mois ont passé. Mon fils a été reconvoqué par le conseil de révision et jugé bon pour le service.

LE PROCUREUR : Pourquoi lui avez-vous donné 5 roubles?

MALICHEVSKY : Pour nous avoir bien reçus.

LE PROCUREUR : Mais à l'instruction (document p. 129 du dossier) vous l'expliquez autrement. Rappelez-vous!

MALICHEVSKY : J'avais dit la même chose à l'enquêteur.

LE PROCUREUR : Non, vos déclarations diffèrent!

MALICHEVSKY : J'ai dit la vérité là-bas et je dis la vérité ici! Je dis exactement comme cela s'est passé!

LE PRÉSIDENT, *relit le procès-verbal de l'interrogatoire à l'instruction :* « Il m'a dit que si je voulais que mon fils soit guéri, il fallait payer. J'ai compris qu'il voulait du fric. Puis nous sommes passés dans la pièce à côté où il m'a donné les médicaments... Je lui ai donné 19 roubles. Il les a comptés, jetés dans un tiroir, puis a dit : " Allez, donne tout ce que tu as! " »

Alors, il a demandé de l'argent ou pas?

MALICHEVSKY : Non, il n'a demandé que 19 roubles.

LE PRÉSIDENT : Il a prononcé ces paroles : « Donne tout ce que tu as. »?

MALICHEVSKY : Non, il ne les a pas prononcées.

STERN : MALICHEVSKY déclare que je lui ai donné des médicaments pour 19 roubles. La conclusion de l'expertise pharmaceutique indique que je lui ai remis des médicaments pour une somme de 19 roubles 85 kopeks. Je pourrais donc exiger de lui encore 85 kopeks! Dieu merci, je n'ai pas la passion mesquine du juge d'instruction KRAVTCHENKO pour les calculs en kopeks! Où est l'escroquerie? Où est l'abus de confiance? A part celui commis par le juge KRAVTCHENKO, mettant dans la bouche du témoin des paroles qu'il n'a jamais prononcées : « Donne tout ce que tu as! »

Plaignante POLICHTCHOUK Maria, née en 1930, kolkhozienne.

Extrait de l'acte d'accusation :

Le 1er mars 1971, en examinant l'adolescent Polichtchouk Sergueï, en présence de sa mère Polichtchouk M., Stern lui dit : « Baisse ton pantalon, montre-nous un peu ce que tu as dedans! » et ensuite, attirant l'attention de la mère sur le membre sexuel de son fils, il lui dit qu'il ne se développait pas comme un homme, qu'il en ferait un vrai homme, mais qu'il fallait de l'argent car le médicament coûtait cher.

Polichtchouk l'a prié de soigner son fils en disant que pour le médicament, elle s'arrangerait pour payer plus tard.

Quand elle est revenue pour la seconde fois avec son fils, Stern lui dit que les médicaments étaient là, qu'il fallait maintenant l'argent. Invitant la mère et le fils à monter dans sa voiture personnelle, une « Volga », il les a emmenés du dispensaire à la pharmacie, exigé de Polichtchouk 40 roubles et leur a dit d'attendre dans la voiture. Lui-même est entré dans la pharmacie, dont il est ressorti bientôt avec beaucoup de médicaments et, après avoir exigé de Polichtchouk encore 5 roubles, lui a remis des médicaments pour une somme de 13 roubles 78 kopeks, gardant ainsi à son profit 31 roubles 22 kopeks, un coq et 20 œufs.

POLICHTCHOUK : Mon fils Sergueï, né en 1957, a été envoyé à Vinnitza par le conseil de révision. Nous sommes venus en mars 1973. Nous avons vu une doctoresse, qui nous a dirigés sur Stern.

LE PRÉSIDENT : Vous avez été reçus tout de suite?

POLICHTCHOUK : Oui, nous avons attendu un peu dans la file d'attente, puis nous avons été reçus.

LE PRÉSIDENT : Comment a-t-il ausculté votre fils?

POLICHTCHOUK : Il l'a examiné devant moi, décidé du traitement. Je ne suis pas allée à la pharmacie, n'ayant pas d'argent et il m'avait dit que de toute façon je ne trouverais pas ces médicaments. Il nous a donné les siens. Mon fils a commencé à se sentir mieux et a grossi. Nous sommes revenus encore une fois, il est allé avec nous à la pharmacie et j'ai pris les médicaments. Nous lui avons donné 45 roubles.

LE PRÉSIDENT : Il est entré avec vous dans la pharmacie?

POLICHTCHOUK : D'abord, il y est entré seul, ensuite je l'ai rejoint. Quand je suis revenue chez lui pour la troisième fois, je lui ai apporté deux dizaines d'œufs pour le remercier. Il ne voulait pas les prendre, mais je l'ai persuadé de les accepter. Je les ai donnés pour mon fils.

LE PRÉSIDENT : A quel endroit lui faisait-on les piqûres?

POLICHTCHOUK : On faisait les piqûres au centre médical du village. Mon fils est maintenant en bonne santé. Il fait ses études. Le conseil de révision l'a déclaré bon pour le service et je suis très contente.

LE PROCUREUR : Avec qui êtes-vous allée à la pharmacie?

POLICHTCHOUK : Avec le docteur. Je lui ai demandé de venir à la pharmacie avec nous, parce que moi, je n'y connais rien et il a accepté. Il nous a emmenés dans sa voiture.

LE PROCUREUR : Quand lui avez-vous donné l'argent?

POLICHTCHOUK : Dans la pharmacie, ou devant la pharmacie, je ne sais plus.

LE PROCUREUR : Pas dans son cabinet?

POLICHTCHOUK : Non, pas dans son cabinet. Après, j'ai encore ajouté 5 roubles.

LE PROCUREUR : Pourquoi?

POLICHTCHOUK : On nous avait fait le compte à la pharmacie, et il manquait de l'argent.

LE PROCUREUR : Vous avez reçu tous les médicaments qui vous avaient été vendus?

POLICHTCHOUK : J'en ai reçu pour les piqûres et des boîtes, tout ce qu'il avait prescrit.

LE PROCUREUR : Vous êtes revenue en ville?

POLICHTCHOUK : J'y suis revenue encore deux fois.

LE PROCUREUR : Et votre fils, est-il revenu?

POLICHTCHOUK : Je ne me souviens plus.

LE PROCUREUR : On lui a donné des soins à la polyclinique de Vinnitza?

POLICHTCHOUK : On lui a fait des piqûres, selon les instructions de STERN.

LE PROCUREUR : Combien de fois?

POLICHTCHOUK : Nous y sommes allés trois fois.

LE PROCUREUR : Qui faisait les piqûres?

POLICHTCHOUK : Les trois fois, c'était une femme, dans un autre cabinet, à ce qu'il me semble.

LE PROCUREUR : Et pourquoi ces piqûres n'ont pas été inscrites dans le registre?

POLICHTCHOUK : Je ne sais pas, je n'y suis pour rien!

L'AVOCAT : Qui avait ordonné ces piqûres?

POLICHTCHOUK : STERN.

L'AVOCAT : Vous avez été reçue facilement à la consultation?

POLICHTCHOUK : Oui. Nous avons attendu un peu dans la file d'attente.

L'AVOCAT : Dans la file d'attente, ne disait-on pas qu'il fallait donner de l'argent au docteur?

POLICHTCHOUK : Non, on disait seulement que c'était un bon médecin.

L'AVOCAT : Il vous a demandé de l'argent?

POLICHTCHOUK : Non, que Dieu m'en préserve!

STERN : La première fois que vous êtes venue, m'avez-vous donné de l'argent?

POLICHTCHOUK : Non.

STERN : C'est-à-dire que la première fois je vous ai donné les ampoules pour rien, gratuitement?

POLICHTCHOUK : Oui.

Plaignant KOROL Savva, né en 1923.

> *Extrait de l'acte d'accusation :*
>
> Le 15 février 1973, en examinant KOROL Nicolas en présence de son père, KOROL Savva, STERN demanda à ce dernier s'il avait de l'argent. Quand KOROL Savva dit qu'il avait sur lui 30 roubles, STERN exigea qu'il lui en donne 25.

KOROL : Mon fils Nicolas a été envoyé par le conseil de révision chez STERN. STERN l'a regardé et dit qu'il allait le soigner. Il a dit que les médicaments étaient chers. Je lui ai donné 25 roubles. STERN m'a rendu l'argent et je suis allé à la pharmacie. J'y ai acheté les médicaments et les ai apportés à STERN.

LE PRÉSIDENT : Quel était le nom des médicaments?

KOROL : C'était pas écrit en russe.

LE PROCUREUR : Votre fils a suivi son traitement?

KOROL : Oui.

LE PROCUREUR : Bon. Pour plus de précision, encore une question : Vous avez dit que vous aviez donné 25 roubles au Dr STERN. Il a donc pris cet argent en main?

KOROL : Il l'a pris, ensuite il l'a mis de côté et rédigé l'ordonnance...

LE PROCUREUR : Ensuite a rédigé l'ordonnance, bon... ensuite il vous l'a remise, puis vous êtes allé à la pharmacie?

KOROL : A la pharmacie sur la colline.

LE PROCUREUR : Pour les médicaments, il vous a donné... vous a donné un objet pour les mettre dedans?

KOROL : J'avais un filet.

LE PROCUREUR : Un filet. Alors vous les avez mis dans le filet. Combien de médicaments aviez-vous pris?

KOROL : Je ne me souviens plus.

LE PROCUREUR : Quelle était la forme du paquet?

KOROL : Eh bien, un peu comme un pain. Il devait y en avoir 1 kilo, 1 kilo et demi.

LE PROCUREUR : A peu près le volume d'un pain. Bien. Maintenant, ces médicaments, à qui les aviez-vous remis?

KOROL : A mon fils, pour les piqûres.

LE PROCUREUR : Non, ceux que vous avez obtenus la première fois à la pharmacie.

KOROL : Ah bon, au médecin, je suis retourné les lui apporter.

LE PROCUREUR : Combien et quels médicaments vous a-t-il donnés?

KOROL : Ben, le docteur m'a remis deux paquets de médicaments, je ne sais pas au juste lesquels, et un petit flacon avec des comprimés.

LE PROCUREUR : Avec des comprimés. Bien. Maintenant, répondez à la question suivante : quand et en échange de quel argent vous êtes-vous procuré ces médicaments?

KOROL : Avec mon argent.

LE PROCUREUR : Je dis : avec quel argent? Où avez-vous pris l'argent?

KOROL : Cet argent, je l'avais donné à STERN, 25 roubles. Il me les a rendus et m'a dit en me donnant l'ordonnance : « Va chercher ces médicaments à la pharmacie. »

LE PROCUREUR : Précisons cette question : combien avez-vous payé à la pharmacie pour ces médicaments?

KOROL : 25 roubles.

LE PROCUREUR : 25 roubles et pas plus?

KOROL : Non, je n'avais pas plus.

LE PROCUREUR : Non, mais vous aviez donné cet argent au docteur. Alors il vous en a donné pour payer ces médicaments?

KOROL : Oui.

LE PRÉSIDENT : Accusé, pourquoi restez-vous debout?

STERN : J'ai mal à la colonne vertébrale.

LE PROCUREUR : La question reste : combien le docteur vous a-t-il donné pour payer ces médicaments?

KOROL : Il m'a donné ces 25 roubles.

LE PRÉSIDENT : Le témoin a répondu : « Il m'a rendu cet argent ».

LE PROCUREUR : Combien vous a-t-il rendu?

KOROL : Tous les 25 roubles.

LE PROCUREUR : 25 roubles, ni plus, ni moins?

KOROL : Non.

LE PROCUREUR : Je pose cette question, camarades juges, parce que le témoin avait affirmé...

LE PRÉSIDENT : Oui, oui, il a déclaré avoir reçu de STERN non pas 25 roubles comme il l'affirme maintenant, mais 30 roubles.

KOROL : C'était la deuxième fois, qu'il m'avait donné 30 roubles. J'avais tout rapporté à STERN, il a dit : « Ils ont encore tout confondu! Ils n'ont pas donné ce qu'il fallait! » Il m'a donné 30 roubles, en disant d'aller à nouveau à la pharmacie avec l'ordonnance...

LE PROCUREUR : Abrégez! Vous avez donc été deux fois chez lui. Vous vous êtes procuré les médicaments sur ordonnance, avec l'argent que vous aviez donné, ensuite sur l'ordonnance délivrée par le médecin avec l'argent que celui-ci vous avait remis.

KOROL : Oui.

L'AVOCAT : STERN ne vous a pas renvoyé? Il vous a reçu tout de suite?

KOROL : Pas tout de suite, bien sûr, il y avait du monde.

L'AVOCAT : Pendant que vous étiez dans la file d'attente, quelqu'un disait-il qu'il fallait donner de l'argent au docteur?

KOROL : Personne. Personne ne parlait d'argent.

STERN : Alors, comment va votre fils maintenant? Est-il en bonne santé?

KOROL : Oui. Il apprend le métier de mécanicien.

STERN : Vous avez des griefs contre moi?

KOROL : Non.

STERN : Je demande à la Cour de m'autoriser à formuler une requête.

LE PRÉSIDENT : Je vous en prie.

STERN : Premièrement : L'acte d'accusation mentionne que je faisais des difficultés pour recevoir les malades, les faisant attendre parfois trois jours, et que je touchais des pots-de-vin pour les recevoir avant leur tour. Je demande la convocation en qualité de témoin à la défense de la personne tenant le registre de notre dispensaire. Il faut qu'elle explique comment se faisaient les inscriptions. Tous ceux qui le voulaient étaient reçus par moi à la première demande. Deuxièmement : Hier le Président m'a autorisé à recevoir de la nourriture diététique. Mais le garde a interdit qu'on me la transmette. D'après la loi je suis placé sous l'autorité de la Cour. J'ai 56 ans et suis gravement malade. Je le sais comme médecin. Vous voyez, je reste tout le temps debout, je ne peux rester assis, j'ai trop mal au dos. Ce procès représente pour moi un immense effort physique et nerveux. Je demande l'autorisation de me faire remettre de la nourriture de chez moi par le garde deux fois par jour, pendant les suspensions d'audience. Troisièmement : Bien que le Président m'interrompe aujourd'hui plus que de raison et que je comprenne la bêtise que je fais en l'indisposant à mon égard comme homme, je voudrais qu'on m'autorise à lire ma protestation — (*élevant la voix*) : Je proteste avec véhémence contre les méthodes inadmissibles et, à mon avis, illégales employées par le procureur KRIVOROUTCHKO pour interroger les témoins. Particulièrement révoltant a été l'interrogatoire du témoin à charge SOUCHKO Mikhaïl. Pendant une demi-heure, le procureur l'a soumis à une véritable torture psychologique, comme...

LE PRÉSIDENT : Baissez le ton! Parlez plus bas! A propos, à titre de renseignement, la Cour a été informée qu'on enregistrait ce procès sur bande magnétique hier. Nous ne comprenons pas dans quel but. Celui qui l'a fait sait très bien de qui je parle! Personne n'a le droit d'enregistrer le procès — pas seulement cet homme — personne! Même le procureur, s'il veut enregistrer le procès ne peut le faire qu'avec l'autorisation de la Cour. Il me semble que l'accusé STERN parle fort, en s'adressant à la salle — apparemment, il est au courant. Voilà, j'ai des certitudes... Si vous voulez que je fasse lever la personne en question, je vais le faire immédiatement!...

STERN : Je ne comprends pas...

LE PRÉSIDENT : Je pense que... personne ne doit faire cela... Ne pensez pas que la Cour invente...

STERN : Je demande...

LE PRÉSIDENT : Donnez-moi votre requête!

STERN : Mais je demande...

LE PRÉSIDENT : Donnez-moi ça!

STERN : Une seconde...

LE PRÉSIDENT : Donnez, je vais lire moi-même!

STERN : S'il vous plaît...

LE PRÉSIDENT : Donnez-moi ça!

STERN : Mais je demande...

LE PRÉSIDENT : Donnez-moi ça! (*Il arrache le document à Stern.*)

STERN : ... au Président de cette Cour de ne pas fonder ses déclarations concernant l'accusé sur des « apparemment »... ni sur des « il est possible que »...

LE PRÉSIDENT : Voulez-vous que je fasse immédiatement se lever la personne qui...

STERN : Non! Je voulais dire que je n'étais pas au courant.

LE PRÉSIDENT : Mais personne ne vous accuse de cela.

STERN : Vous venez de dire le contraire!

LE PRÉSIDENT : Oui, hier déjà, je vous ai fait observer que vous faisiez vos déclarations vers le public. Vous devez les faire par ici, vous devez faire vos déclarations à la Cour et non au public. (*Il lit la requête en silence.*) Quelle est l'opinion des parties?

LE PROCUREUR : J'estime que la question de la convocation du témoin doit être résolue ultérieurement, au cours des débats. Pour le reste, je le laisse à l'appréciation de la Cour.

L'AVOCAT : Le Code de procédure pénale d'Ukraine ne prévoit pas de requêtes dont l'examen puisse être repoussé à des audiences ultérieures. Aucun article ne le prévoit. Conformément à la loi, j'estime que les requêtes doivent être examinées à mesure qu'elles sont formulées. La question de la nourriture sort du cadre du Code de procédure pénale. Il y a peut-être des instructions secrètes que j'ignore. Mais je demande à la Cour de prendre en considération l'état de mon client et de prendre les mesures pour qu'on lui remette les aliments.

LE PRÉSIDENT : Vous voyez vous-même que nous n'avons rien contre, mais cette question n'est pas de notre compétence.

LE PROCUREUR : La Cour n'a pas le droit de se mêler des affaires du ressort des organes de l'Intérieur!

STERN : Mais je suis jugé par un tribunal soviétique et non par la junte chilienne!

LE PRÉSIDENT : Taisez-vous! La Cour vous interdit de la comparer à la junte! L'audience est suspendue!

Après une courte suspension d'audience :

LE PRÉSIDENT : Sont absents quatre plaignants. Nous tâcherons de les faire venir demain. Y a-t-il des objections?

LE PROCUREUR et L'AVOCAT : Pas d'objection.

LE PRÉSIDENT : Reste la question de l'expertise. L'expert doit être présent dans la salle et entendre la déposition des témoins. Toutefois nous n'avons besoin de l'expertise que pour un seul épisode. Quelle est l'opinion des participants au procès?

L'expert OLNEV : Je demande la nomination d'une nouvelle commission d'expertise. L'expert KOUTCHOUK a été écarté et l'expert KOLIADA, qui a travaillé avec nous lors de l'instruction, est mort, victime d'un accident. Il me semble qu'il faut une nouvelle commission. En ce qui concerne le Dr KOUPERMAN que propose STERN — que la Cour en décide.

LE PROCUREUR : Je n'ai pas d'objection à la création d'une nouvelle commission.

L'AVOCAT : Je n'ai pas d'objection à la création d'une nouvelle commission et je propose d'y inclure, à part le Dr OLNEV, le Dr KOUPERMAN.

LE PROCUREUR : Pendant l'instruction, STERN a demandé à plusieurs reprises qu'on fasse venir des experts de Kiev. Je pense qu'il faut tenir compte de sa demande.

L'AVOCAT : Il me semble qu'attendre la venue d'un expert de Kiev serait long et non indispensable, tandis que nous avons sous la main un bon spécialiste endocrinologue, le Dr KOUPERMAN.

STERN : J'estime qu'il n'y a en général aucun besoin d'une expertise, mais dans la mesure où l'accusation s'y réfère, c'est apparemment inévitable. A ce propos, je vous demande de tenir compte de deux choses : premièrement, je proteste catégoriquement contre la participation à l'expertise de membres quelconques de l'Institut médical de Vinnitza, dans la mesure où ils sont les subordonnés directs du professeur ZELINSKY, vice-recteur de cet Institut, mon ennemi personnel, l'homme qui a inspiré en grande partie ce procès et qui éprouve une profonde répugnance pour ma nationalité.

Deuxièmement : le Dr KOUPERMAN est une personne tout à fait neutre. Je le connais à peine. Il est le seul médecin à Vinnitza qui ait soutenu sa thèse dans le domaine de l'endocrinologie. Il travaille dans une institution neutre et on peut compter sur son objectivité. Je n'ai rien contre OLNEV et pense qu'avec KOUPERMAN ils donneront une conclusion objective. C'est pourquoi je demande que l'on se limite à ces deux camarades.

OLNEV : Je rappelle que la commission d'expertise ne peut comporter moins de trois personnes.

LE PRÉSIDENT : La Cour, après avoir délibéré sur le siège, a décidé la création d'une commission d'expertise composée de : Dr OLNEV, Dr KOUPERMAN, médecin d'un hôpital des Chemins de fer, Professeur EFIMOV, chef de service de l'Institut endocrinologique de Kiev et Dr ANDREENKO de l'Institut médical de Vinnitza.

STERN : D'où vient ANDREENKO?

LE PRÉSIDENT : De l'Institut médical. Croyez-moi, ce n'est pas un antisémite, comme vous dites!

L'audience est suspendue.

Après le premier jour du procès, le bruit courut dans la ville que ceux qui se montraient suffisamment tenaces réussissaient à pénétrer dans la salle d'audience. Pour la session de l'après-midi du 12 décembre, une foule nombreuse commença à se rassembler, venant de tous les coins de la ville. Les gens manquaient de naturel, craignant que leur intérêt ne paraisse politiquement suspect, car ce n'est qu'en écoutant les radios étrangères en langue russe qu'on pouvait avoir des informations sur l'affaire; à l'intérieur du pays, la presse soviétique gardant un silence de mort. Inconscients du danger, les miliciens ouvrirent les portes. La foule, jusque-là prudente, se rua d'un seul coup dans la salle, balayant tout sur son passage, entraînant les miliciens, les « civils » et le Président passant là par hasard. Un bouchon se forma à l'entrée. « Arrêtez! râlait le Président, coincé dans la foule en folie. Arrêtez immédiatement! » Le bouchon ne put être dégagé qu'avec l'aide d'un commando de miliciens appelé en renfort. Écumant de rage, le Président, passablement malmené, sans aller jusqu'à sa place d'honneur, annula l'audience, la reportant au lendemain.

13 DÉCEMBRE 1971

Troisième jour du procès

Avant l'ouverture de l'audience du matin, un conflit surgit dans la salle entre Victor Stern *et des jeunes gens qui y avaient pénétré bien avant que le public n'ait été autorisé à entrer. Le chef des gardes déclara que c'étaient des étudiants de travaux pratiques. Entrant dans la salle au moment de l'altercation, le Président fit sortir Victor* Stern *de la salle et celui-ci ne put revenir qu'après la suspension d'audience.*

LE PRÉSIDENT : Commençons par l'audition des témoins de l'épisode Besnossiouk.

Extrait de l'acte d'accusation :

En décembre 1971, examinant le malade Besnossiouk Vassilii, en présence de sa mère Besnossiouk Vera, Stern leur a proposé de revenir le lendemain pour avoir une « conversation psychothérapique », bien qu'une telle conversation eût très bien pu avoir lieu le jour même de cette consultation.

Pendant la « conversation psychothérapique », Stern dit à la mère du malade Besnossiouk V., que pour soigner Vassilii, il fallait des « piqûres étrangères » qu'il fallait faire tous les quinze jours. Pour cette « piqûre », Besnossiouk paya à Stern 10 roubles et ensuite une autre fois 10 roubles.

De cette manière, comme il ressort des témoignages de BESNOSSIOUK V. et de sa mère BESNOSSIOUK Vera, ainsi que des inscriptions sur la fiche du malade, STERN a reçu pour 3 ampoules de Soustanon coûtant 4 roubles 35 kopeks, 20 roubles de BESNOSSIOUK Vera, gardant à son profit 15 roubles 65 kopeks.

Plaignante BESNOSSIOUK Vera, née en 1935, kolkhozienne.

BESNOSSIOUK : J'ai un fils, Vassilii. Le conseil de révision l'a envoyé en 1972 à Vinnitza. Nous avons été reçus par STERN. Il a prescrit des comprimés et des piqûres. Je suis revenue le lendemain, et ensuite encore 15 jours après, avec mon fils pour une piqûre. Quand je suis venue pour la deuxième fois, je lui ai glissé 10 roubles dans sa poche, par gratitude. Je ne sais pas s'il l'a vu ou non.

LE PRÉSIDENT : Où cela s'est-il passé?

BESNOSSIOUK : Dans son cabinet.

LE PRÉSIDENT : Êtes-vous allée à son domicile?

BESNOSSIOUK : Je ne sais même pas où il habite.

LE PRÉSIDENT : Comment votre fils se porte-t-il maintenant?

BESNOSSIOUK : Il est en bonne santé.

LE PRÉSIDENT : Il est repassé devant le conseil de révision?

BESNOSSIOUK : Oui, devant deux commissions.

LE PROCUREUR : C'est en mars que vous êtes venue?

BESNOSSIOUK : Oui, c'est là que je lui ai donné 10 roubles. Mais il ne l'a pas vu, je les ai glissés dans la poche de sa blouse, qui était pendue. Il ne l'a pas vu!

LE PROCUREUR : Est-ce important, qu'il l'ait vu ou non?

BESNOSSIOUK : Bien sûr, que c'est important!

LE PROCUREUR : Où votre fils a-t-il reçu les soins?

BESNOSSIOUK : Les comprimés, il les prenait à la maison — les piqûres étaient faites dans notre hôpital. Un médicament lui était administré à Vinnitza. Une piqûre tous les 15 jours.

LE PROCUREUR : Où preniez-vous les médicaments?

BESNOSSIOUK : A la pharmacie n° 9 et à la pharmacie chez nous.

LE PROCUREUR : Quelles piqûres lui étaient faites chez STERN?

BESNOSSIOUK : Un médicament hollandais.

LE PROCUREUR : Comment le savez-vous?

BESNOSSIOUK : Il a montré le flacon.

LE PROCUREUR : Où l'avait-il pris?

BESNOSSIOUK : Je ne sais pas.

LE PROCUREUR : Combien de fois votre fils est-il venu?

BESNOSSIOUK : Je ne me souviens plus. Ça a duré longtemps.

LE PROCUREUR : Est-ce qu'on a fait devant vous une piqûre hollandaise?

BESNOSSIOUK : Non, on la faisait dans un autre cabinet.

LE PROCUREUR : Qui faisait les piqûres à votre fils?

BESNOSSIOUK : Une fois, c'était STERN, les autres fois, je ne sais pas.

L'AVOCAT : STERN vous a reçus tout de suite quand vous êtes venus?

BESNOSSIOUK : A notre tour.

L'AVOCAT : Dans la file d'attente, est-ce qu'on disait qu'il fallait donner de l'argent au docteur?

BESNOSSIOUK : Non, personne n'a rien dit de tel.

L'AVOCAT : Qui vous a dit alors qu'il fallait laisser 10 roubles?

BESNOSSIOUK : Je l'ai décidé moi-même.

L'AVOCAT : Vous avez des griefs contre STERN?

BESNOSSIOUK : Je n'ai pas de griefs contre le docteur. Je lui suis reconnaissante.

Témoin BESNOSSIOUK Vassilii, né en 1958, écolier.

LE PRÉSIDENT : J'espère que tu vas nous dire toute la vérité. Tu es un komsomol — tu dois dire la vérité.

BESNOSSIOUK : J'ai été envoyé à Vinnitza par le conseil de révision. Nous sommes arrivés, on nous a inscrits à l'enregistrement, envoyés faire des analyses et ensuite au Dr STERN. Il nous a bien reçus. J'étais avec ma mère. Il m'a fait déshabiller, m'a examiné, m'a fait une piqûre, a prescrit des médicaments en disant qu'il fallait que je continue le traitement à la maison.

LE PRÉSIDENT : Où avez-vous acheté les médicaments?

BESNOSSIOUK : Nous avons acheté les médicaments à la pharmacie. Ensuite nous sommes revenus chez STERN.

LE PRÉSIDENT : Quels médicaments vous avait-il prescrits?

BESNOSSIOUK : Horéogonine, Apilak et insuline, il me semble. Quinze jours après, nous sommes revenus, il m'a refait une piqûre. Il a dit qu'il y avait une amélioration.

LE PRÉSIDENT : Combien de piqûres a-t-il fait en tout?

BESNOSSIOUK : Le docteur lui-même m'a fait deux piqûres, une femme au dispensaire m'en a fait aussi. J'étais revenu plus tard, le docteur était en vacances et c'est une femme qui m'a fait la piqûre.

LE PRÉSIDENT : Qu'en pensez-vous, le traitement vous a aidé ou non?

BESNOSSIOUK : Le traitement m'a aidé.

LE PROCUREUR : Vous avez payé de l'argent à la pharmacie?

BESNOSSIOUK : Oui, ma mère a payé.

LE PROCUREUR : Et pour les piqûres faites par le docteur, vous avez payé?

BESNOSSIOUK : Non.

LE PROCUREUR : Votre mère les avait-elle payées?

BESNOSSIOUK : Je ne sais pas.

LE PROCUREUR : Quelles piqûres vous avait-il faites?

BESNOSSIOUK : Une sorte de médicament étranger, il me semble hollandais.

LE PROCUREUR : Quand êtes-vous venu pour la première fois?

BESNOSSIOUK : Le 20.

LE PROCUREUR : Qu'avait fait le docteur?

BESNOSSIOUK : On m'a fait une analyse et une première piqûre.

LE PROCUREUR : Vous êtes revenu?

BESNOSSIOUK : Oui, deux jours après.

LE PROCUREUR : D'après la fiche, vous êtes revenu le 21. Pourquoi êtes-vous revenu une deuxième fois?

BESNOSSIOUK : Cette fois il a indiqué quels médicaments il fallait prendre à la maison.

LE PROCUREUR : La première fois, a-t-il été question des médicaments?

BESNOSSIOUK : Je ne me souviens plus.

LE PROCUREUR : La première fois, vous étiez avec votre mère?

BESNOSSIOUK : Oui.

LE PROCUREUR : Qui vous a dit de revenir une deuxième fois?

BESNOSSIOUK : Lui.

LE PROCUREUR : Quand vous a-t-on délivré l'ordonnance?

BESNOSSIOUK : La première fois.

LE PROCUREUR : Et la deuxième fois, qu'est-ce qui s'est passé?

BESNOSSIOUK : Je ne me rappelle pas.

LE PROCUREUR : Question à STERN : quelle était la nécessité de faire revenir le malade une deuxième fois? La première fois il est bien venu avec sa mère? Sur la fiche vous avez inscrit pour la deuxième visite « psychothérapie ».

STERN : J'ai déjà dit qu'à mon avis il ne fallait pas soigner la maladie, mais le malade. Bien entendu, je ne peux me rappeler ce cas précis — un malade parmi les 75 000 que j'ai examinés durant cette période. A en juger d'après la fiche, le malade est revenu après qu'une piqûre lui eut été faite la veille. Il m'importait de voir la réaction de l'organisme pour fixer les doses avec une grande précision. Je devais me rendre compte comment le malade tolérait l'hormone combinée, s'il n'avait pas de sensations désagréables.

Dites-moi, témoin, vous êtes en bonne santé maintenant?

BESNOSSIOUK : Je suis en bonne santé.

STERN : Vous avez des griefs contre moi?

BESNOSSIOUK : Non, aucun.

Plaignant POLICHTCHOUK Dimitri, né en 1935, kolkhozien.

Extrait de l'acte d'accusation : Revenant de la pharmacie au dispensaire pour dire à STERN qu'il n'y avait pas d'insuline, POLICHTCHOUK rencontra STERN. Celui-ci sortit immédiatement de sa serviette une boîte d'insuline dont le prix réel était de 2 roubles, déclarant que le médicament coûtait 25 roubles. Extorquant cette somme à POLICHTCHOUK, il a gardé à son profit 23 roubles.

POLICHTCHOUK : J'ai un fils, Ivan, né en 1958. Le conseil de révision l'a envoyé à Vinnitza. STERN l'a examiné et a dit qu'on revienne le lendemain chercher les médicaments. J'ai demandé combien il fallait apporter d'argent. Il m'a dit : une vingtaine de roubles. Je suis revenu une autre fois. Il a examiné mon fils, écrit une ordonnance, et nous a envoyés chercher les médicaments. Nous sommes allés à la pharmacie, mais tout n'y était pas. Nous sommes revenus chez lui et il nous a donné ce médicament.

LE PRÉSIDENT : Combien d'argent avez-vous dépensé en tout?

POLICHTCHOUK : Je n'avais qu'environ 25 roubles sur moi.

LE PRÉSIDENT : Qui vous a donné le médicament manquant?

POLICHTCHOUK : Le docteur.

LE PRÉSIDENT : Combien le lui avez-vous payé?

POLICHTCHOUK : Je ne me souviens plus — 20-15 roubles. Merci à lui, pour avoir guéri mon fils! Je n'ai aucun grief contre lui.

LE PROCUREUR : Combien aviez-vous emporté d'argent quand vous vous êtes rendu chez lui pour la deuxième fois?

POLICHTCHOUK : 25 roubles.

LE PROCUREUR : A l'instruction (cote 2, p. du dossier 99) vous avez déclaré avoir emporté 45 roubles.

POLICHTCHOUK : Je n'avais pas emporté 45, j'ai emporté 25!

LE PROCUREUR : Pourquoi avoir dit à l'instruction que vous en aviez emporté 45?

POLICHTCHOUK : Ce n'est pas possible! Je n'ai rien dit de pareil!

LE PROCUREUR : Quels médicaments n'avez-vous pas obtenus à la pharmacie?

POLICHTCHOUK : Je ne sais pas, je suis presque illettré.

LE PROCUREUR : Après votre visite à la pharmacie, où avez-vous rencontré STERN?

POLICHTCHOUK : Je l'ai rencontré en revenant de la pharmacie. Je lui ai dit qu'il manquait un médicament. Il m'a donné un paquet d'ampoules. Il les avait avec lui, dans sa serviette. Il me les a données là, dans la rue.

LE PROCUREUR : Quand l'avez-vous payé?

POLICHTCHOUK : Tout de suite.

LE PROCUREUR : Vous lui avez demandé combien il fallait payer?

POLICHTCHOUK : Non, je n'ai pas demandé, je lui ai donné cet argent de moi-même.

LE PROCUREUR : Et qu'est-ce que vous avez dit à l'instruction?

POLICHTCHOUK : J'ai dit la même chose.

LE PROCUREUR : Allons, lisez-moi ça! (*Il lui passe le dossier.*)

POLICHTCHOUK, *après une longue pause :* J'y mettrais la journée, à lire tout ça, je suis presque illettré!

LE PRÉSIDENT, *lit :* « Il a sorti une boîte, me l'a tendue et dit : " Donne-moi 25 roubles. " » C'est exact, ce qui est écrit ici?

POLICHTCHOUK : Si c'est écrit, ça doit être vrai.

LE PROCUREUR : Cote 3, p. du dossier 182 se trouve sa déclaration. Qui a écrit cette déclaration?

POLICHTCHOUK : Le secrétaire du conseil de village.

LE PROCUREUR : Et qui l'a signée?

POLICHTCHOUK : Moi.

LE PROCUREUR : Et qu'est-ce que le secrétaire avait écrit?

POLICHTCHOUK : Je ne sais pas.

LE PROCUREUR : Relisez, je vous prie! (*Il lui passe le dossier.*)

POLICHTCHOUK : Je ne peux pas.

LE PRÉSIDENT, *relit la déclaration adressée au Parquet régional disant l'absence de toute plainte contre* STERN *en liaison avec une demande de dommages-intérêts d'une somme de 25 roubles.*

LE PROCUREUR : Combien lui avez-vous payé alors?

POLICHTCHOUK : 25 roubles en tout, à lui et à la pharmacie.

L'AVOCAT : Comment le secrétaire du conseil de village s'est-il trouvé sur le lieu de votre interrogatoire?

POLICHTCHOUK : C'est le juge d'instruction qui l'a fait appeler. Il m'a dit d'écrire une déclaration et a fait appeler le secrétaire.

L'AVOCAT : Où cela s'est-il passé?

POLICHTCHOUK : Au conseil du village.

L'AVOCAT : C'est là aussi que l'interrogatoire a eu lieu?

POLICHTCHOUK : Oui.

L'AVOCAT : Pas au Parquet?

POLICHTCHOUK : Non.

L'AVOCAT : Quand vous êtes venu chez le docteur, il vous a renvoyé à quelqu'un d'autre?

POLICHTCHOUK : Oui, il m'a envoyé dans d'autres cabinets.

L'AVOCAT : A-t-on fait des piqûres à Vinnitza?

POLICHTCHOUK : Je ne sais pas. Je crois que si? Je ne sais pas au juste.

L'AVOCAT : Comment se porte votre fils?

POLICHTCHOUK : Il est en bonne santé. Il étudie, en 10e.

STERN : Est-ce que le témoin sait qu'il peut rétracter les déclarations faites à l'instruction? Les déclarations qui ne sont pas les siennes mais celles écrites par le secrétaire du conseil de village qu'il n'a fait que signer et qu'il a été même incapable de relire ici! Cette histoire est un scandale analogue à la confusion du témoin SOUCHKO!

LE PRÉSIDENT : L'audience est suspendue!

Après la suspension d'audience :

STERN : Je demande à déposer deux requêtes.

LE PRÉSIDENT : Je vous en prie.

STERN : Je n'ai personnellement rien contre le professeur

ANDREENKO,, mais je proteste catégoriquement contre sa participation à l'expertise en tant que représentant de l'Institut médical de Vinnitza. Trois personnes suffisent amplement pour l'expertise. Je demande à la Cour de ne pas l'inclure dans la composition de la commission.

Deuxièmement : d'après ce que j'ai cru comprendre, notre procès devait être ouvert et public. Ce matin se trouvaient dans la salle d'audience des personnes que j'ai vu le garde laisser pénétrer longtemps avant le reste du public. Un conflit ayant surgi, c'est mon fils que l'on a fait sortir. Je demande que l'on admette mon fils au procès.

LE PRÉSIDENT : En ce qui concerne ANDREENKO : la Cour a déjà pris sa décision concernant l'expertise. Nous donnons satisfaction à toutes vos requêtes, sauf à celle-ci.

Quant à la deuxième déclaration : votre fils, comme d'ailleurs votre femme, auraient pu ne pas être admis du tout dans la salle d'audience et convoqués comme témoins. Mais nous ne l'avons pas fait, comme il s'agit de vos parents. La Cour a permis leur présence dans la salle à titre exceptionnel. Si nous le voulons, nous pouvons les éloigner définitivement. On lui a laissé le choix de n'importe quelle place, mais il voulait absolument, on ne sait pourquoi, se mettre au premier rang, qui était occupé. De toute façon, cela fait trois jours que vous m'ennuyez avec votre alimentation diététique! Vous avez fait à nouveau une déclaration aujourd'hui. Je n'ai pas le droit d'autoriser à vous transmettre des aliments. Je ne sais pas pourquoi des gens se trouvaient là. Nous ferons une enquête. Nous laisserons rentrer votre fils, mais s'il continue à se conduire ainsi, il sera expulsé de nouveau!

L'AVOCAT : Je voudrais m'exprimer au sujet de votre observation disant que la Cour avait déjà pris sa décision concernant l'expertise. En effet, vous avez énuméré hier tous les participants. Toutefois, ils n'ont pas encore été soumis à l'interrogatoire de procédure et par conséquent ne peuvent encore être considérés comme experts d'après la loi. STERN a le droit de récuser des experts. C'est pourquoi il me semble que votre explication, invoquant la décision déjà prise par la Cour, est en contradiction avec l'article 197 du Code de procédure pénale de la R.S.S.d'U.

Quant au conflit et à l'expulsion de Victor, il est vrai

qu'une certaine catégorie de public bénéficie de privilèges. C'est un procès public et en ce qui concerne l'entrée dans la salle d'audience, il doit y avoir le même droit pour tous. Je demande que l'on fasse une enquête.

LE PRÉSIDENT : La Cour promet de faire une enquête. On les a laissés entrer sans que la Cour soit au courant. On y mettra bon ordre à l'avenir.

Pour ce qui touche à la récusation des experts, il est prématuré d'en parler. Chaque chose en son temps.

Je voudrais déclarer aux personnes qui sont ici et dont l'objectif est de dénaturer tout ce qui se passe ici — nous en sommes persuadés — qu'on crée une agitation malsaine autour de cette affaire, que d'aucuns veulent nous nuire... Euh... Je voudrais déclarer que notre intention est d'aller au fond de toute chose et de le faire objectivement. Tout sera fait dans le cadre de la loi. Toutes les parties sont intéressées à ce que soit déterminé si STERN est coupable ou non coupable ! L'audience est suspendue pour 15 minutes.

Suspension d'audience.

LE PRÉSIDENT : L'audience est reprise. L'expert de Kiev doit arriver vers 2 heures. En attendant, commençons l'audition des témoins ayant trait aux épisodes sans rapport avec l'expertise.

CERTIFICAT

Nous soussignés, enfants de la défunte LIOUBETZKAÏA Karolina, décédée à l'hôpital de Vinnitza : sa fille MANJIEVSKAÏA L., son gendre MANJIEVSKY S., sa fille RYBATCHOUK S., son gendre RYBATCHOUK P. certifions n'avoir donné aucun pot-de-vin à STERN pour la prise en charge et les soins de notre mère. Nous certifions également qu'après le décès de LIOUBETZKAÏA, quand nous sommes venus chercher le corps le 29.4.1972, nous ne nous sommes plaints à personne et n'avons réclamé d'argent à personne. Nous pouvons réfuter tout faux témoignage contre nous devant le tribunal du peuple.

Fait pour valoir ce que de droit.
Signé : MANJIEVSKAÏA Leonida
MANJIEVSKY Sigismond
RYBATCHOUK Stanislava
RYBATCHOUK Piotr.

le 3.5.1972.

Extrait de l'acte d'accusation :

Le 20 avril 1972, MANJIEVSKAÏA L. et RYBATCHOUK S. se sont adressées à STERN pour lui demander de faire hospitaliser leur mère, souffrant d'une grave forme de diabète et d'autres affections. Sous prétexte de manque de place à l'hôpital, il refusa pendant longtemps de délivrer l'ordonnance pour l'hospitalisation. Ce n'est qu'après avoir reçu 25 roubles de RYBATCHOUK qu'il consentit à lui délivrer une ordonnance pour l'hospitaliser.

Témoin RYBATCHOUK Stanislava, kolkhozienne, député du conseil de village.

RYBATCHOUK : Ma mère, LIOUBETZKAÏA, était diabétique. Un jour son état s'est aggravé. C'était en 1972, avant les fêtes du 1er mai. Nous sommes parties pour Vinnitza. On nous a indiqué le cabinet du docteur. Je suis entrée, le docteur était assis là. Nous lui avons demandé de recevoir ma mère et de l'examiner pour la faire entrer à l'hôpital. Il dit qu'il ne pouvait la faire hospitaliser, que c'était difficile par manque de place. Nous nous sommes mises à le prier de le faire. Ensuite, j'ai bien sûr commis un crime : j'ai mis 25 roubles sous un papier sur sa table, mais je ne sais pas s'il l'a vu ou non. Alors il a encore un peu bavardé avec nous, posant des questions sur ma famille, puis nous a dit de sortir. Ensuite il est sorti de son cabinet et nous a donné l'ordonnance pour faire hospitaliser ma mère. J'ai accompagné maman à l'hôpital, puis suis partie de Vinnitza et n'y suis plus revenue. On a ramené maman une semaine après et on l'a enterrée. C'est tout.

LE PRÉSIDENT : Qui d'autre était avec vous?

RYBATCHOUK : Ma sœur MANJIEVSKAÏA.

LE PRÉSIDENT : Elle était présente quand vous avez déposé l'argent?

RYBATCHOUK : Oui.

LE PROCUREUR : Pourquoi avez-vous mis l'argent sous un papier?

RYBATCHOUK : J'avais honte de le donner comme ça, dans la main.

LE PROCUREUR : Votre mère a tout de suite été hospitalisée?

RYBATCHOUK : Tout de suite.

LE PROCUREUR : Sans obstacles, ou y a-t-il eu encore des difficultés?

RYBATCHOUK : Quelles difficultés?

LE PROCUREUR : Elle a été mise dans la salle commune, ou vous ne savez pas où on l'a mise?

RYBATCHOUK : Je ne sais pas, je ne suis plus revenue à Vinnitza.

LE PROCUREUR : Vous avez bien dit que votre sœur était présente quand vous avez donné l'argent?

RYBATCHOUK : Oui.

LE PROCUREUR : Elle avait vu que vous...

RYBATCHOUK : Oui, elle avait vu. Combien, elle ne savait pas. C'est dans le couloir que je lui ai dit que j'avais donné 25 roubles.

LE PROCUREUR : Pourquoi avez-vous donné cet argent?

RYBATCHOUK : Pour sauver ma mère. Je voulais que les docteurs lui viennent en aide.

LE PROCUREUR : Et pourquoi n'aviez-vous pas obtenu l'ordonnance?

RYBATCHOUK : Parce qu'on ne nous l'a pas donnée.

LE PROCUREUR : On vous refusait l'ordonnance, pourquoi?

RYBATCHOUK : Je ne sais pas, je l'avais demandée.

LE PRÉSIDENT : Voici une déclaration adressée à l'accusé, certifiant qu'elle n'a pas donné cet argent. Vous connaissez ce certificat?

RYBATCHOUK : Oui, je le connais.

LE PRÉSIDENT : Expliquez ce que c'est que ce certificat.

RYBATCHOUK : Quand ma mère est morte, j'étais dans un état terrible, j'avais comme des absences. Ma sœur est arrivée en courant et m'a dit qu'une femme était là. Qu'elle ne la connaissait pas, elle pensait aussi que c'était une doctoresse. Elle a dit que le docteur demandait de donner une déclaration signée comme quoi nous n'avions rien contre lui, je ne sais plus ni quoi ni comment, j'ai écrit, mais nous ne savions pas que les « organes » s'occuperaient de cette affaire...

LE PRÉSIDENT : Ce certificat est de la main de qui?

RYBATCHOUK : De ma sœur MANJIEVSKAÏA.

LE PRÉSIDENT : Alors, où est la vérité? Dans le certificat ou dans ce que vous dites maintenant?

RYBATCHOUK : Ce n'est pas vrai, ce qui est écrit, ce que je dis c'est la vérité. Je ne pouvais pas savoir que les « organes » s'intéresseraient à ça!

L'AVOCAT : Votre sœur a vu que vous aviez déposé l'argent?

RYBATCHOUK : Elle l'a vu, mais elle ne savait pas combien.

L'AVOCAT : Et STERN, a-t-il vu que vous déposiez l'argent?

RYBATCHOUK : Je ne sais pas s'il l'a vu. Je l'ai mis doucement sous un papier.

L'AVOCAT : Il y a au dossier votre déposition : « Je ne peux pas dire si STERN a vu comme j'ai déposé l'argent sous le papier, mais il ne l'a pas ressorti de dessous le papier devant nous. » C'est vrai?

RYBATCHOUK : C'est vrai.

STERN : Est-ce que j'ai examiné votre mère?

RYBATCHOUK : Non, vous ne l'avez pas examinée.

STERN : Quelqu'un d'autre à la polyclinique l'a-t-il examinée?

RYBATCHOUK : Elle est passée dans un autre cabinet.

STERN : Vous ne dites pas qui est venu voir le médecin-chef — votre mari ou le mari de votre sœur, qui est venu?

RYBATCHOUK : Il y a une femme qui est venue, demandant que nous donnions des explications, comme quoi nous n'avions pas de plainte au sujet de la mort de maman. Alors, nous l'avons écrit.

LE PRÉSIDENT : Quelqu'un de vos proches est-il allé porter cette déclaration?

RYBATCHOUK : Non, c'est une femme qui est venue de la part de STERN, elle a pris la déclaration, c'est tout.

LE PRÉSIDENT : Et elle est repartie?

RYBATCHOUK : Elle est repartie et nous sommes restés à la maison.

L'AVOCAT : Quand vous étiez chez STERN et lui demandiez d'hospitaliser votre mère et qu'il vous a dit qu'il ne pouvait pas, vous lui avez encore demandé quelque chose? Vous vous souvenez ou non?

RYBATCHOUK : Je ne me souviens pas.

L'AVOCAT : Alors je vais vous le rappeler. On a noté : « Alors j'ai demandé qu'il permette de faire une analyse du taux de sucre. » Dites-moi, je vous prie, a-t-on procédé à cette analyse?

RYBATCHOUK : Mais je n'y étais pas.

L'AVOCAT : Mais vous l'avez dit?

RYBATCHOUK : Sûrement, qu'on l'a faite. Quand maman a eu son ordonnance, elle a été hospitalisée, on a dû la lui faire.

L'AVOCAT : STERN vous avait-il donné une ordonnance pour l'analyse?

RYBATCHOUK : Je ne me souviens plus.

L'AVOCAT : Parce que votre déposition mentionne : « Ensuite STERN est sorti en apportant l'ordonnance pour l'analyse. On lui a fait l'analyse et on l'a hospitalisée. » C'est ce qui est écrit dans votre déposition.

RYBATCHOUK : C'est bien comme ça que cela s'est passé. Comment voulez-vous autrement?

L'AVOCAT : C'est bien cela. Dites-moi maintenant, quand on a fait l'analyse, a-t-on trouvé un important taux de sucre chez votre mère?

RYBATCHOUK : Je ne me souviens plus.

LE PRÉSIDENT : L'audience est suspendue.

Après la suspension d'audience :

Témoin MANJIEVSKAÏA Leonida, 37 ans, kolkhozienne.

MANJIEVSKAÏA : Ma mère souffrait de diabète. Eh bien, nous avons entendu dire... ma sœur a entendu dire qu'il y avait un docteur à Vinnitza qui guérissait ce genre de maladies. Nous avons décidé de l'y emmener pour qu'on la soigne. Alors, nous l'avons amenée à Vinnitza, chez ce docteur, STERN. Alors, ma sœur était à côté de lui, et moi, à côté de maman. J'ai vu qu'elle lui posait quelque chose sur la table, je ne savais pas quoi. Après, je lui ai demandé; elle m'a dit qu'elle lui avait donné 25 roubles pour qu'il reçoive maman. Maman a encore vécu une semaine, puis elle est morte.

LE PRÉSIDENT : Où a-t-elle passé cette dernière semaine?

MANJIEVSKAÏA : A l'hôpital, on l'a hospitalisée, elle y a encore vécu une semaine, puis elle est morte. Maman étant morte, je l'ai emmenée pour l'enterrer. C'est tout.

LE PROCUREUR : Quand vous êtes venue au dispensaire avec votre mère, vous aviez une ordonnance qui vous y envoyait ou pas?

MANJIEVSKAÏA : Non.

LE PROCUREUR : Sans ordonnance. Pourquoi sans ordonnance?

MANJIEVSKAÏA : On ne nous a pas donné d'ordonnance à notre hôpital local.

LE PROCUREUR : A qui vous êtes-vous adressée à Vinnitza?

MANJIEVSKAÏA : Nous sommes allées chez STERN.

LE PROCUREUR : Directement chez STERN. Avec qui? Qui y avait-il?

MANJIEVSKAÏA : Maman, moi et ma sœur.

LE PROCUREUR : Que demandiez-vous à STERN?

MANJIEVSKAÏA : Nous demandions au médecin de s'occuper de maman, nous disions qu'elle était très malade, demandions qu'on la fasse hospitaliser pour la soigner.

LE PROCUREUR : Question suivante : quelle a été la réaction de STERN à votre demande?

MANJIEVSKAÏA : Il a dit qu'il n'y avait pas de place, mais qu'il fallait absolument l'hospitaliser. « Il n'y a pas de place, mais je vais vous faire un papier. »

LE PROCUREUR : Qu'est-ce qui s'est encore passé?

MANJIEVSKAÏA : J'ai vu que ma sœur mettait de l'argent sur la table, sous un papier — après elle m'a dit que c'était 25 roubles.

LE PROCUREUR : Qui est-ce qui est venu chercher le corps de votre mère?

MANJIEVSKAÏA : C'est moi qui suis venue le lendemain. C'était une veille de fête et nous avons eu des tas de difficultés pour qu'on nous remette le corps. On nous a dit d'abord qu'elle était dans l'hôpital n° 3. On ne voulait pas nous la rendre. Nous avons longtemps prié, en fin de compte on nous a permis de la reprendre.

LE PROCUREUR : Vous êtes-vous disputée avec quelqu'un à ce sujet?

MANJIEVSKAÏA : Non.

LE PROCUREUR : Vous n'avez pas parlé d'argent avec le personnel de l'hôpital?

MANJIEVSKAÏA : Non.

LE PRÉSIDENT : Vous connaissez ce certificat?

MANJIEVSKAÏA : Oui, c'est moi qui l'ai écrit.

LE PRÉSIDENT : Racontez dans quelles circonstances.

MANJIEVSKAÏA : Le 3 mai une femme est venue de la part de STERN et nous a dit qu'il avait des ennuis à son travail. Qu'il fallait un papier comme quoi nous n'avions pas donné d'argent et n'avions rien à redire concernant la mort de maman. Nous l'avons signé, ma sœur et moi.

LE PRÉSIDENT : Et vos maris, ont-ils signé?

MANJIEVSKAÏA : Je ne me souviens plus.

L'AVOCAT : Quand vous êtes arrivées chez STERN, vous lui avez raconté, vous l'avez prié de faire hospitaliser votre mère. STERN a accepté, quel document vous a-t-il délivré?

MANJIEVSKAÏA : Eh bien quoi, il a délivré... une ordonnance pour des analyses, il a écrit un papier pour l'hôpital, pour qu'on la reçoive.

L'AVOCAT : Quel médecin a examiné votre mère?

MANJIEVSKAÏA : STERN.

L'AVOCAT : Une autre question : dites-moi, je vous prie, dans vos explications, comment avez-vous dit — votre sœur avait déposé l'argent devant vous ou non?

MANJIEVSKAÏA : Nous nous trouvions toutes les trois dans le cabinet, quand elle a posé l'argent. Elle était près du docteur, et moi derrière, sur la couchette à côté de maman.

L'AVOCAT : Je vais vous rappeler ce que vous avez dit : « Sur le chemin du retour, ma sœur m'a dit qu'elle avait déposé, sous un papier se trouvant sur la table, 25 roubles. »

MANJIEVSKAÏA : Elle me l'a dit, mais elle... j'ai vu comme elle déposait quelque chose, mais je ne savais pas quoi. C'est après qu'elle m'a dit avoir posé 25 roubles.

L'AVOCAT : Le docteur avait-il vu qu'on déposait de l'argent?

MANJIEVSKAÏA : Comment voulez-vous que je sache, s'il l'a vu ou non, je me trouvais derrière. C'est ma sœur qui a posé l'argent...

Témoin RYBATCHOUK Piotr, né en 1928.

RYBATCHOUK : Je suis le mari de RYBATCHOUK Stanislava, la fille de la défunte LIOUBETZKAÏA Karolina, décédée en 1972.

LE PRÉSIDENT : A quelle date?

RYBATCHOUK : La veille des fêtes du 1er mai.

LE PRÉSIDENT : Qui l'avait emmenée à l'hôpital?

RYBATCHOUK : Ma femme et sa sœur, MANJIEVSKAÏA Leonida. Environ cinq jours après, on a été avertis qu'elle était morte et nous sommes partis pour chercher le corps.

LE PRÉSIDENT : Qui y est allé?

RYBATCHOUK : Moi et le mari de MANJIEVSKAÏA — Sigismond MANJIEVSKY. Quand nous sommes arrivés, il n'y avait pas de médecin — c'était fête. Il n'y avait qu'une infirmière. Elle a passé son temps à téléphoner partout, mais c'était un jour férié et on ne pouvait rien obtenir. Ça a duré jusqu'au soir. On nous a envoyés ailleurs, dans un autre hôpital. Là il y avait un médecin qui a donné l'autorisation. Alors nous avons emmené la défunte.

LE PRÉSIDENT : Ensuite.

RYBATCHOUK : Nous l'avons ramenée et enterrée, c'est tout.

LE PROCUREUR : Vous êtes allés tous les deux, ou avec vos femmes?

RYBATCHOUK : Je ne me souviens plus. Il me semble que ma femme n'y était pas. Je ne me souviens plus.

LE PRÉSIDENT, *présente le certificat :* Est-ce votre signature?

RYBATCHOUK : Oui.

LE PRÉSIDENT : Racontez dans quelles circonstances vous avez signé ce papier.

RYBATCHOUK : Quelle est la date? Le 3 mai. Le 3 mai 1972, la sœur de ma femme, MANJIEVSKAÏA, est arrivée en me disant qu'il fallait signer ce papier, qu'il le fallait pour le docteur.

LE PRÉSIDENT : Vous l'aviez lu?

RYBATCHOUK : Non, je ne l'ai pas lu. J'ai signé comme ça. Je peux lire? (*Il lit.*) Tout est clair. On dit qu'on n'a pas donné d'argent au docteur. Mais je n'y étais pas et ne peux donc rien savoir à ce sujet.

LE PROCUREUR : Qui vous a repris ce papier?

RYBATCHOUK : MANJIEVSKAÏA, après que je l'ai eu signé.

L'AVOCAT : Quand votre belle-mère a été hospitalisée, votre femme vous a-t-elle raconté quelque chose?

RYBATCHOUK : Je ne me souviens plus. Je me rappelle seulement qu'elle a été hospitalisée.

L'AVOCAT : A-t-il été question d'argent?

RYBATCHOUK : On en a vaguement parlé, qu'on aurait donné... ou pas donné... Je ne me souviens plus.

STERN : Qui a écrit le certificat?

RYBATCHOUK : Montrez voir? Je crois que c'est MANJIEVSKAÏA.

Témoin MANJIEVSKY Sigismond, né en 1935.

MANJIEVSKY : Peu avant les fêtes, ma femme et sa sœur ont emmené leur mère à l'hôpital de Vinnitza. Le 29 avril ma femme arrive en courant et me dit : « Maman est morte. » Le 30 nous nous sommes mis en route pour chercher le corps.

LE PRÉSIDENT : Qui?

MANJIEVSKY : Moi, RYBATCHOUK et ma femme. On nous a rendu le corps, nous l'avons ramené et enterré.

LE PRÉSIDENT : Que savez-vous du certificat?

MANJIEVSKY : Après les fêtes, ma femme arrive et dit : « Il y a une femme qui vient de Vinnitza, demandant que nous écrivions un certificat comme quoi nous n'avons pas de griefs contre le docteur du fait de la mort de maman, c'est-à-dire contre le médecin qui la soignait et que nous ne lui avons pas donné d'argent. » J'ai signé et rendu le papier à ma femme.

LE PROCUREUR : C'est bien votre signature?

MANJIEVSKY : Oui.

LE PROCUREUR : Vous êtes allé à Vinnitza avec ce certificat?

MANJIEVSKY : Non.

LE PROCUREUR : En avez-vous parlé avec le médecin-chef?

MANJIEVSKY : Non.

LE PROCUREUR : Question à STERN : Laquelle de ces personnes avez-vous rencontrée dans le cabinet du médecin-chef OURBANSKY?

STERN : Ce camarade.

LE PROCUREUR : Question à MANJIEVSKY : Est-ce vrai?

MANJIEVSKY : Ce n'est pas vrai.

L'AVOCAT : Vous vous rappelez ce qui est écrit dans ce certificat?

MANJIEVSKY : Pas tout à fait. Je me souviens qu'on n'a pas donné d'argent.

L'AVOCAT : Qui vous avait dit qu'on n'avait pas donné d'argent?

MANJIEVSKY : Ma femme m'avait dit à ce moment-là qu'on n'avait pas donné d'argent. C'est pourquoi j'ai signé.

L'AVOCAT : Question à MANJIEVSKAÏA : Vous aviez dit à votre mari que vous n'aviez pas donné d'argent?

MANJIEVSKAÏA, *très troublée :* Je... n'avais alors... pas eu le temps... de lui raconter en détail. C'est ma sœur qui avait donné l'argent.

L'AVOCAT : Question à MANJIEVSKY : Elle vous a encore dit quelque chose?

MANJIEVSKY : Ce n'est qu'en été 1974 qu'elle m'a dit qu'on avait donné de l'argent, après le début de l'instruction.

STERN : Savez-vous que je n'ai jamais soigné votre belle-mère?

LE PRÉSIDENT : Ne répondez pas! On ne peut pas poser la question ainsi.

STERN : Savez-vous qui soignait votre belle-mère?

MANJIEVSKY : Non.

STERN : Question à RYBATCHOUK : Quand avez-vous été convoquée pour la première fois au sujet de cette affaire?

RYBATCHOUK : Ça fait un an qu'on m'embête avec cette histoire!

STERN : Dans votre déposition vous avez dit : « Je ne savais pas que les " organes " s'occuperaient de cette affaire. » De quels organes vouliez-vous parler?

RYBATCHOUK : Des organes soviétiques, c'est clair, non!

Après la clôture de l'audience, Victor STERN *fut appréhendé dans la rue. Selon les déclarations du lieutenant de police Anatole* DEROUN *qui l'avait appréhendé avec deux civils du nombre des « étudiants de travaux pratiques » avec lesquels il avait eu une algarade le matin même — il essayait de photographier la foule et le fourgon cellulaire à l'entrée du tribunal. Ensuite on lui déclara qu'il était soupçonné de vol et il fut emmené au commissariat Lénine de Vinnitza.*

Après une fouille corporelle, on lui confisqua une bande magnétique ainsi qu'une enveloppe cachetée. Malgré les protestations de Victor STERN, *l'enveloppe fut ouverte en sa présence et le document se trouvant à l'intérieur détruit. D'après les dires de Victor* STERN, *ce document avait un rapport avec le procès.*

L'enveloppe contenait une copie de la plainte de Mikhaïl STERN, *adressée au Président du K.G.B.* ANDROPOV *au sujet d'une intrusion illégale par effraction d'inconnus dans son appartement peu avant son arrestation. S'y trouvait également un récépissé de l'envoi en recommandé de cette plainte. L'enveloppe avait été cachetée par un employé de la poste en mai 1974. D'après Victor* STERN, *c'était la seule preuve du fait que la famille avait effectivement envoyé cette plainte en mai 1974. Après avoir passé trois heures à la milice, Victor* STERN *fut soumis à une amende de 30 roubles pour « conduite de voyou dans les locaux de la milice ».*

16 DÉCEMBRE 1974

Quatrième jour du procès

Prévue pour 10 heures du matin, l'audience fut d'abord reportée à 13 heures. A 13 heures, on fit savoir qu'il y avait un nouveau retard, mais que les débats commenceraient certainement à 16 heures. Finalement, on annonça qu'il n'y aurait pas d'audience du tout ce jour-là. Aucune raison ne fut donnée.

Dans la soirée, Victor et August STERN *furent convoqués chez le premier vice-procureur de la région de Vinnitza,* TEMTCHENKO, *qui leur dit que « des comptes rendus déformés du procès étaient publiés en Occident ». C'est pourquoi il était strictement interdit de photographier, d'enregistrer ou de noter tout ce qui se passait aux audiences. Toute personne qui continuerait à transmettre des informations serait passible de poursuites pour calomnie anti-soviétique. Expliquant que ce n'était là qu'une conversation « prophylactique »,* TEMTCHENKO *les prévint que « les organes de l'accusation et du K.G.B. ne toléreraient pas de fuites d'informations diffamatoires vers l'Ouest et ne permettraient pas que des notes soient prises durant les débats ».*

17 DÉCEMBRE 1974

Cinquième jour du procès

10 heures du matin.

Pour remplir la salle d'audience et limiter le nombre de personnes pouvant y pénétrer, on y avait amené un groupe important de chauffeurs de taxis — qui ne savaient pas du tout ce qu'ils faisaient là.

LE PRÉSIDENT : Présentation de la nouvelle composition de la commission d'expertise médico-légale :

— Dr Anatolïi OLNEV,

— Dr Andreï EFIMOV, chef de clinique de l'Institut endocrinologique de Kiev,

— Dr Piotr ANDREENKO, chargé de la chaire de thérapie de l'Institut médical de Vinnitza,

— Dr Lev KOUPERMAN, candidat des sciences médicales, médecin de l'hôpital des Chemins de fer.

L'AVOCAT, *à Andreenko :* Avez-vous travaillé en tant que praticien dans le domaine de l'endocrinologie?

ANDREENKO : Nous enseignons l'endocrinologie. Ce département a été récemment séparé du nôtre. J'ai eu l'occasion de soigner de tels malades.

STERN : Existe-t-il un cours indépendant d'endocrinologie à l'Institut médical?

LE PRÉSIDENT : La question est annulée.

STERN : Quelles sont vos relations avec le professeur ZELINSKY qui est l'instigateur de ce procès antisémite?

LE PRÉSIDENT : La question est annulée.

STERN : Je récuse catégoriquement le Dr ANDREENKO

parce qu'étant un subordonné du professeur ZELINSKY il est intéressé à l'issue de cette affaire.

LE PROCUREUR : Je proteste contre la requête de l'accusé. Le motif de la récusation est une pure invention. A mon avis cette requête n'est pas recevable.

L'AVOCAT : Je soutiens la requête de l'accusé.

LE PRÉSIDENT, *après une courte délibération :* La Cour a décidé de ne pas donner suite à la requête de l'accusé concernant la récusation du Dr ANDREENKO et de nommer la commission d'expertise composée de : OLNEV (Président), EFIMOV, ANDREENKO, KOUPERMAN.

Après une suspension d'audience :

LE PRÉSIDENT : La parole est à l'accusé pour fournir des explications sur les accusations qui lui ont été notifiées.

Éléments de l'instruction :

(Extraits de la conclusion de l'expertise)
cote 5, p. du dossier 91-95

10 octobre 1974.

Document n° 515

La commission composée de :
Président : OLNEV
Membres : Professeur KOUTCHOUK
Assistant KOLIADA,

a étudié les éléments de l'affaire criminelle concernant l'épisode avec le citoyen GARMASAR pour répondre aux questions suivantes :

1) Est-ce qu'en juin 1968 l'état de santé de GARMASAR correspondait au diagnostic indiqué par STERN dans le document daté du 18 juin 1968?

2) STERN n'aurait-il pas fourni des renseignements délibérément faux sur l'état de santé de GARMASAR pour simuler une maladie qui donne lieu à la

libération de Garmasar de ses obligations militaires?

3) La maladie de Garmasar présente-t-elle un caractère chronique, indiqué dans le document daté du 18 juin 1968 et y a-t-il à l'heure actuelle des symptômes de cette affection?

Les conclusions de l'expertise médico-légale ont été les suivantes :

1) Les résultats d'examens cliniques et de laboratoire témoignent qu'à l'heure actuelle Garmasar ne présente pas de troubles de fonctionnement de la glande thyroïde.

2) La thyréotoxicose est une maladie chronique et, si elle n'est pas soignée, donne lieu à des complications graves sans exclure une issue mortelle.

3) Le diagnostic de « thyréotoxicose de gravité moyenne » établi à Garmasar le 18 juin 1968 n'est confirmé ni par les données cliniques objectives, ni par des analyses de laboratoire.

En conséquence des faits sus-énoncés, il est permis d'affirmer que le certificat qui lui fut délivré en juin 1968 ne correspondait pas à son état de santé.

Le Président de la commission : Olnev.

Les Membres de la commission : Koutchouk, Koliada.

Extrait de l'acte d'accusation :

En 1968, le conseil de révision avait envoyé l'officier de réserve de l'Armée soviétique Garmasar au dispensaire endocrinologique régional pour certifier de son état de santé, ce qui était indispensable pour décider de son appel à une période militaire.

Dans le but de toucher ultérieurement un pot-de-vin de ses parents, Stern, ayant malgré les protestations de la laborantine Egorova, qui avait calculé le métabolisme basal de Garmasar égal à « + 4 % », corrigé dans le registre du dispensaire cette indication en mettant « + 44 % », et malgré l'absence de données de laboratoire, a délivré un certificat indiquant que Garmasar était atteint de thyréotoxicose, ce qui valut à celui-ci d'être libéré de la période militaire. Ensuite STERN est allé voir la mère de l'appelé, GARMASAR Antonina et, avec la complicité de la citoyenne MALEVANNAÏA (décédée le 12.I.1973), l'a obligée à lui donner 200 roubles, des oignons, de l'ail et d'autres produits alimentaires.

STERN : Je commencerai par l'épisode GARMASAR, pour en terminer avec l'expertise. L'accusation affirme qu'il y a six ans et demi j'ai délivré un certificat mensonger à GARMASAR, grâce auquel il a été dispensé d'une courte période militaire d'une durée d'un à deux mois. L'acte d'accusation indique que malgré les protestations de la laborantine EGOROVA, j'ai corrigé les résultats du métabolisme basal de GARMASAR en les transformant de + 4 % en + 44 %, donnée utilisée pour la délivrance du faux certificat.

Je tiens à souligner que le calcul à deux reprises du métabolisme basal de GARMASAR, selon la méthode de Read et sur l'appareil d'Evgraf, n'avait aucun rapport avec la délivrance à GARMASAR du certificat à l'intention des autorités militaires.

Le certificat d'examen de GARMASAR, délivré par le dispensaire endocrinologique, muni de deux signatures — celle du médecin-chef et la mienne, est daté du 18 juin 1968. Ce document indique que lors de l'examen, il a été établi qu'il était atteint de thyréotoxicose depuis 1966; qu'il se plaignait de tachycardie, transpiration, maux de tête, perte de poids, etc.; qu'il avait pris de la Diodtirosine, du Merkazalil. Objectivement : hypertrophie de la glande thyroïde du premier stade, protubérance des yeux, signe de Graefe positif, hypotonie musculaire des épaules et des hanches.

Je souligne que ce document ne contient aucune donnée concernant le métabolisme basal de GARMASAR. Par conséquent, il ne peut être question de faux résultats du métabolisme basal, soi-disant utilisés pour délivrer un faux certificat.

Le deuxième fait sur lequel je voudrais attirer l'attention de la Cour, est la date du certificat à l'intention des autorités militaires : 18 juin 1968. Tandis que le métabolisme basal fut établi le 20 juin 1968, c'est-à-dire deux jours après. Cet examen a été effectué dans un but de contrôle du traitement et n'avait aucun rapport avec la délivrance du certificat.

Si vous regardez les inscriptions précédentes sur la fiche, vous verrez que le 18 juin, GARMASAR, envoyé par le conseil de révision, n'a pas été examiné seulement par moi, mais également par un autre médecin, le neuropathologue-endocrinologue Victor KAMENETZKY qui concluait : « Du point de vue du système nerveux de GARMASAR, il y a des symptômes caractéristiques d'une thyréotoxicose déclarée. »

Ainsi, comme le montrent les notes de deux médecins, GARMASAR présentait en 1968 un tableau clinique très clair, donnant toutes les raisons pour l'établissement du diagnostic de « thyréotoxicose de gravité moyenne ».

Ensuite je vous demande d'accorder votre attention aux notes de l'endocrinologue TVERDOKHLEBOVA, prises lors de l'examen de GARMASAR du 9 septembre 1974, à la demande de la précédente commission d'expertise. A propos, il est étonnant qu'aucun compte n'ait été tenu de ces notes dans la conclusion de l'expertise. Les notes de TVERDOKHLEBOVA indiquaient : « Boule dans la gorge, fatigue générale, soif, perte de poids, irritabilité. Malade depuis 10 ans. Quand il était étudiant à Odessa, on avait découvert chez lui une hyperfonction de la glande thyroïde. Suivait un traitement, prenait de l'insuline... »

LE PRÉSIDENT : Attendez, vous vous adressez encore à la salle et non à la Cour! Donnez, je vais relire moi-même : « ... prenait de l'insuline et de la Diodtirosine sur ordonnance du médecin du service médical de l'usine 45... »

STERN : J'attire votre attention sur le fait que l'endocrinologue TVERDOKHLEBOVA avait noté lors de l'examen en 1974 que le malade se plaignait de symptômes caractéristiques de la thyréotoxicose. Le malade a dit qu'il souffrait depuis 10 ans, que bien avant qu'il vienne me consulter, encore à Odessa, on avait constaté chez lui une hyperfonction de la glande thyroïde. Il est important qu'il l'ait déclaré six ans et demi après. Beaucoup de gens oublient, mais lui se souvient, qu'il avait suivi un traitement, qu'il prenait de l'insuline, souvent prescrite en cas de thyréotoxicose; il a indiqué, sans hésitation, qu'il prenait en 1968 de la Diodtirosine, prescrite uniquement dans les cas de thyréotoxicose, que c'était sur ordonnance du médecin de l'usine. Ainsi, même devant un examen partial, les notes de TVERDOKHLEBOVA prouvent clairement que GARMASAR souffrait autrefois de thyréotoxicose, avait été soigné pour cette maladie, qu'il prenait un médicament spécifique : la Diodtirosine. C'est tout naturel que la première commission d'expertise, ayant à sa tête le professeur KOUTCHOUK, cet antisémite bien connu...

LE PRÉSIDENT : Accusé, arrêtez ! Ne transformez pas ce procès en ce que souhaiteraient certaines personnes dans la salle ! Je vous fais une observation !

STERN : S'ils m'affublent moi, médecin ayant 30 ans de pratique, de toutes les épithètes possibles dans des documents officiels, je peux, moi aussi...

LE PRÉSIDENT : La Cour vous interdit d'utiliser le terme d' « antisémite » pour qualifier des personnes ayant une relation avec la Cour !

STERN : Bon. Je comprends que les personnes intéressées de la première commission d'expertise, le professeur KOUTCHOUK en tête, aient tout entrepris pour me faire condamner. Et malgré que KOUTCHOUK ait été récusé, j'estime indispensable de montrer les méthodes employées pour discréditer le médecin juif STERN. Vous ne pouvez tout de même pas m'interdire de me nommer juif ! Ces méthodes sont caractéristiques non seulement pour l'expertise, mais pour toute l'affaire. Le juge d'instruction KRAVTCHENKO...

LE PRÉSIDENT : Je vous interdis ! Cela n'a aucun rapport avec l'affaire !

STERN : Pendant six mois, détenu dans une sombre casemate, je pensais qu'il me serait donné la possibilité de m'exprimer...

LE PRÉSIDENT : Vous n'étiez pas détenu dans un souterrain, comme le racontent certaines stations de radio...

STERN : Allons-y et vous verrez ! Je vous invite à être mon hôte !

LE PRÉSIDENT : Revenez-en à l'affaire !

STERN : Le juge d'instruction voulait nommer KOUTCHOUK expert, mais savait que je le récuserai. La Cour a confirmé par sa décision que KOUTCHOUK était un imposteur et avait été imposé illégalement dans la composition de la commission d'expertise. KRAVTCHENKO avait soufflé à OLNEV d'introduire KOUTCHOUK dans la commission.

Vous avez vu que la fiche de GARMASAR contient les notes de son examen par un neuro-pathologue. On peut se demander pourquoi, si la fiche contient les notes de deux spécialistes endocrinologues — d'un thérapeute et d'un neuro-pathologue — confirmant clairement la présence d'une thyréotoxicose de gravité moyenne, pourquoi il n'en a pas été tenu compte? Admettons que le juge d'instruction KRAVTCHENKO ne comprenne rien à la médecine. Mais la fiche a été examinée par les experts et elle est citée par l'expertise « sans remarquer » les notes de KAMENETZKY. Pourtant participaient à cette expertise des médecins ayant le titre de professeur! Ne reste en fait qu'une question purement médicale — l'exactitude du diagnostic. On aurait encore pu en douter si la seule signature qui y figurait était la mienne. On aurait alors pu invoquer une certaine logique. Je pourrais me dire qu'il y a une certaine logique à la fois juridique et médicale dans ce qu'on me reproche. Mais si des professeurs, des candidats de sciences médicales et en fin de compte simplement des profanes ne remarquent même pas que cette fiche porte un autre diagnostic identique, je n'ai vraiment plus rien à dire! Ce n'est pas seulement inouï, c'est symbolique. J'estime que la précédente expertise n'a intentionnellement tenu aucun compte des notes de KAMENETZKY. A mon avis, cela a été fait parce que l'organisateur et l'orchestrateur de cette affaire avait besoin de trouver des preuves de poids de la culpabilité du médecin juif STERN! Et cela a été très commode à faire, avec une expertise falsifiée, signée d'un professeur.

Je voudrais encore attirer l'attention de la Cour sur le fait que la précédente commission d'expertise a créé le mythe de ma soi-disant transformation des résultats du métabolisme basal qui aurait servi de base à l'établissement d'un faux diagnostic. Vous avez vu que le métabolisme basal a été fait le 20 et non le 18 juin. Vous avez vu que je n'ai pas apporté de corrections dans la fiche du malade, ni dans le certificat pour le conseil de révision. Par conséquent, l'affirmation selon laquelle j'aurais utilisé pour fournir un faux certificat des résultats falsifiés du métabolisme basal est sans fondement.

LE PRÉSIDENT : Expliquez, je vous prie, l'origine du chiffre barré de + 4 % et du nouveau chiffre de + 44 % dans le registre du laboratoire, indication n° 243 du 20 juin 1968.

STERN : J'y arrive justement. En effet le registre du laboratoire porte les indications : + 4 %, corrigé en + 44 % et de nouveau + 4 %. C'est clairement visible. Toutefois, la fiche de GARMASAR comporte deux indications de métabolisme basal : « Métabolisme basal + 4 % » (signé EGOROVA). On peut voir que je n'y ai apporté aucune correction. Il y a une autre inscription de ma main : « Métabolisme basal selon Read : + 44 %. » Si la fiche contient les données réelles et si je ne les ai pas utilisées pour l'établissement de mon diagnostic, quelle importance tout cela peut-il avoir pour vous? Surtout que dans le registre une dernière correction rétablit + 4 %. Où est la falsification? Comment l'expertise peut-elle déformer à ce point les faits? Se peut-il que les professeurs et candidats des sciences médicales n'aient pas compris que l'on avait procédé à deux calculs distincts du métabolisme basal : d'après la méthode de Read et sur l'appareil d'Evgraf. La commission d'expertise, soit intentionnellement, soit par incurie totale, n'a pas compris cela. Avait-elle le droit de confondre des choses aussi élémentaires, que n'importe quel étudiant connaît?

Maintenant, pour ce qui est du registre de laboratoire. En juin 1968, l'infirmière de notre laboratoire d'analyses était en vacances. Entre parenthèses, nous les médecins considérons que le calcul du métabolisme basal est surtout fait *pro forma* et la plupart des cliniques sérieuses n'en font plus. Il peut fournir beaucoup d'erreurs et en fait n'a aucune signification. Je disais donc que nous avions un problème de laborantine et nous avions autorisé la caissière du dispensaire EGOROVA à prendre ce poste pour un mois. Elle recevait un demi-salaire de plus et elle faisait les analyses. Ni avant juin 1968, ni après, EGOROVA n'a travaillé comme laborantine. Elle n'avait jamais calculé un métabolisme basal sur l'appareil d'Evgraf.

Alors, le 18 juin GARMASAR avait porté le certificat au conseil de révision. Mais il était malade et nous lui avions suggéré de revenir pour se faire soigner. Le 20 juin il est revenu pour des analyses. Sachant que EGOROVA était inexpérimentée, sachant que GARMASAR présentait un tableau clinique très clair de thyréotoxicose, je lui fais moi-même le calcul du métabolisme basal d'après Read et inscris sur la fiche + 44 %.

Ensuite je l'envoie chez EGOROVA. Elle me donne un résultat fantastique : + 4 %. J'entre chez EGOROVA, je prends un crayon vert et corrige en mettant + 44 %, + 4 % étant une absurdité totale. EGOROVA a rayé ma correction, écrit de nouveau + 4 % et reporté ce chiffre sur la fiche. Je n'ai pas protesté. Voilà le crime terrible que j'ai commis! Voilà comment j'ai falsifié les résultats! Tandis que KOUTCHOUK et Compagnie écrivent : « Le métabolisme basal d'après Read était normal. STERN l'a transformé en + 44 % ! »

Je continue : la première expertise a incroyablement noirci le tableau en disant que, si elle n'était pas soignée, la thyréotoxicose menait à une issue fatale. J'ai vu des dizaines de cas de guérison spontanée de thyréotoxicose. Mais pour ne pas faire d'affirmations gratuites, je demande de verser au dossier une citation de la monographie de Werner « La glande thyroïde », p. 369, ainsi qu'un extrait du manuel « Endocrinologie clinique » de Grauman, où l'on constate que la thyréotoxicose peut guérir spontanément... L'expertise précédente se base sur l'absence de symptômes de thyréotoxicose à l'heure actuelle (6 ans et demi après) et estime que si GARMASAR était malade à l'époque, il doit obligatoirement être malade maintenant.

Accordez votre attention au terme « hypertiosie » dans la conclusion de la précédente expertise. Que quelqu'un m'explique ce que ce terme veut dire! Un tel terme médical n'existe pas! A la place de « hypertrophie » est écrit « hypertiosie ». Comment un médecin, spécialiste, a-t-il pu laisser passer une telle erreur — trois fautes dans un seul mot? Cela dénote le complet analphabétisme médical de celui qui a relu la conclusion de l'expertise après sa dactylographie.

A mon avis, la conclusion de l'expertise précédente est une basse falsification, un modèle d'incurie et d'analphabétisme médical; en est absente toute logique générale et médicale. Je suis sûr que du début jusqu'à la fin cette expertise a été organisée dans un but unique : donner un air pseudo-scientifique aux persécutions du médecin juif STERN et non pas rechercher la vérité!

LE PRÉSIDENT : Je déclare une courte suspension d'audience.

LE PRÉSIDENT : Je propose d'en terminer d'abord avec cet épisode, c'est-à-dire d'entendre d'abord les témoins relatifs à cet épisode.

LE PROCUREUR : Pas d'objection.

L'AVOCAT : Vous avez raison. Quand STERN aura terminé sa déposition concernant GARMASAR, je propose d'entendre les deux GARMASAR, le Dr KAMENETZKY, EGOROVA et encore le Dr TVERDOKHLEBOVA. Je propose d'aller plus loin, puisque nous interrompons de toute façon la déposition de STERN : interrogeons aussi les autres témoins et rendons ensuite la parole à STERN.

LE PRÉSIDENT : Alors, tout le monde est d'accord avec la première proposition. C'est décidé. Quel est l'avis du procureur sur la deuxième proposition — entendre tous les témoins d'abord, avant la déposition de STERN?

LE PROCUREUR : Je suis contre. Je propose de résoudre ce problème au cours des débats.

LE PRÉSIDENT : La Cour, ayant délibéré sur le siège, a décidé d'entendre les témoins de l'épisode GARMASAR, de rendre ensuite la parole à STERN et là nous déciderons ce qu'il y a lieu de faire par la suite. STERN, continuez au sujet de GARMASAR, je vous prie.

STERN : Ainsi j'ai démontré par une série de faits convaincants que l'officier de réserve GARMASAR était effectivement malade et n'avait aucun besoin de mon aide pour être libéré d'une courte période militaire. Par conséquent, ni GARMASAR, ni ses parents n'avaient de mobile...

LE PRÉSIDENT : Je vous fais à nouveau une observation! Prière de la noter sur le plumitif. Il faut parler à la Cour et non à la salle!

STERN : ... n'avaient de mobile pour me donner un pot-de-vin puisqu'il était malade et avait reçu un certificat correspondant à son état de santé. Ce certificat avait été confirmé par le conseil de révision de Vinnitza et c'est pourquoi il a été libéré. Quant au fait que la mère de GARMASAR, deux mois et demi après l'examen par le conseil de révision, m'aurait soi-disant versé un pot-de-vin de 200 roubles pour faire libérer son fils — pour expliquer d'où proviennent ces accusations, je dois faire une courte introduction.

Comme il est clair pour la Cour et pour tout le monde, l'épisode GARMASAR est ancien. Cela s'est passé il y a environ 7 ans. Je voudrais souligner que tous les autres cas présentés par l'accusation sont aussi anciens. L'histoire de GOUJVA a 4 ans, l'histoire MANJIEVSKAÏA-RYBATCHOUK 2 ans.

Durant un certain nombre d'années, le professeur ZELINSKY, travaillant à la base du dispensaire endocrinologique de Vinnitza, ensemble avec ses assistants et lèche-bottes, faisait tout pour me compromettre en tant que spécialiste et en tant qu'homme. Ayant passé sa thèse de doctorat sur le thème de la thérapie, il est très récemment venu à l'endocrinologie en partant de la théorie et non de la pratique. Il était visiblement gêné par ma grande popularité de spécialiste endocrinologue, ayant trente ans de pratique et bénéficiant d'une réputation sans tache auprès des malades, des médecins et de la population. Ma popularité gênait visiblement ZELINSKY, comme lui répugnait ma nationalité. Pour me discréditer, tout était mis en œuvre : des ragots, des lettres anonymes, des tentatives pour me compromettre professionnellement.

LE PRÉSIDENT : Toutes vos accusations sont gratuites et n'ont aucun rapport avec l'affaire.

STERN : Non! Regardez le cas de NETCHIPOROUK, dont la fiche a mystérieusement disparu, remplacée par une nouvelle. On lui a dit que le Dr STERN était un « affairiste et un homme terrible ». Regardez, cela se trouve dans sa déposition. En sortant de chez moi elle est allée chez eux. Qui lui a dit cela? Qui a fait tellement peur à cette femme pour qu'elle ne soit même pas revenue chercher les 30 roubles qu'elle avait laissés pour les médicaments?

Je voudrais encore attirer votre attention sur une phrase de la déposition du médecin-chef OURBANSKY lors de l'instruction, caractérisant l'atmosphère qui régnait au dispensaire : « Le Dr STERN soulignait souvent le manque de connaissances des collègues y compris de ceux qui travaillaient à l'Institut médical. » Ils avaient assez de motifs pour tenter de me régler mon compte!

Ainsi les lettres anonymes, les dénonciations et les

déclarations publiques contre moi pleuvaient l'une après l'autre. Je suppose qu'elles provenaient toutes de la même source.

Ces derniers temps, pourtant, commencèrent à arriver des lettres anonymes d'un tout autre contenu. J'en ai ouvertement fait mention dans les réunions au dispensaire, en présence des collaborateurs de l'Institut médical. En tant qu'homme ayant été pendant 40 ans membre du Parti et du Komsomol, j'exprimais mon indignation et ma colère devant ces ignobles lettres anonymes à caractère antisémite. ZELINSKY était alors le secrétaire du bureau du Parti de la faculté de thérapie. Cela aurait dû lui imposer le devoir de faire une déclaration après ma lecture d'une de ces lettres, pour s'en désolidariser et condamner ceux qui sèment la discorde dans le peuple soviétique. Il n'en a rien fait. Je voudrais donner lecture de l'une de ces lettres anonymes...

LE PRÉSIDENT : Ne faites pas cela! Nous en avons pris connaissance! Ne la lisez pas! Elle est versée au dossier.

STERN : Bien. Vous êtes d'accord que c'est une ignoble lettre anonyme antisémite?

LE PRÉSIDENT : Nous sommes d'accord.

STERN : Je souligne que malgré de nombreux contrôles après ces dénonciations, il ne restait rien qu'un dépôt de calomnie digne des Cent-Noirs *. Ainsi jusqu'en mai 1974, tous les vieux cas qu'on me reprochait : GARMASAR, GOUJVA, LIOUBETZKAÏA, n'ont pas été confirmés malgré de nombreuses enquêtes. Pas un seul des contrôles les plus partiaux n'a pu établir que le médecin juif STERN était un « toucheur » de pots-de-vin, un escroc, un filou, un extorqueur. Voilà qu'à la mi-mai, mon fils cadet a été convoqué au service des visas pour recevoir un visa de sortie, ce qui ne contredit en rien la loi soviétique et correspond aux principes humanitaires et aux idéaux de la Déclaration de l'O.N.U. sur les droits de l'homme, contresignée par tous ses membres...

LE PRÉSIDENT : Écoutez, tout le monde le sait! S'il vous plaît, revenez-en aux faits! Qui a besoin de cela? Qui l'ignore? La Cour sait ce qui a été signé. Revenez-en aux faits!

* Organisation ultra-réactionnaire antisémite, spécialisée dans l'organisation des pogromes, créée en Russie au début du XXe s.

STERN : J'en ai presque terminé. Alors, le 12 mai 1974... je demanderai à la Cour de réclamer à la milice le document qui a été confisqué à mon fils — c'était une lettre, cela a un rapport avec l'affaire — c'est la préhistoire de mon arrestation. Le 12 mai 1974 donc, tous les membres de ma famille qui se trouvaient alors à Vinnitza, ont été convoqués à la direction régionale des Affaires intérieures, dans différents services. Par exemple mon fils Victor a été convoqué au service de la circulation routière pour la raison ridicule qu'il aurait soi-disant renversé quelqu'un avec sa voiture et pris la fuite. Ma femme a été convoquée au service des visas, sous prétexte qu'un haut personnage voulait lui parler. Ma belle-fille, mon petit-fils avec leur chien ont été convoqués dans un autre service de la circulation routière, où on a conversé avec elle sur des sujets libres. On peut simplement s'étonner de l'insolence de celui qui a mené cette conversation!

Je me trouvais alors à Kharkov. Tous les membres de ma famille furent retenus pendant quatre heures. En leur absence, des « inconnus » ont pénétré dans notre appartement, en crochetant les serrures. Qui étaient ces cambrioleurs et qu'ont-ils fait dans notre appartement, je ne saurais le dire. En tout cas ils ont pu se convaincre que dans les chambres de mes enfants adultes tout était préparé pour un long voyage.

Quand je suis revenu de Kharkov (c'était le 13 mai), j'ai dicté à mon fils aîné Victor une lettre à l'adresse du Président du K.G.B. ANDROPOV...

LE PROCUREUR : J'estime que ces déclarations que l'accusé STERN fait ici à l'intention du public doivent être examinées par les organes compétents auxquels elles sont adressées. Ce n'est pas à nous de les écouter et de vérifier leur véracité. Je vous prie de noter ma protestation sur le plumitif d'audience!

L'AVOCAT : Je suis catégoriquement en désaccord avec la déclaration du Procureur. J'estime que l'accusé a le droit de parler de tous les faits qui, à son avis, ont un rapport direct avec les accusations qui lui ont été notifiées ou les expliquent. Le priver de cette possibilité serait, à mon avis, lui dénier le droit d'exprimer dans un procès public ce qu'il a à dire concernant les faits qui lui sont reprochés. C'est pourquoi je demande que l'on ne tienne pas compte de la remarque du

Procureur et que l'on permette à Stern de poursuivre sa déposition.

le président : La Cour prévient Stern qu'il reste autant que possible plus près des faits!

stern : Je termine. Je voudrais dire à la Cour que si l'épisode Garmasar n'avait pas vu le jour justement le 14 mai, je n'aurais pas mentionné toute cette histoire. Je voudrais également faire remarquer que, tenant compte des conseils du président de cette Cour, je fais montre d'une retenue inhabituelle. Si je discutais avec le juge d'instruction ou le Procureur, je parlerais tout différemment! Je fais tous mes efforts pour me retenir!

Je voudrais donc dire encore où a disparu la copie de la lettre adressée au président du K.G.B. que je voulais verser au dossier comme pièce à conviction.

le procureur : Je proteste encore une fois. Qu'il s'adresse à ce sujet aux organes compétents!

stern : Pourquoi ne me laisse-t-on pas parler? Je demande de me protéger de cette terreur psychologique de la part de l'accusateur public! Dans cette lettre, datée du 13 mai 1974, j'écrivais que je demandais qu'on protège ma famille contre des intrusions avec effraction dans l'appartement, contre ces raids de gangsters et de bandits.

le président : Vous êtes sûr que c'était les organes?

stern : Si je savais le nom de ceux qui l'ont fait, j'aurais écrit ma lettre tout autrement. A propos, pourquoi cette histoire fait-elle si peur au Procureur? Si quelqu'un, même parmi les collaborateurs isolés du M.V.D. ou du K.G.B., viole la loi, les autorités soviétiques n'en portent pas la responsabilité, comme cela a par exemple été le cas au moment où l'on a fusillé nos meilleurs généraux et autres personnes en 1937!

le président : Pourquoi dites-vous tout cela? Quel rapport avec l'affaire?

stern : Que le Procureur ne m'interrompe plus! La question de Garmasar pouvait ne pas être soulevée en mai 1974 si ceux qui s'étaient introduits dans l'appartement avaient découvert quelque chose de plus substantiel. Si cela n'avait pas de rapport avec l'affaire, je ne parlerais pas de cette lettre. Dans cette lettre, craignant d'autres provocations, j'ai décrit tout ce qui s'était passé et pensais que, si de tels événements se reproduisaient, une copie cachetée de cette lettre, portant un tampon de la poste, prouverait que je m'étais bien adressé à ce sujet à ce moment-là.

Mon fils Victor a été arrêté par un milicien le 13 décembre à la sortie du tribunal sous prétexte d'être soupçonné de vol et conduit à la milice, où la copie de la lettre lui fut confisquée et l'enveloppe portant le tampon ouverte et détruite. Je demande à la Cour de s'adresser à la milice pour demander des explications.

LE PRÉSIDENT : D'où savez-vous cela?

STERN : C'est mon avocat qui me l'a dit.

J'ai donc raconté ce qui se passait pour moi au moment où a surgi l'épisode avec GARMASAR. J'en reviens à l'épisode lui-même.

GARMASAR était venu me voir en juin 1968. Environ deux mois et demi après s'est posé le problème de repeindre la voiture de mon fils. Il fallait trouver de la peinture et, comme le sait n'importe quel automobiliste, c'est une chose impossible. Cette peinture ne se trouve qu'à l'usine d'appareils électriques de SOUTISK. Je me suis rappelé qu'un de mes patients m'avait dit que sa mère était la présidente du conseil du village de SOUTISK. C'était la raison pour laquelle je m'y suis rendu. Je ne connaissais même pas le nom de GARMASAR. Nous nous sommes rendus avec feu le médecin-chef du dispensaire BRITANOV dans ce village, sommes passés au conseil pour demander où habitait la présidente et sommes allés chez elle. Nous nous sommes présentés et avons demandé si nous pouvions obtenir, contre de l'argent, de la peinture pour automobile. Bien que cela date d'il y a six ans et demi, je me souviens qu'elle nous avait très aimablement reçus. C'est vrai que, par gentillesse, elle avait mis dans le coffre de notre voiture pour une somme minime (même l'accusation ne mentionne que 7 à 8 roubles) de pommes, d'oignons et de blé. Elle l'a donné comme cadeau, spontanément, personne ne le lui ayant demandé. Nous avons peut-être protesté — protesté pour la forme — tout le monde sait comme c'est difficile avec les denrées alimentaires. Nous avons fini par accepter le cadeau. Il y a une tradition séculaire de remercier les médecins et ce n'est ni vous ni moi qui la changerons!

Je nie catégoriquement avoir reçu un pot-de-vin de la

citoyenne Garmasar. J'insiste sur le fait qu'il n'a jamais été question de versement d'argent ni avec Antonina Garmasar, ni avec son fils, ce qu'elle a d'ailleurs confirmé à la confrontation. Je suis persuadé que la mise en avant maladroite de cet épisode vieux de six ans et demi, les déclarations des plaignants, leurs plaintes déposées entre le 14 et le 17 mai au Parquet, montrent clairement que les personnes intéressées devaient inventer une forme pour la persécution du médecin juif Stern et cette forme est l'œuvre collective du Parquet et de l'Institut médical qui a ensuite pris le visage de l'instruction et de l'expertise : le collectif Kravtchenko-Zelinsky-Koutchouk! Il fut décidé de me transformer par n'importe quels moyens en « toucheur » de pots-de-vin, extorqueur et aventurier!

Si j'avais pris de l'argent à Garmasar, je l'aurais pris avant de fournir mon certificat, ou du moins tout de suite après et non pas deux mois et demi après! Croyez-vous que j'aurais attendu deux mois et demi pour aller ensuite chercher le pot-de-vin d'une personne qui m'était totalement inconnue? C'est illogique! Ceux qui sont corrompus n'agissent pas ainsi. Je souligne encore une fois que Garmasar était malade et n'avait nul besoin de mon aide pour être dispensé de la période militaire. La citoyenne Garmasar elle-même a déclaré qu'elle pensait que l'on avait libéré son fils non à cause de son état de santé mais à la demande de la direction de son usine. Si, d'après ses propres paroles, ce n'est pas grâce à moi mais grâce à l'usine qu'il a été libéré de la période militaire d'un à deux mois, pourquoi m'aurait-elle donné de l'argent? Toute personne sensée demanderait : qu'est-ce qui pouvait la menacer? Comment pouvait-on lui faire peur? Par quel moyen aurais-je pu lui extorquer de l'argent, comme l'écrit le juge d'instruction Kravtchenko? A l'instruction elle a dit à ce sujet : « Après que j'ai eu donné à Stern des denrées alimentaires pour 7 à 8 roubles, il m'a dit : " Ce n'est pas tout ". » Il me semble que, même si l'on admet une seconde la pensée fantastique que j'aie pu prononcer de telles paroles, en réponse aucune personne normale n'aurait simplement sorti 200 roubles pour les donner à un parfait inconnu! Malheureusement, les deux seuls témoins — le médecin-chef Britanov et Malevannaïa — qui auraient pu réfuter ces mensonges étant décédés, Kravtchenko et

Zelinsky ne craignaient pas leur témoignage de l'au-delà et s'en sont donné à cœur joie dans leur impunité, pour fabriquer cet acte de ma tragi-comédie!

Maintenant je voudrais tirer quelques conclusions. Pourquoi justement l'épisode Garmasar avec les épisodes Goujva et Overtchouk ont-ils servi de fondement à mon arrestation? Je demande que l'on ouvre le dossier cote 1 p. 117 où j'écris textuellement : « Je demande d'accorder une attention particulière à la déclaration de la citoyenne Overtchouk signifiant que son fils aurait pu être empoisonné durant son traitement. C'est la preuve que son témoignage a été inspiré par quelqu'un. » Il n'y a pas que la seule Overtchouk qui ait déclaré cela. Le 16 ou le 17 mai, une autre « plaignante », Matvienko, qui ne m'a dit ici que des compliments, a écrit (cote 1, p. du dossier 7). — Tandis qu'Overtchouk me traite d'empoisonneur, l'institutrice Matvienko écrit au juge d'instruction : « Je demande qu'on m'explique si le traitement prodigué à mon fils était juste et en général s'il avait besoin de ces piqûres. » Si vous vous rappelez, il est venu chez moi ayant à 15 ans un développement d'enfant de 3 ans et j'en ai fait un homme en six mois. Sans hésiter elle m'a exprimé sa gratitude devant la Cour, tandis qu'alors elle écrivait — et ce ne pouvait être que sous la dictée — « En tant que mère je faisais confiance au médecin. Dans notre pays le médecin veille comme une sentinelle sur la santé des citoyens et surtout de la jeunesse. » Pour écrire de telles sornettes à propos de la santé de son fils unique, il fallait croire que le médecin juif Stern était un espion que l'on avait chargé de mal soigner les citoyens soviétiques, qu'on le payait pour cela. Qui a pu apprendre tout cela à Matvienko — seulement des gens intéressés à me compromettre.

Un autre épisode — celui de Goujva. Dans les autres épisodes on m'accuse pour 3, 5, 10 roubles. Goujva est le seul qui porte plainte en dommages-intérêts de 500 roubles. Mon avocat et moi allons encore vous montrer ce que cette plainte a de risible, il n'en restera, comme on dit, que de la fumée!

Pourquoi donc ces trois épisodes ont-ils servi pour lancer un mandat d'arrêt contre un homme ayant consacré trente ans de sa vie au service de la médecine et des malades? Je vais répondre à cette question. On a mis au premier plan de l'accusation la simple paysanne OVERTCHOUK Anna, m'accusant sans détours d'empoisonnement et d'espionnage, de toucher de l'argent pour mal soigner les citoyens soviétiques. C'était nécessaire pour m'écraser psychologiquement après mon arrestation, étouffer en moi toute faculté de résistance. Le juge d'instruction éprouvait le besoin de me montrer et de montrer à tous comment certaines personnes avaient réussi à convaincre les gens simples (je souligne d'ailleurs que ce n'était pas vrai, que c'était calomnier les gens du peuple — j'ai pu m'en convaincre au procès) que le Dr STERN était un empoisonneur et un espion. Voilà pourquoi en premier lieu on m'a jeté à la figure l'accusation d'OVERTCHOUK.

Le deuxième épisode a été celui de GOUJVA. Je suis sûr que c'est un témoin acheté et j'essayerai de le prouver par la suite. Au procès de BEILIS il y eut TCHEBERIAK, au procès des « blouses blanches » en 1952, il y eut TIMOCHTCHOUK...

LE PRÉSIDENT : Arrêtez immédiatement ces comparaisons! D'où savez-vous qu'il a été acheté? Nous prévenons tout le monde ici de la responsabilité qu'il y aurait à faire de faux témoignages. Si nous sommes convaincus qu'il ne dit pas la vérité, nous envisagerons des poursuites.

STERN : Il fallait montrer à l'aide de l'exemple GOUJVA, qui aurait soi-disant dépensé 500 roubles pour faire soigner sa femme notoirement incurable, ayant une tétanie post-opératoire, comment le médecin juif STERN suçait le sang du peuple! Le cas de GARMASAR devait démontrer à quelles activités antisoviétiques STERN se livrait : faire libérer du service militaire.

Je demande à la Cour d'examiner attentivement mon affaire pas tout à fait ordinaire, sous tous ses angles. Sur le plan personnel, mon destin n'a d'importance pour personne, sauf pour ma famille, toutefois mon procès, telle est ma profonde conviction, constitue un grave précédent pour tous ceux qui pourraient désirer faire usage de leurs droits légaux de citoyens, parmi lesquels le droit de quitter ce pays.

LE PRÉSIDENT : L'audience est suspendue!

Après la suspension d'audience :

LE PROCUREUR : Vous parlez d'une certaine « méthode STERN ». Qui a inventé cette méthode? En quoi consiste-t-elle?

STERN : Tout médecin ayant une grande expérience pratique, modifie les méthodes de traitement généralement appliquées, y apportant certaines corrections que lui dicte son expérience. Je n'ai pas l'intention d'entrer ici dans le détail de ces modifications dans la mesure où j'espère encore publier mes résultats. J'en dirais néanmoins quelques mots : j'utilise pour le traitement de l'hypogénitalisme et d'encore une autre maladie du retard de la croissance et du développement, certaines préparations hormonales connues de la pratique de l'endocrinologie et des vitamines. Toutefois leur combinaison, leur dosage, la fréquence de leur administration, je les détermine individuellement pour chaque cas précis. J'estime que l'important, c'est le malade et non la maladie — quoique, en fait, cela n'a rien à voir avec l'affaire.

Des exemples concrets dont vous avez vu un certain nombre à ce procès, par exemple OVERTCHOUK que d'autres médecins avaient essayé de soigner avant moi, montrent que des doses ordinaires d'hormones ordinaires, appliquées avec ma modification, ont de très bons effets. C'est la méthode ordinaire d'un praticien qui donnait d'excellents résultats. Ce n'est pas une méthode qui m'appartienne en propre. Elle est basée sur les données de la science et de la pratique médicale mondiale et soviétique.

LE PROCUREUR : Pourquoi alors vous l'êtes-vous appropriée, si elle ne vous appartient pas?

STERN : Je ne me suis rien approprié du tout! Ce qui est à moi dans cette méthode est que je l'utilise à ma manière.

EFIMOV : Qu'utilisiez-vous pour les traitements selon votre méthode?

STERN : J'estime que cela n'a aucun rapport avec mes soi-disant activités criminelles. Ces résultats sont encore inédits et je n'ai pas l'intention d'en faire part à quiconque du banc des accusés!

LE PRÉSIDENT : Faites entrer le témoin GARMASAR Antonina.

Témoin GARMASAR Antonina, née en 1924, présidente du conseil de village.

GARMASAR : En été 1968, je ne me souviens plus exactement du mois, ma voisine, la défunte MALEVANNAÏA Katerina est venue me voir en me disant : « Ton fils est passé devant le conseil de révision en ville. » Mon fils habitait en ville, il y travaillait. Sa santé était faible depuis l'enfance, il souffrait d'un goitre. Elle m'a dit qu'étant diabétique, elle allait souvent au dispensaire de Vinnitza. Elle m'a dit qu'il y avait un bon docteur à Vinnitza. Mon fils avait les yeux rouges et parfois des crises. Elle m'a dit qu'elle connaissait Mikhaïl STERN, que c'était un bon médecin. Après avoir parlé, nous nous sommes séparées. Une autre fois, Katerina revient et me dit : « Je voudrais te dire que ton fils est gravement malade. STERN est là, il va venir vous parler aussi. Il est venu dans une " Volga " noire... »

LE PRÉSIDENT : Vous avez appris par MALEVANNAÏA qu'il allait venir.

GARMASAR : Oui, elle m'a dit que STERN était dans le village. Il est venu environ un quart d'heure plus tard.

LE PRÉSIDENT : Seul?

GARMASAR : Seul, il est venu tout seul et est entré directement dans la cour.

LE PRÉSIDENT : Qui était présent?

GARMASAR : Moi, MALEVANNAÏA et STERN.

LE PRÉSIDENT : Rappelez-vous, de quoi avez-vous parlé?

GARMASAR : J'ai essayé de bien les recevoir. Il m'a dit, comme ci, comme ça : « Votre fils est malade. Il a un goitre. Je lui ai fait passer une visite et il a besoin d'être hospitalisé. » Je lui ai dit que j'en parlerai à mon fils. Il m'a dit : « Vous avez de belles pommes. » J'ai voulu lui donner ce qui lui avait plu et j'ai cueilli une douzaine de kilos de pommes et encore un peu d'ail et d'oignons et les ai mis dans son coffre — tout était de chez nous, de la maison. Il a demandé s'il n'y avait pas un peu de blé pour un oiseau. Je lui ai donné un peu de blé. C'est tout. Ensuite il a dit que ce n'était pas tout. Je me suis approchée de MALEVANNAÏA et lui ai demandé. Elle m'a dit qu'il fallait donner de l'argent. Elle a dit qu'il soignait vraiment très bien. Alors j'ai décidé de lui donner 200 roubles et les lui ai donnés — il les a mis dans sa poche. Katerina était à côté de moi. Ensuite mon fils est venu me voir. Je lui ai dit qu'il fallait qu'il se soigne, qu'il entre à l'hôpital. Et lui disait : « Je n'ai pas le temps, je ne veux pas me soigner, je dois passer mon diplôme, je ne veux pas aller à l'hôpital. Quand je serai en vacances, j'irai dans un sanatorium. » C'est tout.

LE PROCUREUR : Vous avez encore rencontré STERN par la suite?

GARMASAR : Oui, plus tard il m'a téléphoné pour me demander de lui procurer une boîte de laque noire.

LE PROCUREUR : Et à votre première rencontre, avait-il déjà été question de laque noire?

GARMASAR : Non.

LE PROCUREUR : Avez-vous dit quelque chose d'autre à la confrontation?

GARMASAR : Non.

LE PROCUREUR : Une question à STERN. Le témoin dit que vous étiez seul. C'est vrai?

STERN : Ce n'est pas vrai.

LE PROCUREUR : Vous avez pris 200 roubles?

STERN : C'est une invention.

LE PROCUREUR : A l'instruction avez-vous dit que vous étiez avec le médecin-chef?

STERN : Je ne l'ai pas dit à l'instruction, mais je l'ai écrit dans des déclarations.

L'AVOCAT : Quand avez-vous entendu pour la première fois que votre fils était malade?

GARMASAR : Depuis l'enfance, ses yeux étaient grands et rouges et quand il est entré à l'institut, les médecins le lui ont dit. Il a étudié à l'institut d'Odessa.

L'AVOCAT : Il a été soigné à Odessa ou après?

GARMASAR : Non, il n'a jamais été soigné.

L'AVOCAT : Il n'a pas été soigné, vous voulez dire hospitalisé, ou bien il n'a jamais pris de médicaments?

GARMASAR : Non, des médicaments, il en prenait, mais il n'a jamais été hospitalisé.

L'AVOCAT : Vous avez dit que c'était en 1968 que la

conversation avec votre voisine est tombée sur la maladie de votre fils. Essayez de vous souvenir quel mois.

GARMASAR : Je ne me souviens plus exactement, en août-septembre.

L'AVOCAT : C'était la première fois?

GARMASAR : Oui.

L'AVOCAT : STERN est-il venu peu après?

GARMASAR : Oui.

L'AVOCAT : Vous savez quand votre fils est passé devant le conseil de révision pour sa période militaire?

GARMASAR : Un mois et demi, deux mois avant.

L'AVOCAT : Cela veut dire que la conversation avait eu lieu un mois et demi, deux mois après qu'il fut passé devant le conseil de révision?

GARMASAR : Oui.

L'AVOCAT : Votre fils ne vous a-t-il pas dit pourquoi il n'avait pas été envoyé faire sa période militaire?

GARMASAR : Si, à la demande de l'usine.

L'AVOCAT : Vous savez de quoi est accusé STERN dans cet épisode?

GARMASAR : C'est évident, de quoi on l'accuse, d'avoir pris l'argent!

L'AVOCAT : Pourquoi avez-vous donné l'argent, pour qu'il le fasse libérer de la période militaire?

GARMASAR : Mais non, pensez-vous! Je ne suis pas folle! Qui aurait donné 200 roubles pour un mois! Il n'a jamais été question de l'armée. Je lui ai donné 200 roubles pour qu'il soigne mon fils. Je n'ai pas donné de pot-de-vin au Dr STERN.

Témoin GARMASAR Alexandre, né en 1944, travaille dans une usine de Vinnitza.

GARMASAR : En 1968, je suis passé devant la commission médicale du conseil de révision, qui m'a envoyé au dispensaire endocrinologique. Un an après la fin des études à l'institut, nous étions nombreux à être appelés en 1968 pour une période militaire d'un mois. Les résultats de l'examen par la commission ont fait que je n'ai pas été pris, mais je pense que cela n'a rien à voir avec la médecine, puisque plusieurs de mes camarades de promotion n'ont pas été pris non plus, tout en étant en parfaite santé.

LE PROCUREUR : Où avez-vous été soigné?

GARMASAR : Je n'ai vraiment été soigné nulle part. Je n'ai reçu que des soins épisodiques et irréguliers. Je prenais des comprimés. Je n'ai jamais été hospitalisé.

LE PROCUREUR : Il y a longtemps que vous êtes malade?

GARMASAR : Depuis que j'étais écolier, on soupçonne chez moi une hyperfonction de la glande thyroïde. En tant qu'étudiant, je prenais des comprimés pendant une courte période, puis encore à l'usine.

LE PROCUREUR : Que savez-vous à propos d'argent donné à STERN?

GARMASAR : J'en ai entendu parler pour la première fois par le juge d'instruction KRAVTCHENKO. Il m'a dit que ma mère aurait soi-disant donné de l'argent à STERN. Ma mère a subi des interrogatoires avant moi, mais elle ne m'a rien dit au sujet d'argent.

LE PRÉSIDENT : Mais les soins de STERN, à qui on avait donné de l'argent, vous les avez reçus?

GARMASAR : Non. Ma mère m'en avait parlé, mais pour des raisons personnelles, je n'ai pas pu.

L'AVOCAT : Est-ce que vous avez été examiné par un endocrinologue en 1974?

GARMASAR : Une femme m'a examiné à l'hôpital Pirogov.

L'AVOCAT : Il y a ses notes d'après vos paroles : « Est malade depuis environ 10 ans. » Vous lui avez dit cela?

GARMASAR : Oui.

L'AVOCAT : Où travailliez-vous avant cette usine?

GARMASAR : A l'usine n° 45.

L'AVOCAT : Vous y êtes-vous adressé au service médical?

GARMASAR : Oui.

L'AVOCAT : Pourquoi?

GARMASAR : J'avais mal aux reins, je transpirais et j'avais une boule dans la gorge.

L'AVOCAT : Qu'avez-vous pris comme médicaments?

GARMASAR : On m'a prescrit des comprimés.

L'AVOCAT : Lesquels?

GARMASAR : Merkazalil et, il me semble, Diodtirosine.

L'AVOCAT : Quand le conseil de révision vous a envoyé au dispensaire, qui vous y a examiné?

GARMASAR : Je ne me souviens plus.

L'AVOCAT : Et pourquoi vous a-t-on envoyé spécialement dans un dispensaire endocrinologique?

GARMASAR : On m'a demandé et j'ai décrit ce que je ressentais. A la suite de cette conversation et de l'auscultation, ils ont décidé de me diriger sur le dispensaire endocrinologique.

L'AVOCAT : Après le dispensaire, vous avez encore été examiné par les médecins du conseil de révision?

GARMASAR : Oui.

L'AVOCAT : Et alors?

GARMASAR : Ils ont dit que j'étais réformé.

STERN : A Odessa, on vous avait fait des piqûres?

GARMASAR : On m'en avait fait plusieurs fois, mais je ne sais plus lesquelles.

STERN : Vous avez dit au Dr TVERDOKHLEBOVA qu'on vous avait injecté de l'insuline. C'est exact?

GARMASAR : C'est ce que nous avons établi avec l'aide de TVERDOKHLEBOVA. Elle citait le nom des médicaments et j'essayais de me rappeler.

OLNEV (*expert*) : Vous n'avez pas été hospitalisé?

GARMASAR : Non.

OLNEV : Combien de comprimés avez-vous pris en tout?

GARMASAR : Je n'en ai jamais pris pendant plus d'un mois à la suite. Mais je recommençais plusieurs fois. Je ne me soignais pas systématiquement.

OLNEV : On vous a préparé pour le métabolisme basal, lorsqu'on l'a calculé au dispensaire de Vinnitza?

GARMASAR : Oui.

OLNEV : Comment?

GARMASAR : Pendant deux jours, je n'ai pas mangé de poisson, ni de viande, ni d'œufs. La veille, je n'ai pas dîné. Quand je suis arrivé au dispensaire, je suis resté couché une heure sans bouger.

OLNEV : Une question à STERN. Il en ressort donc que la thyréotoxicose de gravité moyenne a guéri spontanément, sans traitement. Comment l'expliquez-vous?

STERN : Ce patient ne peut se rappeler ce qu'il prenait ni comment. Il a été établi avec certitude que déjà en 1968 il prenait de l'insuline, du Merkazalil, de la Diodtirosine, prescrits par le service médical de l'usine et par moi. Il a nommé le Merkazalil tout seul, sans qu'on le lui souffle, sans se tromper. Il a donc quand même été traité. Mais même s'il ne l'avait pas été, si vous ne me croyez pas, consultez le manuel, il y est écrit...

OLNEV : Il y est écrit « hyperthyréose ». L'hyperthyréose et la thyréotoxicose sont deux choses différentes.

STERN : Je proteste catégoriquement. Je demande qu'on lise à haute voix toute la phrase. Il y est question d'opérations et de méthodes radioactives, qui ne sont appliquées que dans les cas de thyréotoxicose.

L'AVOCAT, *s'adressant à* GARMASAR : Avez-vous entendu dire que STERN vous aurait fait libérer de la période militaire pour de l'argent?

GARMASAR : Non, jamais.

L'AVOCAT : Peut-être un membre de votre famille s'est-il adressé un jour à STERN avec une telle proposition?

GARMASAR : Personne ne l'a fait. Je le sais avec certitude.

Témoin TVERDOKHLEBOVA Zinaïda,
endocrinologue à l'hôpital Pirogov.

Convoquée à la demande de la défense.

TVERDOKHLEBOVA (*continuellement secouée d'un tremblement*) : Au début de l'année 1974, la commission d'expertise médico-légale m'a envoyé le malade GARMASAR pour que je l'examine. Je ne me souviens plus des détails, mais on n'a pas établi chez lui, à l'heure actuelle, la présence d'une thyréotoxicose.

LE PRÉSIDENT : Sur quoi avez-vous basé cette conclusion?

TVERDOKHLEBOVA : On m'avait présenté de l'Institut médical une courbe d'absorption d'iode et en me basant sur elle, j'ai fait mon diagnostic.

L'AVOCAT : Quelles données vous ont guidée dans l'établissement de votre diagnostic, des données cliniques ou de laboratoire?

TVERDOKHLEBOVA : En premier lieu les données cliniques.

L'AVOCAT : Quelle anamnèse a-t-il donnée?

TVERDOKHLEBOVA : Il a dit qu'il était malade depuis 10 ans.

L'AVOCAT : Vos notes mentionnent qu'il se soignait selon la prescription du médecin de l'usine. Il vous l'avait dit?

TVERDOKHLEBOVA : C'est noté d'après ses paroles.

L'AVOCAT : A-t-il dit quels médicaments il avait pris?

TVERDOKHLEBOVA : Il a dit qu'il ne s'en rappelait plus. Il ne m'a pas cité le nom des comprimés.

L'AVOCAT : Il est écrit de votre main qu'il vous aurait dit avoir reçu de l'insuline ainsi que des comprimés quelconques et être malade depuis 10 ans. C'est bien ce qu'il a dit?

TVERDOKHLEBOVA : Je ne me souviens plus. Si je l'ai noté, c'est qu'il l'a dit.

L'AVOCAT : Si je vous ai bien compris, vous aviez de plus des données de laboratoire concernant l'absorption d'iode?

TVERDOKHLEBOVA : Oui.

L'AVOCAT : Où a-t-on procédé à ces analyses?

TVERDOKHLEBOVA : A l'Institut médical de Vinnitza.

L'AVOCAT : Une question à GARMASAR : Où avez-vous fait faire vos analyses de laboratoire sur ordonnance de la commission d'expertise en 1974?

GARMASAR : On m'a fait faire des analyses deux fois : d'abord à l'hôpital Pirogov, ensuite à l'Institut médical. La première fois on a établi le métabolisme basal, la deuxième la courbe d'absorption d'iode.

L'AVOCAT : Quel a été l'intervalle entre ces deux analyses?

GARMASAR : Deux semaines environ.

L'AVOCAT : Qui vous a envoyé à ces analyses?

GARMASAR : Les deux fois l'expert de l'Institut KALIADA. Il m'a amené lui-même par la main dans le cabinet.

L'AVOCAT : Et qui a établi le métabolisme basal?

GARMASAR : Je ne me souviens plus. On m'a seulement dit après qu'il fallait refaire les analyses, parce que quelque chose n'avait pas marché.

L'AVOCAT : Qui vous a dit cela?

GARMASAR : On m'a fait venir deux fois chez KALIADA de la part du juge d'instruction KRAVTCHENKO, c'est KALIADA qui me l'a dit.

L'AVOCAT : Il en résulte donc que pour l'expertise, on vous

a soumis à deux analyses de laboratoire et à l'examen de TVERDOKHLEBOVA; exact?

GARMASAR : Exact.

STERN : Une question à TVERDOKHLEBOVA : Vous êtes au courant des résultats du métabolisme basal de GARMASAR fait à l'hôpital Pirogov?

TVERDOKHLEBOVA : Je ne comprends rien. Il n'y avait qu'une courbe d'absorption d'iode...

STERN : Mais vous avez entendu, le malade vient de déclarer...

TVERDOKHLEBOVA : Je... ne sais pas... Il faut vérifier.

STERN : D'où est venue dans vos notes la phrase précisant qu'il avait pris de la Diodtirosine? Vous avez dit qu'il n'avait pas cité le nom des comprimés.

TVERDOKHLEBOVA : Je ne me souviens plus. Si je l'ai noté, c'est qu'il l'a dit. Je ne me rappelle plus maintenant s'il a dit « Diodtirosine ».

STERN : Le nom de Diodtirosine n'a pu être noté par vous que d'après les paroles de GARMASAR, vous ne pouvez l'avoir inventé?

LE PRÉSIDENT : C'est une question suggestive! La question est annulée.

STERN : Comment ce terme s'est-il trouvé dans vos notes?

TVERDOKHLEBOVA : Je ne me souviens plus... Je notais d'après ses paroles. Vous avez la conclusion — regardez.

Témoin KAMENETZKY Victor, né en 1930, neuropathologue au dispensaire endocrinologique de Vinnitza.

LE PRÉSIDENT : Vous connaissez le malade GARMASAR?

KAMENETZKY : GARMASAR? Je ne me rappelle pas.

LE PRÉSIDENT : Voici sa fiche. Est-ce que ce sont vos notes?

KAMENETZKY : Oui. C'est écrit de ma main. Permettez-moi de la lire attentivement avant de donner des explications.

LE PRÉSIDENT : Je vous en prie.

KAMENETZKY : D'après les notes, le malade m'a été envoyé par le Dr STERN pour consultation. Il y a une note du Dr STERN : diagnostic thyréotoxicose. Le diagnostic a été établi sur la base d'une série de données cliniques, c'est-à-dire : (*Il les cite.*) Tous les symptômes cliniques étaient apparents, le diagnostic correspond sans aucun doute possible aux données notées par STERN. Je n'avais pas besoin de répéter ces symptômes. J'ai examiné le malade du point de vue neurologique. Il y a un symptôme, noté par moi, qui est considéré comme un signe caractéristique de thyréotoxicose — une hypotonie musculaire des épaules et des hanches. Elle est caractéristique des formes déclarées de thyréotoxicose, c'est-à-dire de gravité moyenne ou de forme grave, et c'est pourquoi j'ai établi le diagnostic de thyréotoxicose.

L'AVOCAT : Il y a, portée par vous, la mention « est malade depuis 1966 ». D'habitude, vous recueillez une anamnèse?

KAMENETZKY : Puisque je l'ai noté — le malade a dû le dire.

L'AVOCAT : Dites-moi, d'habitude vous vérifiez les signes notés par le thérapeute ou non?

KAMENETZKY : D'habitude, je vérifie tous les symptômes notés par le thérapeute. Mais si je ne constate pas de différence, je ne note rien.

L'AVOCAT : Si vous aviez découvert des symptômes qui auraient contredit ce qu'avait noté STERN, vous l'auriez noté?

KAMENETZKY : Oui, je l'aurais obligatoirement noté.

L'AVOCAT : Dites-moi, personne ne vous a demandé de noter sur la fiche ce que vous avez écrit? Personne ne vous a proposé de l'argent pour le faire? Peut-être STERN vous l'a-t-il demandé?

KAMENETZKY : Non, personne, jamais.

STERN : Y a-t-il eu des cas où nos diagnostics étaient différents?

KAMENETZKY : Oui.

STERN : Vous notiez toujours votre opinion en pareil cas?

KAMENETZKY : Oui.

STERN : D'après ce que je sais, vous vous occupez depuis 10 ans de l'étude de la pathologie neurologique des malades endocriniens. J'ai deux questions d'un caractère spécial à vous poser.

KAMENETZKY : Je vous en prie.

LE PRÉSIDENT : J'annule vos questions. Son opinion n'a

aucune importance pour nous, il y a une commission d'experts pour cela. Lui n'est qu'un témoin.

STERN : Bon. Alors d'autres questions. Êtes-vous sûr de ce diagnostic ou avez-vous des doutes?

KAMENETZKY : Mes doutes, je les exprime toujours par écrit.

STERN : Partagez-vous avec moi la responsabilité de ce diagnostic?

KAMENETZKY : Je suis toujours prêt à répondre de ce que je signe. Oui, je la partage.

LE PROCUREUR : Est-ce que la conclusion du neuropathologue du conseil de révision vous est connue?

KAMENETZKY : Sans doute — bon pour le service? Le fait est que le neuropathologue du conseil de révision donne sa conclusion sur la base du diagnostic mais aussi de ses statuts spéciaux. Si j'étais neuropathologue militaire, j'aurais donné le même diagnostic. Mais le diagnostic seul n'est pas suffisant pour réformer.

LE PROCUREUR : Quel est votre rôle au dispensaire?

KAMENETZKY : Il y a un groupe de pathologies endocriniennes liées à une affection du système nerveux ou du cerveau. J'établis les diagnostics...

LE PROCUREUR : Qui a la voix déterminante dans ces questions?

KAMENETZKY : Il n'y a pas d'opinion déterminante. Quand il y a désaccord, toutes les opinions sont notées.

LE PROCUREUR : Mais si vous n'êtes pas d'accord avec le diagnostic du thérapeute, quel diagnostic sera finalement adopté?

KAMENETZKY : Les situations peuvent être différentes. Dans le cas présent, le thérapeute n'avait aucun doute sur son diagnostic. Je n'en avais pas non plus.

LE PROCUREUR : Avez-vous subi une pression, si je peux m'exprimer ainsi, du fait de ce qui a été noté par le thérapeute avant vous?

KAMENETZKY : D'une certaine façon, oui. Je faisais surtout attention aux symptômes de thyréotoxicose.

EFIMOV : Vous preniez une grande responsabilité en donnant votre conclusion pour le conseil de révision. Pourquoi, en diagnostiqueurs expérimentés que vous étiez tous les deux, n'avez-vous pas vérifié par la suite votre diagnostic par des analyses de laboratoire plus exactes?

STERN : Je ne sais dans quelles conditions vous donnez vos consultations. Chez nous au dispensaire il y a une surcharge colossale. Les malades arrivent l'un après l'autre. La réponse au conseil de révision était demandée d'urgence. Il n'y a d'iode radioactif que le mercredi et quelquefois il n'y en a pas pendant des mois. Vous savez très bien que les méthodes modernes nous sont inaccessibles ici. J'estimais que s'agissant seulement d'une période militaire d'un mois...

EFIMOV : Pourquoi n'avez-vous pas fait faire un électrocardiogramme?

STERN : On ne peut le faire chez nous que pour un malade sur vingt — soit il n'y a pas de papier, soit l'appareil est en dérangement. On avait découvert chez GARMASAR une complication de la thyréotoxicose — un symptôme neurologique — que l'on rencontre rarement. J'ai spécialement souligné que nos diagnostics différaient souvent avec KAMENETZKY. S'il avait constaté la même complication que moi, complication qui surgit dans les cas de thyréotoxicose à une fréquence de 1 sur 500, quel besoin avions-nous encore d'autres analyses? Il vous l'a dit lui-même que cette complication n'apparaissait que dans les cas graves.

ANDREENKO : Vous estimez qu'une thyréotoxicose de gravité moyenne est une affection réversible?

KAMENETZKY : Oui.

ANDREENKO : En combien de temps le malade peut-il être rétabli?

KAMENETZKY : Avec un traitement, en un an.

LE PRÉSIDENT : Vous avez déjà répondu .au procureur, répondez encore une fois, je vous prie, à la Cour. Vous n'aviez pas de doutes sur l'exactitude du diagnostic? Toutefois vous avez dit que l'opinion de STERN exerçait une pression sur vous?

KAMENETZKY : « Pression » est un terme impropre. Simplement les notes de l'endocrinologue m'incitaient à procéder à certains examens. Je n'ai pas douté du diagnostic. Si mon point de vue n'avait pas coïncidé avec celui du Dr STERN, je l'aurais écrit sur la fiche.

LE PRÉSIDENT : Qui signe les certificats destinés au conseil de révision?

KAMENETZKY : STERN et le médecin-chef.

LE PRÉSIDENT : Est-ce qu'une autre signature est exigée?

KAMENETZKY : Non.

LE PROCUREUR : Peut-on créer artificiellement des symptômes de thyréotoxicose?

STERN : Cette question est une provocation, néanmoins j'y répondrai : dans toute l'histoire de l'endocrinologie on ne connaît pas un seul cas de simulation de thyréotoxicose!

LE PRÉSIDENT : Y a-t-il d'autres témoins? Non? Bon.

STERN : Je veux formuler une requête. Conformément à l'article 296 du Code de procédure pénale, je peux déposer une requête à n'importe quel moment. Je proteste contre la violation de ce droit qui est le mien. Le 12 décembre, on ne m'a pas laissé donner lecture de ma requête concernant les méthodes employées par le Procureur. Elle a été remise au Président sans qu'on en ait donné lecture. La Cour n'a fait part d'aucune décision concernant cette requête et je la prie de le faire, parce que le Procureur continue. La requête indiquait qu'au moment de l'interrogatoire du plaignant SOUCHKO, le Procureur l'a soumis à une véritable torture psychologique. Dix fois de suite il lui a posé la même question au sujet du prix des médicaments. Le Procureur exerçait une pression évidente sur SOUCHKO pour que celui-ci confirme la déposition qu'il avait faite à l'instruction. Cet épisode ne reflète pas seulement les méthodes d'interrogatoire employées par le Procureur au procès, mais confirme également que toute l'affaire a été fabriquée au stade de l'instruction. Le juge d'instruction a refusé de me confronter avec SOUCHKO.

En général, vous avez vu que sur les 19 témoins, 18 ont déjà rétracté tout ou partie de leur déposition à l'instruction. C'est pourquoi il est si important que les interrogatoires aux audiences se fassent d'une manière normale. Je demande de mettre un terme à la pression exercée par le Procureur sur les témoins!

LE PRÉSIDENT : Ça suffit! L'audience est levée.

18 DÉCEMBRE 1974

Sixième jour du procès

LE PRÉSIDENT : Hier l'accusé STERN a élevé une protestation contre les méthodes employées par l'accusateur public pour interroger les témoins. La Cour estime cette accusation portée contre le Procureur non fondée.

En outre, j'ai reçu hier une déclaration de Victor STERN, faisant état d'une conversation du Procureur KRIVOROUTCHKO avec des témoins non encore entendus dans le bureau du vice-président de la Cour DOVGANIOUK. Je vais donner lecture de cette déclaration :

« Au président ORLOVSKY
Tribunal régional de Vinnitza

COPIE à la Cour suprême de la R.S.S.d'U.

DÉCLARATION

J'ai l'honneur de porter à votre connaissance que le 13 décembre 1974, avant le début de l'audience du matin du tribunal jugeant l'affaire de mon père STERN *Mikhaïl, l'accusateur public, le Procureur* KRIVOROUTCHKO, *s'est entretenu avec les témoins à charge non encore entendus* GOUJVA *Simion,* GOUJVA *Maria,* RYBATCHOUK S. *et* GARMASAR *Antonina. La conversation a eu lieu dans le bureau du vice-président du Tribunal régional, le camarade* DOVGANIOUK, *en sa présence.*

J'attire également votre attention sur la violation des termes du Code de procédure pénale exigeant du juge de prendre toutes mesures utiles pour écarter la possibilité d'un contact de témoins déjà entendus avec ceux qui ne l'ont pas encore été. Cette violation a eu lieu quand après l'audition du témoin RYBATCHOUK *l'audience fut suspendue, donnant la possibilité à* Rybatchouk *de converser avec sa sœur* Manjievskaïa *qui a témoigné sur le même épisode après la suspension d'audience.*

Je vous prie de tenir compte des faits exposés ci-dessus pour l'appréciation de la véracité des témoignages.

Le 15 décembre 1974

Victor Stern »

Quelle est l'opinion des parties?

LE PROCUREUR : Je pense que personne n'a le moindre doute sur le fait qu'il s'agit d'une déclaration calomnieuse de plus. Ces déclarations sont faites pour être utilisées par les stations de radio hostiles de l'Occident. Je demande que cette déclaration soit versée au dossier. Je demande également d'appeler les témoins cités pour interrogatoire complémentaire et vérifier ces ragots ayant pour but de me compromettre personnellement ainsi que ce procès en général et d'en tirer les conclusions qui s'imposent.

LE PRÉSIDENT : Je me trouvais également dans ce bureau. Ces personnes y sont effectivement entrées le 13 décembre, parce que l'expert n'était pas encore arrivé. Tout cela est fait pour être retransmis par les stations de radio. Tout le monde ne sait pas qu'on émet l'information que Stern est accusé de meurtre. Ce n'est ni un meurtrier ni un espion! Mais les émetteurs disent qu'il est jugé pour meurtre et pour l'intention de quitter le pays. En fait, il comparaît pour ses activités d'extorqueur et « toucheur de pots-de-vin ». On dit aussi qu'il crache du sang — quelqu'un l'a-t-il vu? Ce sont certaines personnes se trouvant dans la salle qui transmettent tout cela. Nous sommes réunis ici non pour exercer une justice sommaire, mais pour examiner objectivement les faits.

Il n'y a eu aucun entretien avec le Procureur. Personne n'a fait pression sur les témoins pour leur dicter comment se comporter devant la Cour!...

Témoin EGOROVA Ludmilla, née en 1943, caissière du dispensaire endocrinologique.

LE PRÉSIDENT : Racontez ce qui s'est passé.

EGOROVA : En 1968, je remplaçais la laborantine du dispensaire, qui était en vacances.

LE PRÉSIDENT : Avez-vous fait une analyse à GARMASAR?

EGOROVA : Oui, j'ai calculé son métabolisme basal.

LE PRÉSIDENT : Quel était le résultat?

EGOROVA : + 4 %. J'ai inscrit ce résultat dans le registre.

LE PRÉSIDENT : Qui a ajouté + 44 %?

EGOROVA : C'est le Dr STERN qui l'a corrigé. Quand il l'a corrigé, je l'ai vu et m'en suis étonnée. Alors il m'a dit : « Faites ce que vous voulez. » J'ai donc entouré ces chiffres et rétabli le premier résultat.

LE PROCUREUR : Cote 1, p. du dossier 4 vous déclarez : « Le malade est venu sur ordonnance du conseil de révision. STERN a dit de lui faire un métabolisme basal. J'ai dit que le malade n'était pas préparé (il faut trois jours de diète). STERN a dit qu'il fallait le faire sans préparation. » C'est bien votre déposition?

EGOROVA : Non, j'ai seulement dit qu'il m'avait dit que j'avais tort.

LE PROCUREUR : En quoi?

EGOROVA : Probablement en ce que j'ai mal transcrit les résultats du métabolisme basal.

LE PRÉSIDENT : Hé vous, camarade au fond de la salle! Oui, vous! Levez-vous! Quittez immédiatement la salle.

LE CAMARADE, *se levant* : Qu'est-ce qu'il y a? Pourquoi?

LE PRÉSIDENT : Vous faites du bruit, vous gênez la Cour!

LE CAMARADE : Je n'ai rien fait!

LE PRÉSIDENT : Quittez immédiatement la salle!

Le camarade, jetant un regard furieux au Président, quitte la salle d'audience.

LE PRÉSIDENT : Quelle est l'opinion des parties concernant la requête déposée par le Procureur, demandant qu'on fasse rechercher le cahier dans lequel sont inscrites les préparations des malades aux analyses?

L'AVOCAT : Mais le témoin a dit que si ce n'est pas inscrit dans le cahier, cela ne signifie nullement que l'on ne l'avait pas prévenu de la nécessité de se préparer. A mon avis ce cahier ne nous est donc d'aucune utilité.

STERN : Ce que vous déciderez à propos de ce cahier m'est complètement indifférent. Je voudrais seulement dire que ce genre de cahier n'a jamais existé !

LE PRÉSIDENT : La requête du Procureur concernant le cahier est rejetée.

STERN : Je désire encore récuser l'un des membres de la commission d'expertise.

LE PRÉSIDENT : Cette question est déjà réglée et il ne peut y avoir d'autres récusations. L'audience est suspendue.

Pendant la suspension d'audience, le camarade expulsé de la salle exprimait avec colère aux membres de la famille STERN *et à leurs amis son indignation devant la brutalité du Président.*

Après la suspension d'audience :

LE PRÉSIDENT : Les membres de la commission d'expertise ont eu le loisir d'examiner GARMASAR. Je demande aux parties de poser les questions à la commission d'expertise.

LE PROCUREUR : J'ai les questions suivantes à poser aux experts :

1) L'état de santé de GARMASAR correspondait-il en juin 1968 au diagnostic de thyréotoxicose de gravité moyenne?

2) Y avait-il suffisamment d'indices à l'époque pour établir un diagnostic de thyréotoxicose de gravité moyenne?

3) Le diagnostic établi par STERN a-t-il influencé la commission du conseil de révision qui a reconnu GARMASAR inapte à suivre la période militaire?

4) GARMASAR peut-il être considéré comme un malade chronique et quels symptômes de sa maladie présente-t-il à l'heure actuelle?

L'AVOCAT : J'ai des questions complémentaires à poser aux experts.

1) La fiche du malade contient les notes de deux médecins. Est-ce que les indications qui y figurent donnaient le droit d'établir un diagnostic de thyréotoxicose de gravité moyenne?

2) Est-ce que des cas de guérison spontanée de la thyréotoxicose sont connus par la théorie et la pratique médicale?

3) Connaît-on des cas de diagnostic de thyréotoxicose de gravité moyenne malgré des résultats négatifs d'analyses de laboratoire?

4) Un médecin a-t-il le droit, en se basant uniquement sur l'anamnèse et les données cliniques, d'établir un diagnostic de thyréotoxicose de gravité moyenne?

STERN : J'ai une question à l'adresse de la commission d'expertise : Les experts, membres de la commission sont-ils d'accord avec les affirmations contenues dans les citations tirées de ces monographies traduites?

D'autre part, je désire formuler une requête. Avant que la commission d'expertise ne commence son travail, je veux récuser le Dr OLNEV. Tout naturellement, il défendra son point de vue, exprimé dans la précédente expertise.

LE PRÉSIDENT : Quelle est l'opinion des participants au procès?

LE PROCUREUR : C'est un truc habituel de STERN. Je m'élève contre cette requête. De plus, la question des récusations a déjà été soulevée et définitivement réglée.

L'AVOCAT : J'estime que le Procureur a tort d'affirmer que la question des récusations a déjà été réglée, car cette interprétation du droit de récusation contrevient à l'article 197 du Code de procédure pénale de la R.S.S.d'U. En ce qui concerne la récusation elle-même : l'expert OLNEV a participé à la précédente expertise, qui a déjà fourni une réponse aux mêmes questions. L'expert OLNEV est lié par sa signature apposée sur l'acte de la précédente expertise et je me représente mal comment OLNEV pourrait signer une autre expertise avec des conclusions différentes, dans une situation nouvelle. OLNEV est personnellement intéressé à ce que soient confirmées les conclusions de la précédente expertise. C'est pourquoi je trouve la récusation fondée et la soutiens.

LE PROCUREUR : La défense a déjà présenté à la Cour une grande quantité de documentation, parmi laquelle des manuels étrangers, sur lesquels l'accusé STERN attire spécialement l'attention. Je trouve déplacée la question de STERN aux experts, leur demandant s'ils sont d'accord avec des citations tirées de livres étrangers.

En ce qui concerne OLNEV, il a exprimé son opinion professionnelle dans la précédente expertise et a le droit de l'exprimer dans celle-ci. Nous n'avons aucune raison de ne pas avoir confiance en lui. C'est pourquoi je proteste contre la récusation.

L'AVOCAT : Je trouve étonnant que le Procureur fasse grief à la défense de se référer à des ouvrages étrangers. Ce n'est pas sérieux et c'est illettré, puisqu'il est question de traductions de monographies étrangères éditées en Union soviétique, sous la direction de savants soviétiques. Cette affirmation témoigne d'une tentative indigne de nous compromettre parce que nous utilisons des sources étrangères. Si nos savants les utilisent, ce n'est pas la peine de faire la fine bouche uniquement parce qu'elles viennent de l'étranger! On ne peut ignorer tout ce qui se fait d'intelligent et de sérieux uniquement parce que c'est édité hors de nos frontières!

Pour ce qui est de la récusation de l'expert, il me semble que c'est l'évidence même.

STERN : A ma profonde satisfaction, mon avocat a rempli la mission que je me proposais de prendre sur moi en défendant les savants étrangers contre le Procureur, y compris l'académicien Stefan MILKU de la République socialiste de Roumanie. La référence du Procureur à la littérature étrangère est — pour reprendre ses propres paroles — un « truc » bien plus évident que ma récusation d'OLNEV!

LE PRÉSIDENT : L'audience est suspendue.

Pendant la suspension d'audience, le camarade expulsé de la salle n'a cessé d'importuner la famille STERN *et leurs amis avec des questions diverses sur l'affaire.*

Après la suspension d'audience :

LE PRÉSIDENT : La Cour donne son arrêt au sujet de la récusation d'OLNEV. La récusation est rejetée, dans la mesure où OLNEV a participé à la commission d'expertise depuis le début avec le consentement de STERN.

L'AVOCAT : Je voudrais faire une objection à la troisième question posée aux experts par le Procureur. Elle est mal posée, puisqu'il n'y est fait mention que d'un seul médecin. Le document avec le diagnostic envoyé au conseil de révision porte la signature de deux personnes : celle de STERN et celle du médecin-chef décédé BRITANOV. De plus, le diagnostic a aussi été établi par deux médecins — STERN et KAMENETZKY. En outre, la question de savoir si le diagnostic a influencé les médecins du conseil de révision doit être posée à ces médecins et non aux travailleurs scientifiques ici présents.

LE PROCUREUR : Pour ce qui est de la question posée par STERN aux experts, demandant s'ils sont d'accord avec les citations livresques, à mon avis la commission n'a pas le droit de porter un jugement sur les conclusions des auteurs de ces ouvrages. En général cette question n'a aucun rapport avec ce cas concret. On peut mettre cette documentation à la disposition des experts — qu'ils la lisent. J'objecte simplement à la question de STERN.

L'AVOCAT : A mon avis, les citations concernent directement l'expertise. Il y est question du fond du problème scientifique posé. Nous avons une certaine conclusion de la précédente expertise, que STERN tente de réfuter à l'aide de ces citations. Nous demandons aux experts de dire s'ils partagent le point de vue des savants auxquels nous nous référons.

OLNEV : Je voudrais faire une remarque à propos de la question de l'avocat de savoir si un ou deux médecins ont établi le diagnostic. Je ne comprends pas pourquoi parler de deux médecins, puisque le malade a été envoyé au second spécialiste par STERN après que celui-ci eut établi son diagnostic.

Les autres questions de l'avocat sont trop générales et théoriques et je demande qu'elles soient posées plus concrètement en rapport avec le cas donné. Je voudrais également dire au nom des membres de la commission que des citations isolées ne peuvent refléter le fond du problème du diagnostic. Nous estimons également impossible pour nous de porter un jugement sur l'opinion des savants.

L'AVOCAT : Mon objection à la question du Procureur avait un caractère strictement juridique et non médical et j'estime qu'il n'appartient pas aux membres de la commission d'expertise de la discuter; cela dépasse leur compétence! L'expert n'a pas à s'immiscer dans les aspects juridiques de l'affaire. Le fond de ma question concerne le fait que GARMASAR a été examiné par deux docteurs et non un seul. C'est un fait prouvé. D'autre part, je demande à la Cour d'obliger la commission d'expertise de s'occuper de l'aspect purement médical de l'affaire et de ne pas en commenter les aspects juridiques dans sa conclusion.

STERN : Je suis stupéfait par l'opinion des experts. Les citations répondent directement et clairement à la question : une guérison spontanée de la thyréotoxicose est-elle possible? Ils peuvent avoir leur propre opinion à ce sujet, mais il est indispensable de savoir s'ils sont d'accord avec les auteurs de la monographie. En ce qui concerne le deuxième médecin, je voudrais souligner que le certificat envoyé au conseil de révision comportait non seulement mes conclusions, mais aussi celles de KAMENETZKY.

LE PRÉSIDENT : La Cour, ayant délibéré sur le siège, a décidé de mentionner dans la question du Procureur à la commission d'expertise la participation de KAMENETZKY dans l'établissement du diagnostic. La Cour a également décidé de ne pas poser aux experts la question de STERN concernant leur opinion sur la citation tirée d'un ouvrage médical étranger.

Nous devons entendre encore aujourd'hui la suite de la déposition de STERN et la conclusion de l'expertise. L'audience est suspendue.

Durant la suspension d'audience, le camarade expulsé de la salle suggéra « confidentiellement » de transmettre à STERN *le conseil de ne pas aborder dans ses dépositions de questions politiques ni d'émigration, qu'alors il ne récolterait pas plus de deux ans.*

Après une courte suspension d'audience :

STERN : Je continue ma déposition. Je voudrais achever ma pensée sur ce qui a servi de fondement pour me faire comparaître. Je ne parlerai plus de l'incursion d'« inconnus » dans mon appartement le 12 mai. Je voudrais seulement rappeler à la Cour que le juge d'instruction Kravtchenko, avec une naïveté enfantine dans le regard, m'a dit que l'affluence des déclarations contre moi de mes anciens patients dans la période du 14 au 19 mai, l'incursion par effraction dans mon appartement et la réception par mon fils de l'autorisation de quitter le pays étaient des événements absolument indépendants et sans rapport les uns avec les autres. Moi, je suis persuadé que ce fut le déroulement d'un scénario préparé à l'avance. Je peux avouer, comme l'affirmait le juge d'instruction, qu'en effet, après la réception du visa par mon fils et en raison de la violation de mon domicile, j'ai commencé à me préparer à une arrestation.

M'attendant à ce que les provocations continuent, nous avons décidé, ma femme et moi, d'aller à Tchernovtsy, pour ne pas être à Vinnitza. Quand nous y sommes arrivés, je fus arrêté. A l'aube, une foule de miliciens et de civils s'est précipitée dans l'appartement et, me couvrant de menaces et d'injures, a commencé une perquisition illégale. Je fus arrêté et jeté en prison...

LE PRÉSIDENT : Tout cela n'a aucun rapport avec l'affaire. Vos amis vont de toute façon le retransmettre, ce n'est donc pas la peine de le raconter. On spécule sur vos opinions et reçoit encore des honoraires pour ça ! C'est donc eux qui en ont besoin, tandis que la Cour n'en a pas besoin et ne s'y intéresse pas !

STERN : On m'arrêta donc, en humiliant ma dignité nationale et ma dignité d'homme. Mes biens et ceux de mes enfants furent saisis...

LE PRÉSIDENT : N'inscrivez pas cela sur le plumitif, cela n'a aucun rapport avec l'affaire !

STERN : Puisque vous êtes aussi rigoureux sur ce qui a trait à l'affaire ou non, expliquez-moi, je vous prie, quel rapport avec les crimes fantastiques qui me sont reprochés ont les papiers scientifiques personnels de mon fils, saisis lors de mon arrestation?

LE PRÉSIDENT : Ce n'est pas à vous de poser des questions à la Cour!

STERN : J'ai déjà donné des explications détaillées sur l'épisode GARMASAR. Je voudrais ajouter que je comprends les raisons pour lesquelles Antonina GARMASAR n'a pas dit toute la vérité à la Cour. Elle a continué à soutenir qu'elle avait donné de l'argent, nié le fait que je sois venu chez elle avec le défunt BRITANOV, nié qu'elle ne m'avait pas donné d'argent mais l'avait donné à MALEVANNAÏA...

LE PRÉSIDENT : Tout cela est sans intérêt. C'est votre opinion, elle n'a absolument aucune importance.

STERN : Si, c'est important pour moi! C'est important aussi qu'elle ait clairement confirmé que nous sommes venus la voir deux mois et demi après la délivrance du certificat à son fils; qu'elle ait confirmé que personne ne lui avait demandé d'argent, qu'elle ne m'avait jamais vu avant ma venue à SOUTISK; c'est important qu'elle ait catégoriquement réfuté l'idée qu'elle aurait pu donner l'argent pour le certificat destiné au conseil de révision. C'est important que KAMENETZKY ait déclaré être prêt à partager avec moi la responsabilité du diagnostic.

Passons à l'épisode OVERTCHOUK. Je dois dire tout d'abord que je ne me souviens pas de ce cas concret parmi les milliers de malades analogues que j'ai reçus durant cette période. Je ne puis me rappeler avec exactitude combien de préparations hormonales j'ai données et combien je les ai fait payer. Je ne peux qu'affirmer que jamais je n'en ai tiré profit. Je n'ai trompé personne. Je lui ai donné les médicaments dont il avait besoin, les ai fait payer au prix qu'ils coûtaient et ai fait les injections moi-même.

Quand le conscrit de la formation préliminaire OVERTCHOUK s'est présenté au dispensaire en octobre 1972, on lui fit un diagnostic grave. A la première visite il fut établi que le développement sexuel de ce garçon de 15 ans se trouvait au niveau de 6 ans. Sa taille était de 1,41 m et son poids de 33 kilos. Ce sont les notes du Dr LIVCHITZ. Après LIVCHITZ, il fut soigné par le Dr SLOBODENIOUK. Après 4 mois de traitement, il n'y avait pas le moindre résultat, à en juger par la fiche qui mentionne la même taille et le même poids le 19 février 1973 que le 18 octobre 1972. SLOBODENIOUK me l'envoie en tant que spécialiste plus expérimenté. Je décide d'un traitement selon ma méthode. A ce moment-là les médicaments manquaient dans les pharmacies. Je lui ai donné mes propres médicaments. Personnellement, à au moins 8 reprises, comme l'a confirmé OVERTCHOUK, je lui administrai l'hormone combinée. Il venait seul pour les piqûres, sans ses parents, tous les quinze jours — ces piqûres doivent être faites justement avec cet intervalle. Il ne faisait peut-être pas toujours consigner ses venues sur la fiche. Je lui faisais les piqûres, il ne me donnait pas d'argent.

D'une manière ou d'une autre, ce qui avait été dépensé pour ses soins équivalait à l'argent que sa mère m'avait donné. Beaucoup d'hormones furent utilisées, qui ne coûtaient pas moins de 65 roubles. Une seule piqûre d'hormones combinées, pour laquelle on utilise plusieurs ampoules de diverses préparations coûte 7 à 8 roubles. OVERTCHOUK en a reçu au moins huit.

Après 4 mois de traitement à l'aide de mes combinaisons modifiées un résultat phénoménal fut atteint. Je demande à la Cour de regarder la fiche : il avait grandi de 15 centimètres et grossi de 7 kilos. Il est aisé d'expliquer pourquoi les parents devaient laisser 15 ou 20 roubles au médecin. Ils payaient pour les médicaments que j'administrais à leurs enfants.

Il me semble que les parents auraient dû se réjouir et m'être reconnaissants de ce que j'avais fait pour leur enfant. Je ne voudrais pas dire des paroles désobligeantes à l'adresse d'OVERTCHOUK...

LE PRÉSIDENT : Bien sûr, il serait gênant de le faire en son absence.

STERN : L'important n'est pas là. L'important est que cette brave et honnête personne s'est ravisée. Dans son témoignage au procès elle a clairement déclaré : « Je suis pleinement satisfaite du traitement et n'ai aucun grief à l'encontre du docteur. » J'ai été heureux de voir là qu'elle n'avait pas cédé aux pressions. Ses dépositions à l'instruction étaient des calomnies évidentes. Maintenant il est clair qu'elle avait été la victime de l'action des émissaires du professeur

Zelinsky. A la confrontation, au lieu de paroles de remerciement pour avoir guéri son fils, j'ai entendu d'elle : « Vous avez reçu des ordres pour mal soigner les conscrits, vous êtes un espion, vous recevez de l'argent pour ça. » Je suis heureux que cette simple femme ukrainienne ait rétracté ici ces paroles. Je serais très reconnaissant à la Cour si elle pouvait essayer de savoir qui a pu introduire le ver du doute dans le cœur de cette femme !

Quel crime a pu voir le juge d'instruction Kravtchenko dans mes actes? J'ai soigné un trouble endocrinien grave, je l'ai guéri, j'ai donné une vive impulsion au développement de ce garçon. Et voilà que l'épisode Overtchouk, ce cas banal dans la pratique médicale, est devenu l'une des raisons de mon arrestation !...

Pour ce qui est du cas de Goujva, j'exprime ma plus profonde indignation devant cette plainte déposée sur commande. Les inventions de Goujva rappellent les histoires du baron M ünchhausen !

VC Xrésident : Je suis sûr que tous ceux qui participent aux débats connaissent les histoires de M ünchhausen, et il n'est pas utile de parler de la déposition des témoins sur ce ton. Nous ferons la part de ce qui est vrai et de ce qui est faux !

Stern : Depuis février 1973, la femme de Goujva n'a pas été suivie par moi mais par les assistants du professeur Zelinsky. Ils ont déterré ce vieux cas et l'ont préparé, comme ils ont préparé les témoins, pour les servir sur un plateau à l'instruction pour me calomnier.

Cet épisode, dont je n'avais aucun souvenir, m'a été notifié le lendemain de mon arrestation, quand je n'avais pas encore repris mes esprits, sous la forme de la plainte fantasmagorique de Goujva. Comme vous avez pu le voir, toutes ses dépositions sont dépourvues de logique, pleines de contradictions. J'ai vu Goujva en tout cinq ou six fois, quand il venait avec sa femme malade. Il était souvent ivre, se vantait de ses succès auprès des femmes. La dernière fois, il a pris ma montre qui se trouvait sur la table dans mon cabinet. Je l'ai pris sur le fait. Des témoins le confirmeront. Ses dernières paroles ont été : « Sale youpin, tu te souviendras encore de moi ! » On a donné à Goujva une occasion inespérée de se venger de moi. On lui a dit qu'on lui donnerait toutes les sommes qu'il indiquerait m'avoir données et il n'a pas eu honte d'indiquer 500 roubles. Il y a au dossier sa plainte contre moi demandant la restitution de cette somme. L'instruction n'a pas réussi à trouver un deuxième GOUJVA et a été obligée de rassembler toute la menue monnaie — par 5, par 10, par 25 roubles !

A la première confrontation, GOUJVA déclara qu'il m'avait apporté des produits alimentaires pour 250 roubles, mais en faisant le compte, il n'a pu les énumérer que pour une somme ne dépassant pas 25 roubles. Toutefois, cela n'a pas empêché le juge d'instruction KRAVTCHENKO à l'aide d'un zéro de multiplier cette somme par 10 dans l'acte d'accusation.

La femme de GOUJVA, à 23 ans, est devenue invalide du groupe II. Elle a pour la vie une tétanie post-opératoire, résultat d'une opération manquée. C'est un grand malheur, mais il n'y a rien à faire. Cela peut arriver à n'importe quel chirurgien, même expérimenté. Avec la glande thyroïde, on lui avait enlevé les glandes parathyroïdes. Je ne pouvais promettre quoi que ce soit à cette femme atteinte d'un mal incurable, comme je n'aurais rien voulu avoir à faire avec un homme aussi pourri que son mari.

Après un certain temps, le juge d'instruction KRAVTCHENKO a timidement recopié la plainte de GOUJVA, diminuant la somme de 500 à 400 roubles et ensuite de 400 à 250. Il avait décidé que cet antisémite zoologique et ivrogne aurait l'air par trop sanguinaire en voulant gagner autant d'argent sur le malheur et les larmes d'autrui, surtout qu'on n'a pas réussi, et c'est tout à l'honneur de mes patients, à trouver un deuxième comme lui ! C'est à propos de gens comme GOUJVA que HEINE a dit : « Mettez-leur une muselière, ils continueront à aboyer avec leur derrière ! »

Je voudrais que la Cour médite la question de savoir pourquoi GOUJVA devait attendre 4 ans, pourquoi il a déposé sa plainte au Parquet justement le 15 mai, pourquoi il est le seul témoin qui ait déclaré avoir donné une si importante somme d'argent pour une hospitalisation. Je souligne tout de suite que je n'ai aucun rapport avec les hospitalisations — ce droit appartient aux responsables des services de l'hôpital. Pourquoi prétend-il m'avoir donné 500 roubles alors que les autres disent qu'ils « n'ont apporté qu'un petit poulet »? Ce sont mes ennemis qui ont soufflé à GOUJVA comment il fallait sauver la Russie et qui il fallait frapper!

Sur le cas de GOUJVA, l'entourage du professeur ZELINSKY m'a plus d'une fois envoyé des lettres anonymes, mais tout cela avait été mis de côté et ressorti au moment voulu, quand certaines personnes eurent donné les instructions pour commencer les poursuites.

GOUJVA est le seul parmi les 92 témoins à charge contre lequel je proteste comme contre un faux témoin, spécialement préparé pour faire un faux témoignage.

Le 13 décembre, Maria GOUJVA répondit sans hésitation devant cette Cour, à la question : « Quand avez-vous appris que vous étiez atteinte d'un mal incurable? — Après l'opération. » Elle avait appris tout de suite après l'opération qu'on lui avait enlevé les glandes parathyroïdes et qu'elle était malade pour la vie. Elle affirma par conséquent qu'elle le savait depuis 1971, donc avant sa première visite chez moi. Ma première note sur sa fiche donne le même diagnostic : *malade à vie.* A la question : « Quand avez-vous appris que votre femme était incurable? » GOUJVA a répondu : « Je l'entends de votre bouche pour la première fois. » Et il affirme qu'il aime sa femme!

Quand, à l'audience du 13 décembre, on demanda à Maria GOUJVA si elle n'avait pas été étonnée que STERN ne l'examinât pas et ne vînt pas la voir à l'hôpital, et si elle s'en était plainte à son mari, elle répondit sans hésiter : « J'étais très étonnée d'être soignée par d'autres médecins, je m'en suis plainte à mon mari. » Ces déclarations démasquent son mari en démontrant qu'il ment quand il affirme m'avoir donné de l'argent pour soigner sa femme. C'est une calomnie, c'est évident pour toute personne impartiale. C'est illogique que GOUJVA ait payé de l'argent à un docteur pendant que sa femme était à l'hôpital où ce docteur ne travaillait pas! GOUJVA dit : « Chaque fois que je venais, STERN exigeait de l'argent et je lui en donnais. » GOUJVA savait que je n'avais aucun rapport avec les soins prodigués à sa femme. Pourquoi m'aurait-il donné de l'argent? L'hôpital a ses propres médecins et chefs de service. Qu'est-ce que le Dr STERN a à voir là-dedans? Pendant deux ans, un homme adulte et ayant toute sa raison, aurait payé de l'argent pour rien? Seuls ceux qui veulent vraiment y croire peuvent ajouter foi à ce stupide mensonge!

GOUJVA affirme : « Quand nous l'avons vu, STERN a dit qu'il serait bon pour ma femme de tomber enceinte. » Je demande à la Cour d'examiner la fiche. La date de la dernière visite que Maria GOUJVA m'ait faite est le 8 février 1973, alors qu'elle est tombée enceinte en août 1973, quand elle était déjà soignée par les assistants du professeur ZELINSKY. La fiche porte la mention de la gynécologue hautement qualifiée, le Dr LYSSOVAÏA, datée du 3 avril 1974 : « Est actuellement à 8 mois de grossesse — accouchement prévu vers le 15 mai 1974. Poursuit sa grossesse sans avoir consulté un endocrinologue — sans avoir demandé si elle pouvait accoucher. » Le mari GOUJVA ment délibérément dans le seul but de me diffamer, en affirmant que j'avais conseillé de tomber enceinte à une malade à qui cela était contre-indiqué.

LE PRÉSIDENT : L'audience est suspendue.

Le contact amical avec le camarade expulsé de la salle d'audience et les membres de la famille STERN *fut rompu par ces derniers, car ils avaient appris — par une conversation entendue par hasard — que le camarade était un collaborateur du K.G.B. et que la scène de son expulsion avait été spécialement jouée pour lui gagner leur confiance.*

STERN : En terminant l'épisode GOUJVA, je voudrais dire un mot des antisémites...

LE PROCUREUR : Camarade Président, est-ce vraiment utile?

STERN : Personne ne peut me fermer la bouche! Ce procès est public et j'ai le droit de m'exprimer à ce sujet! Je proteste contre cette monstrueuse diffamation antisémite...

LE PRÉSIDENT : Peut-être parlerez-vous plus lentement, les copains enregistrent, il leur faut retransmettre!

STERN : Lénine disait : « Honte sur ceux qui sèment la haine contre les juifs. » Je respecte profondément le peuple ukrainien, bon et travailleur, et estime que ce sont justement

Goujva et ceux qui se cachent derrière son dos qui sèment l'antisémitisme en Ukraine!

Je veux dire qu'il y a dans l'Histoire des précédents de faux témoignages dans des procès antisémites. Le témoin à charge du procès Beilis était Tcheberiak. Au procès des « blouses blanches » en 1952 l'accusation fut bâtie sur le faux témoignage du Dr Timochtchouk. Elle a été ensuite décorée de l'ordre de Lénine! Mais comme l'Histoire l'a démontré, une fin sans gloire attend ces gens. Je n'ai pas souhaité la mort soudaine du Dr Kaliada, âgé de 36 ans, qui avait signé une fausse expertise pour mon affaire, mais ma femme, profondément croyante, estime que c'est un châtiment divin!

Citoyens juges, je me rends parfaitement compte des forces qui ont créé l'affaire du Dr Stern. Mais j'espère que la Cour aura le courage de mettre un terme à cette absurdité, à ce mensonge et cette injure faite à tous les principes de la médecine.

LE PRÉSIDENT : Il va être donné lecture de la conclusion de l'expertise médico-légale.

OLNEV, *donne lecture du texte, dont voici un extrait :*

La commission, composée de : Olnev, président; Professeur Efimov, Dr Andreenko et Dr Kouperman, membres — est arrivée à la conclusion suivante :

1) La thyréotoxicose est une maladie chronique, toutefois les références livresques et la pratique clinique permettent d'affirmer qu'on peut rencontrer de rares cas de guérison spontanée de thyréotoxicose de gravité moyenne.

2) Le tableau clinique décrit par le Dr Stern n'est pas assez convaincant pour reconnaître chez Garmasar la présence en juin 1968 d'une thyréotoxicose de gravité moyenne, mais donne tout lieu de reconnaître une thyréotoxicose du premier stade.

Exclamations étonnées dans la salle.

L'AVOCAT : Garmasar a-t-il été soumis aujourd'hui à des analyses de laboratoire?

OLNEV : Non, mais tout récemment, sur décision de la première commission d'expertise, GARMASAR a été soumis à un examen selon la méthode instrumentale d'absorption d'iode. C'était le 4 septembre 1974. Nous avons tenu compte aujourd'hui de ces résultats.

L'AVOCAT : La commission d'expertise disposait-elle aujourd'hui des résultats du métabolisme basal fait à l'hôpital Pirogov une quinzaine de jours avant l'absorption d'iode?

OLNEV : Nous ne disposions pas aujourd'hui de ces données. Quand l'expert médico-légal KALIADA avait procédé à l'analyse dont vous parlez, il avait dit lui-même que cette méthode n'était plus utilisée, même dans les hôpitaux départementaux, parce qu'elle était très peu exacte. On nous a conseillé de ne pas mentionner cette analyse dans la conclusion de l'expertise et de nous servir des résultats d'une autre analyse.

L'AVOCAT : Ai-je bien compris que la commission d'expertise considère la méthode de calcul du métabolisme basal sur l'appareil d'Evgraf inexacte et qu'il ne faut pas lui accorder d'importance? C'est la raison pour laquelle vous n'avez pas tenu compte de ses résultats?

EFIMOV : Nous ne disposions pas des résultats du métabolisme basal établi à l'hôpital Pirogov. Je peux ajouter qu'en tant que praticiens, nous n'accordons effectivement pas une importance déterminante à cette méthode pour un diagnostic. Toutefois, là où les autres méthodes sont inaccessibles, on utilise toujours la méthode du métabolisme basal. Cependant, si les résultats du métabolisme basal ne correspondent pas aux symptômes cliniques, nous n'en faisons pas la base essentielle du diagnostic. Ce sont toujours les symptômes cliniques qui priment.

L'AVOCAT : A notre demande, la Cour doit avoir reçu le document de l'hôpital Pirogov avec les résultats du métabolisme basal de GARMASAR lors de l'instruction. Je demande qu'il en soit donné lecture et qu'il soit versé au dossier.

LE PRÉSIDENT : Ce n'est pas nécessaire. Nous en prendrons connaissance en chambre du conseil.

STERN : Je demande qu'il soit donné lecture des résultats! *(Le Président fouille dans ses papiers.)*

L'AVOCAT : J'insiste pour qu'il soit donné lecture de ce

document. J'ai également reçu un autre document en réponse à ma demande, adressée à l'académicien IOUDAEV, directeur de l'Institut d'Endocrinologie expérimentale et de Chimie hormonale de l'Académie des Sciences médicales de l'U.R.S.S. A la question que je posais, l'Institut répond :

« Le diagnostic de thyréotoxicose de gravité moyenne, établi par deux médecins, un thérapeute-endocrinologue et un neuropathologue-endocrinologue (si l'on en juge par les notes portées sur la fiche du malade, les docteurs STERN et KAMENETZKY), de l'avis des savants de l'Institut d'Endocrinologie et de Chimie hormonale de l'A.S.M. de l'U.R.S.S., est parfaitement fondé. »

Je demande que ceci soit versé au dossier.

LE PRÉSIDENT : Bien.

L'AVOCAT : Avez-vous retrouvé le document de l'hôpital Pirogov? Je vous prie d'en donner lecture.

LE PRÉSIDENT, *saisissant nerveusement le papier et lisant très vite :* J'en donne lecture : « Le 20 août 1974 a été calculé le métabolisme basal de GARMASAR à l'hôpital Pirogov. Résultat : + 67 %. »

STERN : Quelle honte! Il est donc toujours malade!

L'AVOCAT : Question à STERN : Ainsi le résultat est de + 67 %. Ce résultat confirme-t-il la présence chez GARMASAR d'une thyréotoxicose en 1974?

STERN : Le métabolisme basal normal est de + 10 %, maximum + 15 %!

L'AVOCAT : Les résultats d'analyses obtenus durant le procès non seulement réfutent dans sa totalité les conclusions de la première expertise, à laquelle il fut procédé durant l'instruction, mais établissent le fait d'un faux témoignage délibéré!

L'expertise médico-légale faite durant l'instruction n'a pas seulement ignoré mais dissimulé les résultats du métabolisme basal de GARMASAR du 20 août 1974. Cela ne peut s'expliquer par l'ignorance des experts — c'est un délit criminel, donnant tout lieu d'entreprendre des poursuites à l'encontre de l'expert OLNEV pour avoir délibérément donné une conclusion mensongère, sa signature figurant au bas des deux conclusions d'expertise médico-légale contradictoires.

LE PRÉSIDENT : L'audience est levée.

L'atmosphère du tribunal devenait de plus en plus nerveuse. On pouvait s'en rendre compte non seulement par la conduite du Président, mais par l'augmentation soudaine du nombre de personnes en civil. Celles-ci se mirent à suivre tous les membres de la famille du Dr Stern, *tant au tribunal qu'à la sortie et dans toute la ville.*

19 DÉCEMBRE 1974

Septième jour du procès

LE PRÉSIDENT : Accusé, poursuivez votre déposition.

STERN : Hier, j'ai donc commenté les épisodes de la soi-disant escroquerie, montré que les soi-disant plaignants n'en étaient pas, puisque je n'ai escroqué aucun d'eux. Une majorité écrasante de témoins m'ont remercié et déclaré n'avoir aucun grief contre moi. Je suis très reconnaissant à tous ces gens simples de n'avoir pas cédé aux pressions exercées par le juge d'instruction et d'avoir rétracté les paroles inscrites dans les procès-verbaux des interrogatoires de l'instruction. Au grand étonnement que doit en ce moment éprouver l'accusateur public, l'épisode GOUJVA s'est effondré de lui-même. L'audition des témoins et la comparaison de leurs dépositions avec ce qui avait été écrit par le juge d'instruction ont démontré d'une manière convaincante que le juge KRAVTCHENKO est un fanatique et un pharisien...

LE PRÉSIDENT : Accusé, la Cour vous prévient de ne plus user à l'avenir de telles expressions!

STERN : Je voudrais souligner que malgré que des dizaines d'enquêteurs et émissaires de ZELINSKY aient travaillé les témoins, il ne s'est trouvé en moyenne que quatre personnes par an que j'ai aidé à se procurer des préparations hormonales. Et parmi elles, toutes celles qui avaient été soignées à temps témoignent que les résultats du traitement ont été positifs. Il fallait appliquer les traitements de ces malades sans délai et sans interruptions. Après, cela aurait été trop tard et j'estimais qu'il aurait été criminel d'attendre que les pharmacies aient enfin les médicaments indispensables. Voilà pourquoi je m'efforçais, dans toute la mesure du possible, d'assurer au moins à quelques malades les médicaments qui leur étaient nécessaires. C'est là la raison, et non la soif de profit, qui me faisait me procurer les médicaments.

Où je prenais ces médicaments? L'affirmation de KRAVTCHENKO que je les achetais soi-disant dans les pharmacies (où ils manquaient!) est basée sur les ragots répandus par mes ennemis. J'attire l'attention de la Cour sur la déposition de VOLINKINA (cote 5, p. du dossier 62). Elle témoigne qu'elle faisait soigner son petit-fils et qu'on lui avait envoyé d'une autre ville de l'Horéogonine. Son petit-fils guéri, il restait à VOLINKINA deux boîtes de 10 ampoules. Elle me les a revendues pour 15 roubles et non au prix officiel de 5 roubles 75 kopeks. Ces médicaments étaient introuvables dans les pharmacies. D'un côté il y avait des gens qui avaient des médicaments dont ils n'avaient plus besoin ou dont le délai d'utilisation s'écoulait, de l'autre des gens à qui ces médicaments étaient nécessaires. Je considérais que c'était mon devoir de médecin de les aider.

Les inscriptions sur les fiches ne correspondent pas toujours aux quantités et au nom des médicaments prescrits parce que les malades qui venaient pour les piqûres entraient souvent directement chez moi et je leur administrais les préparations hormonales sans les porter sur la fiche. Pour obtenir une fiche il leur fallait faire longuement la queue devant le bureau d'enregistrement. Toutefois, malgré cela, dans de nombreux cas les sommes calculées par l'expertise pharmaceutique se basant sur les fiches correspondent exactement aux sommes que les malades m'avaient remises.

Je passe aux épisodes concernant les « pots-de-vin ». Je ne me reconnais coupable dans aucun d'eux. En trente ans de travail je n'ai jamais fait dépendre mon assistance médicale de quelconques récompenses. Je n'avais pas besoin de cet argent, ayant une clientèle privée. Cela contrevient peut-être à certaines instructions financières, mais cela ne constitue pas un délit criminel.

Je commencerai par l'épisode RYBATCHOUK-MANJIEVSKAÏA. On suppose que j'ai reçu 25 roubles pour faire hospitaliser leur mère. Mon innocence est visible, ne serait-ce que par les examens consignés sur la fiche de la malade LIOUBETZKAÏA. En tant que chef du service polyclinique du dispensaire, j'avais le droit de permettre l'inscription d'un malade à l'enregistrement sans qu'il soit porteur d'une ordonnance l'envoyant au dispensaire. Je le faisais toujours et ne l'ai jamais refusé à aucun malade. Le 20 avril 1972 se sont adressées à moi les deux filles de LIOUBETZKAÏA pour me demander de faire inscrire leur mère à la consultation. J'ai donné l'autorisation. Mes paroles sont confirmées par les notes de la fiche, mais contredisent entièrement les dépositions de MANJIEVSKAÏA et RYBATCHOUK. La fiche comporte les résultats de l'examen de LIOUBETZKAÏA non par un, mais par trois médecins différents du dispensaire. Je ne sais pas pourquoi les deux témoins s'entêtent à soutenir le contraire devant la Cour, que leur mère n'aurait été reçue que par moi. Les notes portées sur la fiche par le Dr GAMARNIK, thérapeute de notre polyclinique, indiquent un état pré-comateux, ce qui signifie que cette malade devait être hospitalisée d'urgence. Ce n'est pas moi, mais GAMARNIK qui a écrit sur la fiche : « Hospitalisation indispensable. » En général, je n'ai pas le droit d'hospitaliser et je pense que cela sera confirmé par le médecin-chef OURBANSKY..

LE PRÉSIDENT : Comment le savez-vous? Pourquoi en êtes-vous si sûr, qu'il va le confirmer? Vous déclarez sans arrêt que les témoins vont dire ceci ou cela. Je vous conseille de vous en abstenir. En fin de compte, cela pourrait donner l'idée qu'il y a une connivence avec les témoins.

STERN : Tout ce que j'ai voulu dire est que d'après le règlement du dispensaire, je n'ai rien à voir avec les hospitalisations. Je connais mes attributions et OURBANSKY les connaît aussi. Mon dossier contient un certificat des enfants de la défunte LIOUBETZKAÏA daté du 3 mai 1972, confirmant que je ne leur ai pas pris d'argent et qu'ils pouvaient en témoigner devant le Tribunal du Peuple. En mai 1972 on avait tenté une fois de plus de me compromettre.

LE PRÉSIDENT : Quels jours en mai?

STERN : Je pense que cela a commencé le jour de la mort de LIOUBETZKAÏA, le 29 avril. On a fait courir le bruit que j'avais pris de l'argent aux enfants de la défunte — MANJIEVSKAÏA et RYBATCHOUK. ZELINSKY et compagnie l'ont dit ouvertement à OURBANSKY.

LE PRÉSIDENT : Qui le lui a dit, concrètement?

STERN : L'assistant de ZELINSKY, KOGOUT, mais cela fut repris par eux tous, ZELINSKY et ses assistants. Ils racontaient toujours que je prenais de l'argent des malades. Cela s'était déjà produit à plusieurs reprises, mais cette fois-ci ils l'avaient déclaré officiellement. OURBANSKY m'a fait appeler pour m'en parler. Je déclarai que c'était une sale calomnie et décidai de porter plainte. J'ai exigé que le médecin-chef fasse venir les enfants de la défunte LIOUBETZKAÏA. — A propos, LIOUBETZKAÏA est morte à cause de l'incurie des collaborateurs de l'Institut médical. S'il faut, je peux le prouver. A ce moment-là, par esprit de collègue, je ne voulais pas soulever cette question. — Un des gendres de la défunte s'est présenté et nous avons eu une discussion dans le cabinet d'OURBANSKY, en sa présence. J'ai dit que je portais plainte en diffamation et exigé qu'ils témoignent au tribunal. Le gendre de LIOUBETZKAÏA m'a dit que sa famille n'avait aucun grief contre moi. Il est revenu deux jours après, porteur de ce certificat et nous sommes allés voir ensemble le médecin-chef. OURBANSKY lui demanda encore s'ils avaient donné de l'argent à STERN et reçut une réponse négative. A mon grand regret, je me suis laissé convaincre par OURBANSKY de ne pas porter plainte contre ces calomniateurs. Ce certificat, je l'avais conservé et il a été saisi lors de mon arrestation. Il devait se trouver depuis le début dans mon dossier, mais à l'instruction, on ne m'a pas interrogé à son sujet et, malgré mes demandes réitérées, on ne m'a pas accordé une confrontation avec les témoins...

LE PRÉSIDENT : Aucune importance.

STERN : Si, c'est très important! Je souligne que j'avais emporté ce certificat avec l'autorisation d'OURBANSKY. Le gendre de LIOUBETZKAÏA avait dit alors qu'ils pourraient tous venir témoigner devant la justice et confirmer ce qu'ils avaient écrit.

Je demande qu'on convoque encore un témoin : le témoin LOMOVOZ, qui a écrit un certificat analogue à celui des enfants de LIOUBETZKAÏA, à la même époque. Ce certificat a la même origine. De la même façon, KOGOUT et ZELINSKY avaient déclaré au médecin-chef que j'avais pris de l'argent à LOMOVOZ pour le faire hospitaliser. LOMOVOZ a violemment protesté contre cette calomnie à mon égard et, étant un honnête homme, n'a par la suite jamais consenti à nier ce qu'il avait écrit, comme le font RYBATCHOUK et MANJIEVSKAÏA. C'est la raison pour laquelle l'épisode LOMOVOZ ne figure pas dans mon procès.

En ce qui concerne l'argent, je n'irai pas jusqu'à affirmer que MANJIEVSKAÏA et RYBATCHOUK mentent en disant qu'elles ont déposé 25 roubles sous un papier, quoique j'aie tout lieu de le croire. Je sais pertinemment que je n'ai pas pris cet argent et que je ne l'ai même jamais vu. Peut-être, bien que cela soit invraisemblable, ont-elles déposé l'argent. A cette époque il y avait au dispensaire une aide-soignante qui a ensuite été renvoyée pour de menus larcins. Elle faisait le ménage et si cet argent se trouvait effectivement là, elle aurait très bien pu le trouver et le prendre.

On a tenté de présenter ici l'affaire ainsi : j'aurais soi-disant spécialement envoyé une femme dans la famille de LIOUBETZKAÏA pour chercher le certificat. C'est une invention absolument non fondée.

LE PRÉSIDENT : Je vous demande d'expliquer l'origine de ce papier annoté, qui nous est parvenu de la cellule d'isolement des prévenus. Il y est écrit de votre main, à l'encre verte, au beau milieu de la page : « Mes gens iront voir MANJIEVSKAÏA et RYBATCHOUK. »

STERN : J'avoue l'avoir écrit et l'avoir fait exprès, mais dans un tout autre but. Quand j'ai écrit cela, je comptais justement que ce papier serait transmis à la Cour et lu à haute voix. Sinon j'aurais écrit ces six mots en tout petit sur un bout de papier. C'est tout spécialement que j'ai choisi un texte qui intriguerait, je l'ai spécialement écrit à l'encre verte, tandis que je faisais toutes mes notes à l'encre bleue ou rouge. J'ai tout fait pour que ce papier soit remarqué et saisi par ceux qui fouillent illégalement dans mes papiers à la prison, afin que ce fait soit porté à la connaissance de la Cour. J'ai protesté à plusieurs reprises contre la confiscation illégale de mes notes en prison, contre les perquisitions incessantes, contre l'inspection méticuleuse de toutes mes notes, de mes déclarations et de mes plaintes. Il y a eu des cas où tous mes papiers m'étaient enlevés, en violation de toutes les lois, et gardés pendant cinq à six jours. Quelqu'un y portait même des annotations au crayon rouge. Toute ma préparation au procès était connue d'avance des collaborateurs du Parquet. Je ne suis pas encore condamné et personne n'est autorisé à violer mes droits de citoyen, même en prison! J'ai tout fait justement pour que ce papier parvienne à la Cour et je voudrais que la Cour fasse toute la lumière pour savoir qui, quand et par quels moyens, en s'appuyant sur quelle procédure officielle, a versé ce papier au dossier. Je proteste catégoriquement contre les violations de la loi commises par la procédure et demande à la Cour de prendre les décisions qui s'imposent.

LE PRÉSIDENT : La réaction de la Cour... euh... devant une telle demande... euh... ne peut être immédiate... Elle sera donnée ultérieurement.

LE PROCUREUR : Camarade Président, je demande la permission de regarder de quelles notes se sert STERN.

L'AVOCAT : STERN m'a demandé une copie de mes notes. Je la lui ai donnée.

LE PROCUREUR : Aviez-vous l'autorisation de la Cour?

L'AVOCAT : Je n'ai pas à demander l'autorisation de la Cour. STERN n'a pas eu le temps de se constituer des notes, car on lui a laissé très peu de temps pour prendre connaissance du dossier. STERN a dit que s'il ne pouvait en disposer, il serait obligé de demander le renvoi du procès. J'estime que j'ai le droit de remettre à mon client mes notes sur les éléments du dossier.

LE PROCUREUR : S'il s'agit de simples notes de préparation au procès — c'est une chose. Mais s'il s'agit de notes sur la base desquelles l'accusé STERN doit faire ses dépositions, il est indispensable de les contrôler, car cela pourrait contrevenir à la loi.

L'AVOCAT : Le fait que STERN ait des notes en sa possession témoigne de son droit à la défense. Limiter ses notes serait contraire à ce droit. Ce qu'il a, ce sont des extraits du dossier. Il serait injuste de le priver de ces notes.

LE PROCUREUR : S'il a en sa possession des notes d'autres personnes sur ce qu'il faut dire devant la Cour, cela constitue une violation de la loi. Je demande à la Cour d'examiner toutes ses notes.

L'AVOCAT : Si le Procureur demande que STERN soit fouillé,

je demande de le consigner sur le plumitif. Je demande également que l'on procède à cette fouille au cours de l'audience et non pendant une suspension. Un procès-verbal adéquat doit être établi.

LE PRÉSIDENT : Donnez-moi vos notes, je vous prie.

STERN : Tous mes papiers?

LE PRÉSIDENT : Oui.

L'AVOCAT : Je voudrais apporter quelques éclaircissements : en prison, STERN m'a dit qu'on lui avait donné en tout deux jours pour prendre connaissance du dossier et qu'il n'avait pas eu le temps de prendre des notes. C'est pourquoi je lui ai donné les miennes.

LE PRÉSIDENT : Il aurait été préférable de me mettre au courant.

L'AVOCAT : Je lui ai donné les extraits que j'avais notés pour moi et j'estime que j'ai ainsi gagné quelques jours pour le procès.

LE PRÉSIDENT : De qui sont les annotations à l'encre, en bas? Elles ne sont pas de la main de STERN. Sont-elles de votre main?

L'AVOCAT : Non.

LE PRÉSIDENT : De la main de qui, alors?

STERN : C'est un camarade qui m'a aidé en prison.

LE PRÉSIDENT, *à l'avocat :* C'est vous qui avez dactylographié les extraits du dossier?

L'AVOCAT : C'est une dactylo.

LE PRÉSIDENT : Quel est le nom du prisonnier qui vous a aidé?

STERN : Je ne sais pas.

LE PRÉSIDENT : Quelle cellule?

STERN : Je ne sais pas.

LE PRÉSIDENT : Détenu pour quel délit?

STERN : Article 206, il me semble.

LE PRÉSIDENT : Il y a ici des annotations en bas de page concernant MAKOVEÏ : « pourquoi 25 roubles — pratique privée ». A propos de BESNOSSIOUK et TARANOVA — « pourquoi l'argent », de la même écriture. A propos de OVERTCHOUK : « Humour : Fermé la porte à clef avec la patiente — danger de viol. » Toujours de la même écriture.

La Cour n'a pas d'objection à ce que vous vous serviez de

ces notes, mais elle a pu se convaincre que vous n'étiez pas seulement aidé par votre avocat.

L'audience est suspendue pour le déjeuner.

Après la suspension d'audience :

Témoin KALINA Anna, née en 1928, kolkhozienne.

> *Extrait de l'acte d'accusation :*
>
> Le 9 avril 1973, KALINA Vassilii, avec sa mère KALINA Anna se sont rendus à la consultation de STERN. Examinant l'adolescent en présence de sa mère et lui montrant le membre sexuel de son fils, STERN promit de le guérir mais exigea de l'argent. KALINA Anna fut obligée de donner 15 roubles à STERN.

KALINA : Mon fils Vassia a été convoqué par le conseil de révision et puis envoyé à Vinnitza. Vassia est revenu et a dit qu'il fallait des sous pour des piqûres et des médicaments. J'ai pris des sous et suis allée avec lui. On nous a reçus. Mon fils s'est déshabillé, le docteur l'a examiné et dit : « Il est malade, le gars. Faut le soigner. » Il a prescrit des poudres et des piqûres. Nous avons été les chercher à la pharmacie. Mais je lui avais mis 15 roubles sur la table.

LE PRÉSIDENT : Aviez-vous encore de l'argent sur vous?

KALINA : J'ai payé 12 roubles à la pharmacie.

LE PROCUREUR : Comment s'appelait le médicament qu'on lui administrait?

KALINA : J'en sais rien, comment il s'appelait — je ne suis qu'une pauvre femme illettrée!

LE PROCUREUR : Vous avez donné vous-même l'argent que le docteur vous a dit de donner?

KALINA : Je l'ai posé moi-même.

LE PROCUREUR : Il y a une divergence avec ce que vous

avez déclaré lors de l'instruction. Vous avez dit que lorsque vous êtes entrés dans le cabinet, le docteur vous a dit de regarder les organes sexuels de votre fils. « Et ensuite j'ai défait mon mouchoir et j'ai donné les 15 roubles que le docteur m'a demandés. »

KALINA : Comment voulez-vous que je me souvienne, ce qu'il y a eu? Moi, je ne me rappelle plus.

LE PROCUREUR : Question à STERN : Vous avez reçu 15 roubles?

STERN : Je ne me souviens plus de ce cas.

L'AVOCAT : Le docteur vous a dit de lui donner 15 roubles, ou peut-être a-t-il demandé moins, ou plus?

KALINA : Non, il ne m'a rien dit. C'est moi qui ai décidé de lui donner 15 roubles.

L'AVOCAT : Vous avez été reçue tout de suite, le jour même?

KALINA : Oui, le jour même, mais il y avait beaucoup de monde à la consultation.

STERN : Votre fils est-il en bonne santé?

KALINA : Il est en bonne santé.

LE PRÉSIDENT : Avant STERN, votre fils a-t-il été soigné par quelqu'un d'autre?

KALINA : Je crois qu'il s'était adressé à quelqu'un.

LE PRÉSIDENT : Je pense que vous étiez gênée que l'on déshabille votre fils devant vous?

KALINA : Mais c'était un médecin! C'est qu'il le fallait!

LE PRÉSIDENT, *irrité :* Le docteur vous a-t-il montré le membre sexuel de votre fils?

KALINA : Eh ben, il lui a fait baisser son pantalon.

LE PRÉSIDENT, *à Ida* STERN : Qu'est-ce que vous avez à sourire?

IDA STERN : Parce qu'il est même interdit de sourire maintenant?

LE PRÉSIDENT : Si vous troublez les débats, nous vous ferons expulser de la salle d'audience!

LE PROCUREUR : Pourquoi était-ce nécessaire, puisque vous aviez déjà examiné le malade, de l'envoyer chercher sa mère et le prévenir qu'elle vienne avec de l'argent?

STERN : Il le fallait pour les médicaments coûteux. Le garçon avait 14 ans.

LE PROCUREUR : Après l'examen d'un malade, que devez-vous faire?

STERN : Établir un diagnostic, prescrire un traitement.

LE PROCUREUR : Il n'y a pas de diagnostic sur la fiche.

LE PRÉSIDENT, *lit :* « Hypogénitalisme, forme grave, retard de croissance et du développement physique. » Il y a un diagnostic!

LE PROCUREUR : Oui, excusez-moi. Expliquez, pourquoi fallait-il le réexaminer devant sa mère?

STERN : L'adolescent avait 14 ans. Sa mère avait suivi son développement sexuel depuis sa petite enfance. Mon devoir était d'en parler avec elle.

LE PRÉSIDENT : Vous estimez que vous aviez le droit de le faire, bien que vous l'ayez déjà examiné une fois?

STERN : Nous agissons toujours ainsi.

LE PRÉSIDENT : A part vous, d'autres médecins agissent-ils ainsi?

STERN : Je ne sais pas. Demandez-le-leur. Je l'ai toujours fait et continuerai à le faire.

LE PRÉSIDENT : Il y a une correction dans les notes, transformant le chiffre 5 en 9. C'est écrit « développement sexuel de 9 ans ».

LE PROCUREUR : Pourquoi cela a-t-il été corrigé?

STERN : Je pourrais répondre à cette question, digne du moyen âge, mais ce n'est pas moi qui ai apporté la correction. De toute façon, cela n'a aucune importance. Ce qui est important, c'est le fait que je n'ai pas touché de pot-de-vin de cette femme, que je n'ai pas obtenu de confrontation avec elle malgré mes demandes et le plus important est qu'après mon traitement son fils soit guéri.

Témoin CHEVTCHOUK Maria, née en 1929, kolkhozienne.

Extrait de l'acte d'accusation :

Le 9 mars 1973 est arrivée dans les locaux du dispensaire endocrinologique régional la citoyenne CHEVTCHOUK avec son fils, souffrant d'hypogénitalisme. Pour que STERN le reçoive sans ordonnance de l'hôpital départemental, CHEVTCHOUK lui a donné 10 roubles. Empochant l'argent, STERN lui a fait comprendre que ce n'était pas assez : « Tu es bien radine », lui dit-il en lui proposant de revenir. Toutefois CHEVTCHOUK est sortie de son cabinet et ayant entendu des malades donner un avis défavorable sur STERN, n'est jamais revenue chez lui.

CHEVTCHOUK : Je ne me souviens plus en quelle année c'était. J'ai un fils, Ivan, il est petit de taille. On m'a dit qu'il fallait aller à Vinnitza, voir STERN. Alors j'y suis allée, je l'ai trouvé au dispensaire. Il n'a pas refusé, il nous a reçus, a décidé du traitement.

LE PRÉSIDENT : Vous lui avez donné quelque chose?

CHEVTCHOUK : Qu'est-ce que vous voulez que je lui donne? J'ai payé pour le médicament, c'est tout.

LE PROCUREUR : Vous l'avez remercié?

CHEVTCHOUK : Oui, je l'ai remercié de nous avoir reçus.

LE PROCUREUR : Il vous a demandé de l'argent?

CHEVTCHOUK : Non, il disait tout le temps : « Il ne faut pas, il ne faut pas! » mais moi, j'ai posé un billet de 10 roubles et je suis partie.

LE PROCUREUR : Aviez-vous fait soigner votre fils auparavant?

CHEVTCHOUK : Non.

LE PROCUREUR : Où votre fils recevait-il les soins?

CHEVTCHOUK : Au service médical.

LE PROCUREUR : Question à STERN : Pour quelle raison les avez-vous reçus sans ordonnance?

STERN : En tant que chef du service polyclinique j'ai le droit de recevoir sans ordonnance et en tant que médecin, c'est mon devoir de recevoir quiconque demande à être reçu.

LE PROCUREUR : Pour quelle raison avez-vous pris l'argent du témoin?

STERN : Pourquoi dites-vous « pour quelle raison » — quand je n'ai pas encore dit que je l'avais pris.

LE PROCUREUR : Mais le témoin a dit que vous l'aviez pris.

STERN : Mais ce n'est que le témoin qui le dit!

L'AVOCAT : Le docteur vous a dit que vous ne lui donniez pas assez?

CHEVTCHOUK : Il n'a rien dit de tel.

L'AVOCAT : Il ne vous a pas dit que vous étiez « radine »?

CHEVTCHOUK : Non.

L'AVOCAT : La première fois, n'a-t-il pas fait de piqûre à votre fils?

CHEVTCHOUK : Je ne me souviens plus.

L'AVOCAT : Dans votre déposition à l'instruction (cote 2, p. du dossier 136) vous dites : « Il a examiné mon fils, lui a fait une piqûre quelconque, a prescrit des médicaments. »

LE PRÉSIDENT : Pourquoi avez-vous déposé différemment alors?

CHEVTCHOUK : J'ai du mal à me souvenir de ce qui s'est passé hier, et là, combien d'années ont passé!

STERN : Avez-vous des griefs contre moi?

CHEVTCHOUK : Aucun.

LE PROCUREUR : Dans la cour de la polyclinique, est-ce que des gens vous ont dit quelque chose?

CHEVTCHOUK : Non, il n'y a rien eu du tout.

LE PROCUREUR : Et qu'avez-vous dit à l'instruction?

LE PRÉSIDENT : Ce n'est pas par hasard que le Procureur vous pose cette question. Vous aviez dit : « Quand nous sommes sortis de son cabinet, une femme nous a dit de ne plus revenir chez lui. »

CHEVTCHOUK : Il y avait une femme... près de la gare, mais je ne me souviens plus exactement.

LE PROCUREUR : Vous connaissez ZELINSKY?

CHEVTCHOUK : Non.

Témoin TEREGAÏLO Makar, né en 1926, kolkhozien.

Extrait de l'acte d'accusation :

Le 12 novembre 1971, envoyé par l'hôpital départemental de Toultchine, TEREGAÏLO Makar s'est rendu à la consultation de STERN avec sa fille malade TEREGAÏLO Nadia. Après l'avoir examinée, STERN a recommandé de lui faire enlever les amygdales. Après l'amygdalectomie, TEREGAÏLO revint avec sa fille voir STERN.

Ayant entendu dire par les malades dans la salle d'attente qu'on ne pouvait consulter STERN qu'en lui payant 25 roubles et ayant été confirmé dans cette idée par la conduite de STERN qui a renvoyé à plusieurs reprises TEREGAÏLO et sa fille de son cabinet, TEREGAÏLO a préparé 10 roubles et les a mis dans la main de STERN quand il est entré chez lui. STERN a pris les 10 roubles en disant : « C'est bon, quand vous aurez plus d'argent, vous m'en donnerez. » TEREGAÏLO a promis d'en rapporter et le lendemain a redonné 15 roubles au docteur.

Sans rien dire au père sur la maladie de sa fille, STERN déclara qu'elle était déjà grande et qu'elle devait se marier, puis les renvoya chez eux.

Déposition de TEREGAÏLO Nadia au cours de l'instruction (cote 5, p. du dossier 73-74) :

« Je ne sais pas si mon père a payé quelque chose à STERN... Il m'avait laissée à Vinnitza, rentrant seul à la maison. Je sais qu'après l'enterrement de ma mère, nous n'avions pas d'argent. Il ne nous restait que 2 roubles en tout. »

TEREGAÏLO : Après la mort de ma femme, ma fille est tombée malade. On l'a emmenée à l'hôpital de Toultchine. Elle est restée malade six semaines, huit semaines, tout l'hiver. Elle avait dû abandonner ses études au collège. On lui faisait des piqûres, on lui donnait des comprimés — rien n'y faisait. J'ai dit aux docteurs : « Faites quelque chose, elle va mourir! » Alors ils m'ont donné une ordonnance pour le dispensaire de Vinnitza.

J'y suis allé avec la fillette, elle a 14 ans.

Me voilà dans le couloir menant chez STERN. Je vois une femme qui ouvre son sac et prend 25 roubles. Elle dit : « Il faut le payer. » Je suis entré, j'ai dit : « Voilà, ma femme est morte et maintenant ma fille va mourir ! » J'ai pensé, je vais au moins lui donner un billet de 10 roubles. Il est vrai qu'il ne m'a pas dit : « Donne », il a dit : « Cela ne fait rien, on fera nos comptes plus tard. » Je suis rentré à la maison, le docteur s'étant occupé de faire loger ma fille pour la nuit. Le lendemain, je lui ai encore apporté 15 roubles. Alors il m'a dit que ma fille était déjà hospitalisée. Alors, j'ai pensé : pourquoi donner cet argent?

LE PRÉSIDENT : En effet, pourquoi le donner, si votre fille était déjà à l'hôpital, surtout que vous n'aviez pas d'argent?

TEREGAÏLO : Mais ce n'était que 25 roubles, si ma fille était morte, il aurait fallu que j'en paye 300 pour l'enterrement !

LE PRÉSIDENT : Pourquoi l'avait-on gardée 4 mois à l'hôpital de Toultchine sans découvrir qu'elle avait les amygdales atteintes?

TEREGAÏLO : A quoi ont pensé nos médecins, je n'en sais rien ! STERN a trouvé tout de suite. Après qu'on lui eut arraché les amygdales, on l'a reprise au collège.

LE PRÉSIDENT : Pourquoi donc avoir donné l'argent?

TEREGAÏLO : Eh bien, c'est difficile de parvenir du village jusqu'à un docteur comme lui. L'argent, j'ai pensé, j'en aurai : j'ai vendu la moitié d'une vache, il me reste encore une moitié. Alors j'ai donné l'argent.

LE PROCUREUR : L'accusé prétend que c'est le professeur ZELINSKY qui vous a persuadé de faire une déposition dans ce sens.

TEREGAÏLO : Non, je ne connais personne de ce nom-là.

LE PROCUREUR : Une question à STERN : La déposition du témoin correspond-elle à la vérité?

STERN : Non, c'est faux. Il n'y avait aucune raison pour me donner de l'argent.

LE PRÉSIDENT : Avez-vous pris l'argent?

STERN : Je n'ai pas pris d'argent. D'autre part, dire à une fillette de 14 ans qu'elle devrait se marier — je n'aurais jamais pu dire une telle bêtise. Les falsifications des dépositions lors de l'instruction ne m'étonnent même plus, mais en tant que sexo-pathologue, j'ai de plus en plus de doutes quant à la santé sexuelle du juge d'instruction Kravtchenko !

LE PRÉSIDENT : STERN, vous pensez à ce que vous dites?

STERN : Je pense toujours à ce que je dis et je dis toujours ce que je pense! Seule une vue pathologique du monde peut transformer l'exercice habituel de la médecine en crime et une banale auscultation en acte douteux et immoral.

Extrait de l'acte d'accusation :

Sous prétexte d'aider à se procurer des médicaments « étrangers » et « coûteux », « introuvables partout ailleurs que chez lui », STERN abusait de la confiance des malades :

En février 1972, soignant BAÏDA Stepan, il a reçu pour trois piqûres de Soustanon, une boîte de Testosterone-Propionat, une boîte de Metindrostenilon, 2 boîtes d'Apilak et 1 flacon de Tireoïdine d'un prix total de 9 roubles 76 kopeks, une somme de 80 roubles, détournant ainsi à son profit 70 roubles 24 kopeks.

Témoin BAÏDA Stepan.

BAÏDA : La première fois, je suis venu avec mon père. D'abord j'allais à l'hôpital, ensuite je venais au domicile du Dr STERN. Il me faisait des piqûres, d'abord toutes les semaines, ensuite deux fois par mois. J'allais chez lui pendant longtemps. Les huit premières piqûres avaient été faites à la polyclinique, cela avait pris environ deux mois.

LE PRÉSIDENT : Les piqûres à la polyclinique, c'était le docteur lui-même qui les faisait?

BAÏDA : Peut-être cinq fois sur huit lui personnellement.

LE PRÉSIDENT : D'où provenaient les médicaments?

BAÏDA : Mon père les achetait.

LE PROCUREUR : Combien de fois votre père est-il venu à Vinnitza?

BAÏDA : Je ne sais pas.

LE PROCUREUR : Qui délivrait les ordonnances?

BAÏDA : Le docteur.

L'AVOCAT : A part les injections, suiviez-vous un autre traitement?

BAÏDA : Je prenais des comprimés à la maison.

L'AVOCAT : Vous avez payé de l'argent au docteur?

BAÏDA : Je n'ai rien payé.

STERN : Vous êtes en bonne santé?
BAÏDA : Oui.
STERN : Avez-vous des griefs contre moi?
BAÏDA : Non. Je me souviendrai de vous toute ma vie!

Témoin BAÏDA Yousefa.

BAÏDA : Je vois l'accusé pour la première fois. Mon fils avait été envoyé pour examen à Vinnitza par ordonnance du conseil de révision et il est venu avec son père. Je sais que quand il est venu la première fois, le docteur l'a reçu, l'a ausculté et lui a prescrit un traitement. Après, mon fils venait pour des piqûres, mais prenait des poudres à la maison. Mon mari a payé 50 roubles à la pharmacie.

LE PRÉSIDENT : Et qu'avez-vous déclaré lors de l'instruction?

BAÏDA : J'ai dit la même chose! Et après, mon mari a encore payé 30 roubles à la pharmacienne. Tandis que les piqûres, le docteur les faisait lui-même.

LE PROCUREUR : Et qu'avez-vous dit à l'instruction? Qu'est-ce que vous avez payé au docteur?

BAÏDA : Pas au docteur, à la pharmacienne.

LE PRÉSIDENT : Dans votre déposition, il est dit que votre mari s'est rendu à la pharmacie avec le docteur.

BAÏDA : Je n'en sais rien.

L'AVOCAT : Votre mari n'avait-il pas dit qu'il donnait des produits alimentaires au docteur?

BAÏDA : Il n'avait rien pris à la maison, il n'a rien dit.

STERN : De la bouche de votre mari, vous savez quel était l'état de votre fils lorsqu'il est venu me voir?

BAÏDA, *pleure.*

LE PRÉSIDENT : Pourquoi pleurez-vous?

BAÏDA : Mon fils était un infirme, et il l'a guéri!

LE PRÉSIDENT : Alors, pourquoi pleurez-vous?

BAÏDA : Nous sommes reconnaissants au docteur!

LE PRÉSIDENT : Les médecins sont là pour ça, pour guérir! On leur fait faire des études gratuites pour ça!

STERN : Combien de temps ai-je soigné votre fils?

BAÏDA : Deux ans.

STERN : Durant ces deux ans, m'avez-vous donné, ne serait-ce qu'une seule fois de l'argent ou des produits alimentaires?

LE PRÉSIDENT : Objection!

BAÏDA : On n'a rien donné! J'étais malade et ne pouvais venir remercier! (*Elle pleure.*) Pourquoi avez-vous mis le Dr STERN en prison? Il a sauvé nos enfants! Rendez-lui sa liberté! Laissez-le continuer à soigner et sauver des gens!...

L'audience se termina tard dans la soirée. Dans la rue, éclairée par la lueur pâle des réverbères, une neige mouillée venait frapper les minuscules fenêtres du fourgon cellulaire (appelé « corbeau noir » en U.R.S.S.) qui attendait STERN.

Malgré l'heure tardive, une foule importante avait entouré la voiture et le couloir vivant formé par les miliciens que STERN *devait emprunter.*

Il régnait un pesant et sombre silence. Sur tous les visages se lisait l'angoisse et la peur.

Quand le « corbeau noir » disparut dans la nuit, la foule muette resta encore un moment sans bouger, puis les gens, sans une parole, étrangers les uns aux autres, commencèrent lentement à se disperser. Une morne nuit s'étendit sur la ville.

20 DÉCEMBRE 1974

« Izvestia »

Lettre adressée au Secrétaire d'État aux Affaires étrangères des États-Unis, Henry KISSINGER, par le Ministre des Affaires étrangères de l'U.R.S.S., GROMYKO.

Très honoré M. le Secrétaire d'État.

J'estime indispensable d'attirer votre attention sur la question de la publication aux États-Unis de documents que vous connaissez, touchant au départ d'U.R.S.S. d'une certaine catégorie de citoyens soviétiques.

Je dois vous dire franchement que les documents mentionnés, y compris votre correspondance avec le sénateur Jackson, présentent une version déformée de notre position et de ce que nous avons dit à ce sujet à nos interlocuteurs américains.

Clarifiant selon votre souhait la situation réelle, nous soulignons qu'en tout état de cause et dans sa totalité cette question relève de la compétence intérieure de notre gouvernement. Nous vous avons prévenu que nous agissons et agirons ici exclusivement selon la législation en vigueur chez nous à ce sujet.

C'est justement cela qui est maintenant passé sous silence. En même temps on essaye de donner aux explications fournies par nous un caractère d'assurance et presque d'obligation de notre part concernant la procédure de sortie d'U.R.S.S. de citoyens soviétiques.

On cite même des chiffres sur le nombre supposé de ces citoyens, on parle de l'augmentation de ce chiffre en comparaison avec les autres années.

Nous rejetons résolument une telle interprétation. Ce que nous avions dit — et vous, M. le Secrétaire d'État le savez fort bien — touchait seulement à la situation réelle en la matière. Et s'il a pu être question de chiffres — dans une conversation destinée à vous informer de la situation réelle, il était question justement du contraire : de la tendance amorcée vers une diminution du nombre de personnes désirant quitter l'U.R.S.S. pour s'établir définitivement dans d'autres pays.

Nous considérons qu'il est essentiel que dans toute cette affaire, étant donné son importance de principe, il ne subsiste aucune équivoque quant à la position de l'Union soviétique.

A. Gromyko.
Ministre des Affaires étrangères de l'U.R.S.S.

20 DÉCEMBRE 1974

Huitième jour du procès

LE PRÉSIDENT : Je signale pour information : aujourd'hui il n'y a presque pas de témoins. Tout a été déplacé, et c'est pourquoi les témoins ont été reportés. Une grande partie a été convoquée pour lundi. Passons à l'audition du témoin NETCHIPOROUK.

Éléments de l'instruction :

Plainte déposée au Parquet

Cote 2, p. du dossier 161

Je demande à être convoquée comme plaignante au moment où cette affaire passera en jugement et réclame le recouvrement des 30 roubles que STERN a reçus de moi par voie d'escroquerie.

Le 23 septembre 1974 NETCHIPOROUK Anna.

Témoin NETCHIPOROUK Anatole, né en 1954, ouvrier à Vinnitza.

NETCHIPOROUK : En 1968, je suis venu au dispensaire endocrinologique pour un certificat. Je n'ai toujours pas été accepté à l'armée.

LE PRÉSIDENT : Pourquoi?

NETCHIPOROUK : Diabète.

LE PROCUREUR : Vous avez été soigné par STERN?

NETCHIPOROUK : Non, je ne l'ai vu qu'une fois.

LE PROCUREUR : Avait-il exigé de l'argent?

NETCHIPOROUK : Non.

L'AVOCAT : Combien de fois êtes-vous allé chez STERN? Avez-vous été chez d'autres docteurs?

NETCHIPOROUK : J'ai été une fois chez ZELINSKY.

STERN : Comment êtes-vous venu chez ZELINSKY?

NETCHIPOROUK : Il y a eu des conversations avec des médecins. Ils m'ont conseillé de m'adresser à ZELINSKY.

STERN : Quels médecins, de quel hôpital?

NETCHIPOROUK : Je ne me souviens plus.

STERN : De notre hôpital ou d'un autre?

NETCHIPOROUK : Je ne me souviens plus. Il me semble que c'était chez vous.

LE PRÉSIDENT : Votre mère avait-elle dit quelque chose à propos d'argent donné à STERN?

NETCHIPOROUK : Non.

STERN : Qui a rempli votre fiche quand vous êtes allé chez ZELINSKY?

NETCHIPOROUK : ZELINSKY lui-même.

Plaignante NETCHIPOROUK Anna, de Vinnitza, ménagère.

NETCHIPOROUK : J'ai un fils, Anatole, né en 1954, il est malade.

LE PRÉSIDENT : De quoi souffre-t-il?

NETCHIPOROUK : Je ne sais pas jusqu'à maintenant. Le conseil de révision nous a envoyés chez STERN. Il n'a pas été accepté à l'armée, il ne l'a toujours pas été et il a déjà 20 ans. (*Elle éclate en sanglots. On lui apporte une chaise et un verre d'eau.*)

LE PRÉSIDENT : Alors, que vous a dit STERN?

NETCHIPOROUK : La première fois, le docteur a dit qu'il le soignerait. Il a dit qu'il fallait des piqûres. Je lui ai donné 30 roubles. Mais je ne suis pas venue chercher les médicaments. (*Elle sanglote, assise sur sa chaise.*)

LE PROCUREUR : Quand vous êtes venus chez STERN, vous avez été inscrits?

NETCHIPOROUK : Je ne me souviens plus, je crois que oui, nous avions une fiche.

LE PROCUREUR : Vous aviez une ordonnance vous envoyant au dispensaire?

NETCHIPOROUK : Sûrement.

LE PROCUREUR : Que vous a dit STERN dans son cabinet?

NETCHIPOROUK : Il a dit qu'on pouvait le soigner.

LE PROCUREUR : Et vous?

NETCHIPOROUK : Il a dit encore qu'il prescrirait des poudres et des piqûres.

LE PROCUREUR : Avez-vous parlé d'argent?

NETCHIPOROUK : Non. (*Elle pleure.*) Je lui ai donné 30 roubles de moi-même. Il ne m'avait rien demandé.

LE PROCUREUR : Pourquoi alors les aviez-vous donnés?

NETCHIPOROUK (*Cessant de pleurer et se levant de sa chaise.*) : J'ai donné comme ça, c'est tout.

LE PROCUREUR : On ne donne pas d'argent comme ça!

NETCHIPOROUK : Et moi, j'ai donné! Je l'ai dit après à mon mari. Mais des gens nous ont dit qu'il ne fallait pas faire ces piqûres. On m'a dit : « N'allez pas chez STERN. »

LE PROCUREUR : Pourquoi?

NETCHIPOROUK : Parce que STERN est un affairiste, qu'il empoisonne les enfants avec son traitement. Je ne suis pas revenue chercher les médicaments.

LE PROCUREUR : Vous étiez chez lui une fois. STERN vous a dit de revenir le lendemain. Pourquoi?

NETCHIPOROUK : Pour prendre les poudres et les médicaments pour les piqûres.

LE PROCUREUR : Quelles poudres?

NETCHIPOROUK : Je ne sais pas.

LE PROCUREUR : Et l'argent, vous l'avez donné quand?

NETCHIPOROUK : C'est là que je l'ai donné.

LE PROCUREUR : Pourquoi lui avez-vous donné de l'argent? Vous a-t-il proposé de donner de l'argent?

NETCHIPOROUK : Non.

LE PROCUREUR, *menaçant :* A l'instruction vous aviez dit que si!

NETCHIPOROUK : Je n'ai rien dit de tel!

LE PROCUREUR, *lit :* « J'ai demandé qu'il me délivre une ordonnance, mais il a dit qu'il ne délivrerait pas d'ordonnance parce que je ne trouverai nulle part ces médicaments, seulement chez lui; qu'il fallait que je revienne le lendemain avec l'argent. J'avais sur moi 30 roubles. Je les lui ai remis et devais revenir le jour suivant chercher les médicaments, mais on m'a raconté que STERN était un affairiste, on a ri de moi, on m'a dit que mon fils n'avait besoin d'aucun médicament et je ne suis pas retournée chez STERN. »

NETCHIPOROUK : STERN avait promis de guérir mon fils.

LE PROCUREUR : Vous avez fait cette déclaration?

NETCHIPOROUK : Le docteur avait dit : « Revenez demain. »

LE PROCUREUR : Avec de l'argent?

NETCHIPOROUK : Non.

LE PROCUREUR : Qu'est-ce qui est écrit dans le procès-verbal de votre interrogatoire pendant l'instruction?

NETCHIPOROUK : Je ne sais pas.

LE PROCUREUR : Alors, c'est inexact, ce qui est écrit?

NETCHIPOROUK : Sûrement.

L'AVOCAT : Le docteur avait dit qu'il y aurait les médicaments pour les piqûres, je vous ai bien compris?

NETCHIPOROUK : Oui.

L'AVOCAT : Pourquoi n'avoir rien dit des piqûres au juge d'instruction?

NETCHIPOROUK : Je ne sais pas.

L'AVOCAT : Peut-être en avez-vous parlé?

NETCHIPOROUK : Peut-être.

L'AVOCAT : Votre fils a-t-il été soigné par STERN?

NETCHIPOROUK : Non, par d'autres médecins.

L'AVOCAT : Quand on vous a conseillé de ne pas prendre les médicaments, pourquoi n'êtes-vous pas allée reprendre l'argent?

NETCHIPOROUK : J'ai décidé qu'il valait mieux ne pas y aller.

STERN : Le témoin sait-il qu'il a le droit de rétracter les déclarations faites pendant l'instruction?

LE PRÉSIDENT : Ne répondez pas! La question est annulée!

STERN : Je ne me souviens pas de vous, mais d'après la fiche je puis reconstituer à peu près cet épisode. Dites-moi, après moi, vous êtes allée chez le professeur ZELINSKY?

LE PRÉSIDENT : La question est annulée!

STERN : C'est là qu'on vous a dit qu'il ne fallait pas venir chez moi?

LE PRÉSIDENT : La question est annulée!

STERN : Je vous avais dit que je préparerais les médicaments et que vous les recevriez le lendemain?

NETCHIPOROUK : Oui.

Témoin GROMOVOÏ Dimitri, né en 1904, retraité.

Déposition à l'instruction :

cote 2, p. du dossier 59-60.

Ma femme est morte. J'ai décidé de me remarier, mais auparavant de me faire un peu soigner sur le plan sexuel. On m'a envoyé au dispensaire régional de Vinnitza en me conseillant de m'adresser à STERN.

D'abord STERN m'a dit qu'il y avait un médecin spécial auquel il fallait m'adresser. J'ai dit qu'il n'était pas là et je lui ai demandé de me recevoir...

Extrait de l'acte d'accusation :

Le 4 octobre 1973, GROMOVOÏ Dimitri s'adressa à STERN à cause d'une impuissance d'origine endocrinienne. STERN refusa de recevoir GROMOVOÏ et ce n'est qu'après les prières réitérées de celui-ci qu'il consentit à le recevoir et à l'examiner — ce pourquoi GROMOVOÏ lui a donné 25 roubles.

LE PRÉSIDENT : Vous êtes membre du Parti, vous allez dire la vérité!

GROMOVOÏ : En 1973, ma femme est tombée malade, on a dit que c'était une tumeur au cerveau et on l'a hospitalisée. On l'a opérée et ma fille et moi allions la veiller à l'hôpital. Un beau jour, on m'a dit : « La femme de Gromovoï est morte. » J'en suis tombé de la marche d'escalier!

Un certain temps est passé et je me suis senti pas très bien. Je me suis rendu à Vinnitza pour me soigner. J'arrive et on me dit que le gynécologue est en vacances.

LE PRÉSIDENT : Vous voulez dire le sexologue?

GROMOVOÏ : Eh bien, oui. On m'a conseillé de m'adresser à STERN. Je suis entré dans son cabinet, mais il m'a dit que ce n'était pas de son ressort. Je suis sorti, puis j'ai réfléchi et décidé de lui demander encore une fois. Je suis revenu, je l'ai encore prié. Il a réfléchi et accepté. En tout je suis venu environ cinq fois dans son cabinet. Son accueil était très sympathique. Je me suis fait soigner par lui et il m'a guéri.

LE PRÉSIDENT : Vous l'avez remercié d'une manière quelconque?

GROMOVOÏ : Quand je suis venu la première fois, il y avait une feuille de papier sur la table, j'y ai enveloppé 25 roubles, l'ai remise et suis parti. STERN n'était pas dans son cabinet à ce moment-là. Ensuite, il m'a donné une ordonnance avec laquelle j'ai fait toutes les pharmacies — pas de médicament. Je suis revenu chez lui en lui disant qu'il n'y en avait pas. Il m'a dit : « C'est bon, je vais vous en procurer. » Cette fois je lui ai mis 10 roubles dans le tiroir de son bureau. La même chose s'est reproduite. A nouveau je ne trouvais rien dans les pharmacies. Je suis venu chez lui et il m'a dit : « J'essayerai de trouver. » Et il a trouvé, tandis que j'avais été moi-même trois fois en ville et n'avais pu me le procurer dans les pharmacies.

LE PRÉSIDENT : Pourquoi donniez-vous de l'argent?

GROMOVOÏ : La première fois pour son bon accueil — les deux autres fois pour les médicaments.

LE PRÉSIDENT : Où preniez-vous vos médicaments?

GROMOVOÏ : A la maison. Ma fille est infirmière, elle me faisait les piqûres et je prenais moi-même les comprimés.

LE PRÉSIDENT : Comment s'appelle votre fille?

GROMOVOÏ : GROMOVAÏA Lidia. Je prenais les drogues moi-même et ne lui ai pas donné un kopek de plus.

LE PROCUREUR : Où vous faisait-on les piqûres, à la maison ou au service médical? Pourquoi l'administration de ces médicaments n'est-elle enregistrée nulle part?

GROMOVOÏ : On me les faisait à la maison.

LE PROCUREUR : Quand avez-vous donné les 25 roubles — à l'instruction vous avez dit que c'était à la troisième visite.

GROMOVOÏ : Je peux me tromper — peut-être à la première, peut-être à la cinquième visite — tant de temps a passé.

LE PROCUREUR : Vous vous rappelez la nature de ces médicaments?

GROMOVOÏ : Non.

LE PROCUREUR : Pourtant à l'instruction ils ont été décrits d'après vos paroles. Il y a même leurs noms.

GROMOVOÏ : Beaucoup de temps a passé, je ne me souviens plus. Il y avait des ampoules, des comprimés. Il y avait 10 ampoules dans la boîte. Chez le docteur il y avait 3 ampoules par boîte.

LE PROCUREUR : Les médicaments n'étaient pas les mêmes dans les pharmacies, pour qu'il ait fallu les acheter au docteur?

GROMOVOÏ : Les médicaments étaient les mêmes, mais dans les pharmacies il n'y en avait pas. Et pour moi, cela ne faisait aucune différence, les acheter là ou ailleurs.

L'AVOCAT : Le docteur a-t-il exigé de l'argent?

GROMOVOÏ : Que Dieu m'en préserve, jamais!

L'AVOCAT : Alors c'est vous-même qui avez décidé de donner cet argent?

GROMOVOÏ : Oui.

L'AVOCAT : Quand vous êtes venu la première fois, il ne vous a pas reçu tout de suite, pour quelle raison?

GROMOVOÏ : Parce qu'il y avait un autre spécialiste - - un sexologue.

STERN : Le traitement vous a aidé?

GROMOVOÏ : Oui.

STERN : Vous avez des griefs contre moi?

GROMOVOÏ : Non, je vous suis reconnaissant de vos soins.

LE PRÉSIDENT : La Cour examine la fiche de GROMOVOÏ.

Témoin GROMOVAÏA Lidia, née en 1935, sage-femme (fille de GROMOVOÏ).

LE PROCUREUR : Vous avez fait des piqûres à votre père GROMOVOÏ?

GROMOVAÏA : Oui.

LE PROCUREUR : Lesquelles?

GROMOVAÏA : De la progestérone et de la Profisone. Rien d'autre.

LE PROCUREUR : Et l'ordonnance avec laquelle ces médicaments ont été achetés, vous l'avez vue?

GROMOVAÏA : Je n'ai pas vu d'ordonnance.

LE PROCUREUR : Combien avez-vous fait d'injections?

GROMOVAÏA : La progestérone deux fois par semaine, la Profisone tous les jours.

LE PROCUREUR : Comment saviez-vous que c'était ce qu'il fallait faire? Il y avait une prescription?

LE PRÉSIDENT : STERN ! Pourquoi riez-vous?

STERN : Je vous expliquerai après !

GROMOVAÏA : Oui, il y avait des instructions. J'ai fait 6 piqûres de progestérone et de la Profisone tous les jours pendant trois semaines.

LE PROCUREUR : Et du Soustanon, vous en injectiez?

GROMOVAÏA : Non.

LE PROCUREUR : Vous faisiez les piqûres à la maison?

GROMOVAÏA : A la maison.

LE PROCUREUR : Votre père vous disait-il qui le soignait, chez qui il se procurait les médicaments, comment il remerciait le docteur?

GROMOVAÏA : Non, il ne me le disait pas.

LE PRÉSIDENT : Une question à STERN : Il n'y a pas de progestérone marquée sur la fiche.

STERN : Le témoin a confondu le nom des médicaments. — Si j'ai souri, ce n'était pas pour insulter la Cour. — Elle ne pouvait lui injecter que des hormones masculines : Soustanon, Horéogonine ou autre. La progestérone ne fait pas partie des hormones masculines mais féminines ! On avait rétabli la puissance sexuelle de ce malade. Si on lui avait injecté des hormones féminines, le résultat aurait été contraire !

LE PRÉSIDENT : Qu'avez-vous à dire, GROMOVAÏA?

GROMOVAÏA : Je me suis peut-être trompée. Je ne me rappelle plus exactement ce que j'ai injecté.

LE PROCUREUR : Étant donné qu'une série de nouvelles questions a été soulevée, je demande à la Cour de convoquer à nouveau les témoins RYBATCHOUK et son mari, MANJIEVSKAÏA et son mari, MELNIK Anna en rapport avec l'épisode GOUJVA, la famille GOUJVA : Maria, Anissia et Simion, ainsi que GARMASAR Antonina.

L'AVOCAT : Je n'ai pas d'objections à la requête du Procureur.

LE PRÉSIDENT : Une partie de ces témoins est convoquée

pour une vérification à la suite d'une déclaration parvenue à la Cour concernant une conversation du Procureur dans son cabinet avec des témoins non encore interrogés.

STERN : Je désire formuler une requête. Au début du procès, la Cour m'a promis de m'autoriser à avoir les contacts indispensables avec mon avocat. Toutefois, depuis le 18 décembre, mes contacts avec mon avocat sont limités par le garde. Je vous prie d'y mettre bon ordre, dans la mesure où je trouve qu'il s'agit d'une violation révoltante de mes droits.

LE PROCUREUR : Je ne vois aucune raison à cette requête. Il me semble que l'accusé bénéficie dans ce procès de beaucoup plus de possibilités que n'importe qui d'autre. Étant donné que certaines privautés furent accordées, STERN commence à en demander trop. La Cour a en général le droit de faire cesser toute correspondance entre l'accusé et son avocat.

L'AVOCAT : Cette requête a été formulée sans accord de la défense. Toutefois, je suis catégoriquement en désaccord avec le Procureur quand il affirme que nos contacts dépassent les limites de la légalité et que l'on a accordé des privautés. En ce qui concerne les documents parvenus à la Cour hier, j'estime qu'ils sont en dehors de la compétence de cette Cour.

LE PRÉSIDENT : La Cour trouve les données de cette déclaration fausses et nous voulons nous en convaincre.

STERN : J'ai une autre requête. Si ce procès ne représentait pas un tel effort pour mon organisme, je n'en parlerais pas. Ma santé...

LE PRÉSIDENT : Ne parlez que de ce qui a un rapport avec l'affaire.

STERN : Je dépose la requête suivante : j'ai eu hier un accès de sténocardie. Cette nuit j'ai eu une hémoptysie que...

LE PRÉSIDENT : Vous dites cela pour ceux qui enregistrent! Donnez-moi votre requête, je la lirai moi-même! (*Il lui prend la requête.*)

STERN, *continue de mémoire :* ... que j'ai arrêtée avec de l'eau salée. Pendant 5 mois, sur ordre du juge d'instruction, on m'a refusé toute assistance médicale, même celle d'un dentiste. Le seul médecin qui m'a examiné n'a même pas pu obtenir du pain blanc qui m'est indispensable comme aliment diététique à cause d'un ulcère du duodénum. Je demande à la Cour de réclamer mon mouchoir imbibé de sang à la suite de l'hémoptysie...

LE PRÉSIDENT : L'essentiel de sa requête se réduit à la demande d'un examen par un phtisiologue.

LE PROCUREUR : Je suppose que si cela est nécessaire, l'assistance médicale indispensable lui sera donnée avant lundi à l'infirmerie de la prison. Lundi nous saurons des médecins de la prison à quoi nous en tenir sur sa santé. Je ne vois pas de raison de convoquer un phtisiologue.

L'AVOCAT : Nous aurons deux jours d'interruption, mais je ne suis pas sûr que dans l'isoloir des détenus préventifs il y ait un service médical et les spécialistes appropriés. J'estime que la consultation d'un phtisiologue serait utile et humanitaire.

STERN : Je n'ai pas besoin de l'humanité du Procureur! J'insiste pour une assistance médicale urgente.

LE PRÉSIDENT : La Cour ordonne la convocation pour STERN d'un consultant médical phtisiologue.

23 DÉCEMBRE 1971

Neuvième jour du procès

LE PRÉSIDENT : Je ne sais qui a pris l'initiative hier de laisser partir deux témoins non interrogés. Nous ferons une enquête. Il faudra les convoquer à nouveau. En attendant, poursuivons l'audition des témoins. Je demande à tous les témoins non encore entendus, à l'exception de GOUJVA et de LAVRENIOUK de quitter la salle.

Témoin LAVRENIOUK Vassilii, né en 1913, village d'Ialanetz.

> *Extrait de l'acte d'accusation :*
>
> Souffrant d'hypogénitalisme, le citoyen LAVRENIOUK V, s'est adressé à STERN. Voyant d'après la conduite de STERN qu'il fallait lui donner de l'argent, LAVRENIOUK s'approchant de lui par-derrière, lui mit 25 roubles dans la poche de sa blouse. Après quoi STERN examina LAVRENIOUK et promit d'en faire « un homme vigoureux ».
>
> Au cours de quatre visites chez STERN, croyant à sa promesse de faire de lui « un homme vigoureux », LAVRENIOUK lui a donné 100 roubles. Par la suite, ne sentant pas d'amélioration, il abandonna le « traitement ».

LAVRENIOUK : Je ne me souviens plus exactement en quelle année je suis venu chez STERN...

LE PRÉSIDENT : En 1972.

LAVRENIOUK : Oui, en automne.

LE PRÉSIDENT : Non, en hiver.

LAVRENIOUK : Peut-être en hiver. Je suis venu au dispensaire avec une ordonnance de l'hôpital de ma localité. D'abord j'ai été reçu par un autre médecin, ensuite par STERN. Il m'a très bien soigné, je lui dis un grand merci ! Je n'ai aujourd'hui aucun grief contre lui.

LE PRÉSIDENT : Parlez-nous d'argent. Quelles ont été vos affaires avec STERN?

LAVRENIOUK : Il n'en avait pas à mon porte-monnaie, je devais me battre pour qu'il accepte, il ne voulait pas prendre d'argent.

LE PRÉSIDENT : Combien lui avez-vous donné?

LAVRENIOUK : Quatre fois 25 roubles.

LE PRÉSIDENT : Où?

LAVRENIOUK : A son travail. Je voulais vivre et lui me soignait bien. Il m'a sauvé ! Qu'il en soit remercié.

LE PROCUREUR, *se moquant :* « Sauvé » ! « Sauvé » ! Qu'est-ce que vous aviez demandé au docteur?

LAVRENIOUK : Je ne lui ai rien demandé. Le docteur m'a examiné, m'a prescrit des piqûres.

LE PROCUREUR : Vous lui aviez demandé de vous prescrire davantage de médicaments?

LAVRENIOUK : Non.

L'AVOCAT : STERN vous a-t-il reçu rapidement?

LAVRENIOUK : La première fois, ce n'était pas lui. La première fois c'est un autre docteur qui m'a reçu. Après, je venais directement chez STERN.

STERN : Pour plus de précision : la première personne qui l'a reçu est le Dr LIVCHITZ.

LE PROCUREUR : Aviez-vous proposé de l'argent à l'autre docteur?

LAVRENIOUK : Je ne me souviens plus.

LE PROCUREUR : Que pouvez-vous dire de la conduite de STERN?

LAVRENIOUK : Je n'ai rien à dire. Il ne m'avait rien demandé, m'avait bien examiné.

LE PRÉSIDENT : Il y a divergence entre ce que le témoin dit maintenant et sa déposition lors de l'instruction. A l'instruction, il a déclaré : « Quand j'ai vu STERN, j'ai compris par sa conduite qu'il fallait lui donner de l'argent... J'ai mis 25 roubles dans la poche de sa blouse... Un jour STERN voulait apparemment que je lui donne plus et m'a retenu jusqu'au soir. Il ne m'avait jamais examiné, mais m'avait simplement prescrit du Soustanon... Tant qu'on m'administrait le Soustanon, je pouvais avoir des rapports sexuels, quand on arrêtait, je ne pouvais plus. »

LAVRENIOUK : C'est exact. Le traitement était efficace tant qu'il y avait le Soustanon.

L'AVOCAT : Vous avez dit à la Cour que vous n'aviez pas de griefs contre STERN. Tandis que ce qui vient d'être lu est tout différent. Vous comprenez?

LAVRENIOUK : Ce qui est écrit est exact, mais il n'a rien exigé de moi. J'ai donné spontanément. Je ne veux pas prendre un tel péché sur moi ! Je lui suis reconnaissant.

STERN : Je voudrais donner quelques précisions. Je lui administrais mes préparations d'hormones combinées, qui coûtaient beaucoup d'argent.

LE PRÉSIDENT : Quelles préparations?

STERN : Cela concerne mes modifications, mais n'a pas d'importance ici. Ce n'est qu'une approche individuelle de ce malade précis qui a permis de le guérir. C'est évident que je n'aurais pas pu le guérir avec le seul Soustanon. L'injection de Soustanon ne servait que de base hormonale. Ainsi l'argent servait à l'acquisition de ces préparations coûteuses. D'autre part, je n'ai jamais retardé la réception de LAVRENIOUK, ni de qui que ce soit d'autre. Tout ce qui a été écrit au sujet de difficultés de réception à la consultation est l'œuvre d'art du juge d'instruction KRAVTCHENKO.

LE PRÉSIDENT : Pourquoi faisiez-vous les injections vous-même?

STERN : Parce qu'il est indispensable au médecin d'observer le traitement de près et d'en suivre lui-même les résultats.

LE PRÉSIDENT : Pourquoi les injections dont vous parlez ne sont-elles pas inscrites sur la fiche? Vous aviez l'obligation de faire figurer sur la fiche l'injection de cette hormone combinée.

STERN : Je n'avais pas l'intention d'informer tout le monde de la nature de ma méthode avant sa publication.

LE PRÉSIDENT : Mais pour appliquer une nouvelle méthode, il faut une autorisation.

STERN : Il me semble que cette question est d'ordre strictement médical et que la Cour, en s'en préoccupant, franchit les limites de sa compétence.

LE PROCUREUR : Vous n'avez pas le droit de faire des observations à la Cour !

STERN : Et vous, vous n'avez pas le droit de m'en faire à moi ! C'est l'affaire de la Cour !

LE PRÉSIDENT : Accusé, vous n'avez pas le droit de faire des observations ! Inscrivez au plumitif une observation à STERN !

Témoin GOUJVA Semion.

LE PRÉSIDENT : Vous nous avez déclaré que vous aviez amené votre femme, parlé au docteur, puis étiez reparti chez vous. Où était votre femme pendant votre absence?

GOUJVA : On l'a envoyée faire des analyses et on l'a hospitalisée le lendemain.

L'AVOCAT : Elle n'est plus revenue à la maison?

GOUJVA : Non.

LE PRÉSIDENT : Sur la fiche (cote 4, p. du dossier 39) est écrit : « Consultation chez STERN le 15 septembre. Prolonger la feuille d'hospitalisation du 15 au 24 septembre 1971. » Cette feuille d'hospitalisation a-t-elle été prolongée?

GOUJVA : Oui.

LE PRÉSIDENT : Plus loin « ... hospitalisée pour traitement ». Et là, noté par le chef de l'hôpital : « hospitalisée du 24 septembre au 24 octobre ». Il en résulte qu'elle n'a été hospitalisée que 10 jours après.

GOUJVA : Elle n'est pas revenue à la maison.

LE PRÉSIDENT : Mais pourquoi avez-vous payé 50 roubles à STERN?

GOUJVA : Pour qu'il guérisse ma femme, comme il l'avait promis.

LE PRÉSIDENT : Et pour l'envoi à Kiev, vous avez donné de l'argent en 1972? C'est mentionné ici, en date du 17 février 1972, page 46 : « Étant donné l'inefficacité du traitement médicamenteux et l'impossibilité d'élever le taux de calcium... envoyer la malade à l'Institut d'endocrinologie. »

GOUJVA : Oui, c'était une autre fois. J'ai apporté le livret d'épargne de ma mère.

LE PRÉSIDENT : Votre mère est-elle ici? Nous l'avions convoquée.

GOUJVA : Non, elle n'est pas là.

LE PRÉSIDENT : Vous, votre femme, RYBATCHOUK et MANJIEVSKAÏA étiez convoqués pour le 13 décembre. Dans quel bureau êtes-vous entré?

GOUJVA : Je ne suis entré nulle part.

STERN : Je formule une requête...

LE PRÉSIDENT : Ne nous interrompez pas, ou nous vous ferons sortir de la salle!

STERN : Mais je voudrais dire...

LE PRÉSIDENT : Vous empêchez l'interrogatoire des témoins! Je demande aux gardes de faire sortir l'accusé!

STERN : C'est une conduite de voyou! Je proteste! Si on me bâillonne, je refuserai de participer au procès!...

Stern est emmené.

Témoin MIKHAÏLSKY Ivan, né en 1936. chauffeur de camion.

LE PRÉSIDENT : Vous connaissez GOUJVA?

MIKHAÏLSKY : Oui.

LE PRÉSIDENT : A sa demande, l'avez-vous emmené quelque part?

MIKHAÏLSKY : Oui. Il m'a demandé de faire un saut chez sa belle-mère. Il disait : « Il faut que je prenne de l'argent à ma belle-mère. » Elle lui a donné 50 roubles.

LE PRÉSIDENT : Vous avait-il dit à quoi était destiné cet argent?

MIKHAÏLSKY : Il avait dit que c'était pour un voyage à Vinnitza. Sa femme y était hospitalisée, qu'il disait. Il avait l'intention d'aller la voir.

LE PRÉSIDENT : Et pour qui était cet argent, il vous l'a dit?

MIKHAÏLSKY : Non, il ne m'a rien dit.

L'AVOCAT : A ce moment-là, où se trouvait sa femme?

MIKHAÏLSKY : A l'hôpital, depuis lontemps.

L'AVOCAT : Depuis combien de temps, à peu près?

MIKHAÏLSKY : Je ne me souviens plus exactement, mais depuis longtemps.

Témoin MELNIK Anna.

Ma fille GOUJVA Maria était malade. On l'a opérée à Pliska, mais après l'opération, son état s'est aggravé et elle a été envoyée au dispensaire de Vinnitza. Elle y est allée avec son mari. On l'a hospitalisée au dispensaire régional. Je venais souvent voir ma fille. Elle y est restée longtemps. Un jour mon gendre est venu en disant : « Il me faut de l'argent. Peut-être bien que j'irai voir le docteur. » Je lui ai donné 50 roubles, et encore une autre fois je lui ai redonné 5.

LE PRÉSIDENT : Racontez comment vous y êtes allés ensemble.

MELNIK : Eh bien, nous étions venus, il est allé chez le docteur et moi j'ai attendu. J'ai attendu, puis j'ai demandé à un passant où se trouvait l'hôpital. Il m'a expliqué et je suis allée voir ma fille.

LE PROCUREUR : Dans quelles circonstances avez-vous donné 50 roubles à GOUJVA?

MELNIK : Il est venu un soir, avec le chauffeur. Ensuite mon gendre a dit qu'il avait donné l'argent au médecin qui la soignait.

LE PROCUREUR : Quand cela s'est-il passé?

MELNIK : Je ne me rappelle plus exactement.

LE PROCUREUR : Votre fille, durant son séjour à l'hôpital, est-elle allée quelque part? A-t-elle quitté Vinnitza?

MELNIK : Non, elle était malade.

LE PROCUREUR : Avez-vous donné autre chose que de l'argent pour le médecin?

MELNIK : J'ai donné un canard. Quand nous étions venus ensemble. Le chauffeur nous avait amenés jusqu'à l'autobus, ensuite nous avons continué seuls. Mon gendre avait alors apporté des oignons, de l'ail, un canard, une oie. Sa mère et moi avions tout préparé.

L'AVOCAT : Où habitait votre fille?

MELNIK : Avec la mère de son mari.

L'AVOCAT : Et quand ont-ils fait construire?

MELNIK : Avant sa maladie. Quand elle est tombée malade, les travaux ont été arrêtés. Maintenant ils ont fini de construire.

L'AVOCAT : Il prenait des denrées alimentaires en même temps que l'argent?

MELNIK : Je ne me souviens plus.

L'AVOCAT : Quand il est venu chercher l'argent, votre fille était-elle déjà hospitalisée?

MELNIK : Oui, je me souviens très bien, elle était à l'hôpital.

Témoin DZISSIAK Vera, née en 1929, marchande de village.

> *Extrait de l'acte d'accusation :*
>
> DZISSIAK V., habitante de Soutis, voulant contrôler son état de santé, sachant d'après les dires des gens que STERN ne recevait pas sans argent, n'ayant pas d'ordonnance des institutions médicales périphériques, s'est rendue au dispensaire endocrinologique régional. En entrant dans le cabinet du chef de la polyclinique STERN, sans paroles inutiles, elle est allée droit sur lui en lui mettant 10 roubles dans la poche de sa blouse.

DZISSIAK : Je me suis fait soigner chez lui il y a à peu près trois ans, je crois que c'était en mars 1971. J'avais mal à l'estomac et au foie. Une amie à moi avait été hospitalisée à Vinnitza sur ordonnance de ce même médecin. Elle m'a dit : « Il y a un très bon docteur à Vinnitza, tu veux que je t'emmène chez lui? » Alors nous voilà parties. Nous sommes arrivées à la polyclinique. Elle est entrée dans son cabinet. Je suis restée dehors, ensuite je suis entrée aussi. Il m'a examinée, prescrit un traitement, des analyses, il a fait tout ce qu'il fallait. Je suis revenue le voir trois fois. Voilà, c'est tout.

LE PROCUREUR : Vous avez remercié le docteur?

DZISSIAK : Oui.

LE PROCUREUR : Comment?

DZISSIAK : Je lui ai donné 10 roubles. Je les ai mis dans la poche de sa blouse. Il n'a pas vu combien je lui donnais, et même pas si c'était de l'argent.

L'AVOCAT : Le docteur vous avait-il demandé de l'argent?

DZISSIAK : Non, il ne m'en a pas demandé. Il n'a jamais été question d'argent.

L'AVOCAT : Vous avez été interrogée par le juge d'instruction?

DZISSIAK : Oui.

L'AVOCAT : Est-ce que le juge d'instruction vous a parlé de la possibilité de poursuites pour avoir donné un pot-de-vin?

DZISSIAK : Oui. Il m'a demandé comment tout s'était passé. Puis il m'a dit qu'on jugeait celui qui reçoit mais aussi celui qui donne. J'ai dit que je le savais, mais qu'il n'avait pas demandé d'argent et ne m'avait pas vue le déposer. Comment peut-il être question d'un pot-de-vin?

L'AVOCAT : Le dossier contient votre déclaration au Procureur, demandant à ne pas être tenue pénalement pour responsable pour avoir donné un pot-de-vin. Vous avez écrit cette déclaration?

DZISSIAK : Mais c'est lui qui m'a dit qu'on jugeait aussi celui qui donne! Alors, j'ai écrit, à tout hasard.

Suspension d'audience.

A la fin de la suspension d'audience, STERN, *expulsé de la salle pendant l'audition de* GOUJVA, *est ramené par un garde.*

STERN, *d'une voix forte :* Si je dois continuer à être victime d'un tel traitement, j'avertis la Cour que je ferai la grève de la faim!

LE PRÉSIDENT : *Se tait comme assommé. Ni instructions officielles, ni expérience personnelle ne lui fournissent de réponse à une telle déclaration.*

LE PROCUREUR : *La panique peinte sur le visage, la mâchoire pendante, les yeux écarquillés, fixe* STERN.

L'AVOCAT : *Impénétrable, prend des notes.*

LA SECRÉTAIRE-GREFFIER : *Regarde l'accusé avec admiration.*

LES POLICIERS EN CIVIL : *Remuent sur leurs chaises en jetant des coups d'œil menaçants.*

LE MILICIEN : *D'une indifférence obtuse : la signification des mots « grève de la faim » n'est pas tout à fait claire pour lui.*

IDA STERN : *Dans son regard la douleur, la fierté et l'horreur.*

Témoin OURBANSKY Casimir, né en 1922, médecin-chef du dispensaire endocrinologique de Vinnitza.

LE PRÉSIDENT : Dites-moi témoin, vous connaissez cet homme? (*Montrant Manjievsky.*)

OURBANSKY : Non. Je ne m'en souviens pas.

LE PRÉSIDENT : Vous connaissez ce document? (*Montrant la déclaration signée par la famille de Lioubetzkaïa.*)

OURBANSKY : Je l'ai vu. Je me souviens de ce cas. Un jour, un assistant...

LE PRÉSIDENT : Son nom?

OURBANSKY : L'assistant de l'Institut médical KOGOUT m'a déclaré que STERN avait touché un pot-de-vin pour l'hospitalisation de cette malade. STERN n'était pas là. Ensuite je l'ai convoqué et exigé des explications. Il m'a dit qu'il m'expliquerait tout le lendemain matin et il est venu le matin avec ce document et ce citoyen qui se disait un parent de la malade. Je ne me rappelle pas s'il s'agit du même citoyen que vous venez de me montrer ou non. STERN a dit qu'il porterait plainte en diffamation contre KOGOUT. Ensuite la malade est décédée et ses parents sont venus chercher le corps. Je leur en ai parlé à nouveau et leur ai demandé s'ils avaient des griefs et s'ils avaient donné de l'argent. Ils ont répondu que non.

LE PROCUREUR : Pourquoi ne vous êtes-vous pas adressé alors aux organes de la procurature?

OURBANSKY : J'ai considéré que l'incident était clos. J'ai fait mon rapport là-dessus au thérapeute régional POSTOLOVSKY.

LE PRÉSIDENT : Si j'ai bien compris, le papier vous a été amené avant le décès de la malade?

OURBANSKY : Exact. C'était le lendemain de son hospitalisation. Après le décès, ils sont revenus. Deux femmes, parentes, sont venues chercher le corps et je leur ai aussi parlé. Elles ont dit qu'elles n'avaient aucune plainte et que rien ne s'était passé du tout.

LE PRÉSIDENT : En réalité, le document a été écrit après le décès de LIOUBETZKAÏA. Il y a la date. Nous vous avons prévenu de ne dire que la vérité! Nous vous avons prévenu de ce qu'il en coûte de fournir un faux témoignage!

OURBANSKY, *avec une courbette :* Mais je dis ce dont je me rappelle !

LE PRÉSIDENT : MANJIEVSKAÏA, MANJIEVSKY, RYBATCHOUK, c'est vous qui êtes venus chercher le corps?

RÉPONSE : Oui.

LE PRÉSIDENT : Vous avez parlé avec ce docteur?

RÉPONSE : Non, nous ne l'avons jamais vu.

OURBANSKY : Sans mon autorisation, on ne dispose d'aucun corps. Ils ne pouvaient pas ne pas m'avoir parlé. L'historique de la maladie contient ma résolution de remettre le corps. Par conséquent, les témoins ne disent pas la vérité.

LE PRÉSIDENT : Nous voulions simplement savoir jusqu'à quel point vos dépositions étaient véridiques. Personne ne vous accuse. Savez-vous quelque chose à propos de pots-de-vin au dispensaire?

OURBANSKY : J'y travaille depuis mai 1970 et n'ai jamais entendu parler de pots-de-vin durant cette période.

LE PRÉSIDENT : Y a-t-il quelqu'un parmi vos médecins qui fasse de la pratique privée?

OURBANSKY : Stern a dit qu'il en avait fait autrefois, mais je ne dispose pas des données nécessaires pour affirmer que quelqu'un ait fait de la pratique privée depuis ces trois ans et demi.

LE PRÉSIDENT : Quand le conseil de révision envoie des conscrits, quel est le règlement selon lequel ils sont reçus?

OURBANSKY : On les reçoit, les examine et on donne une conclusion sur leur état de santé. Le conscrit s'adresse avec son ordonnance à l'enregistrement, où on l'inscrit, on détermine sa pathologie et l'adresse ensuite au spécialiste correspondant. Tout conscrit aboutit chez le chef de la polyclinique où sont rassemblées toutes les données fournies par les médecins et on délivre le certificat.

LE PRÉSIDENT : Si un adolescent arrive et l'on sait qu'il n'y a pas de spécialiste dans son département d'origine, le médecin peut-il pratiquer le traitement chez lui?

OURBANSKY : Les conscrits ne sont pas envoyés pour traitement mais pour examen.

LE PRÉSIDENT : Mais si l'on constate qu'il est malade et qu'il n'y a pas de spécialiste dans son département?

OURBANSKY : On lui prescrit un traitement et on lui délivre une ordonnance pour les médicaments.

LE PRÉSIDENT : Y a-t-il des cas où, après avoir fait son diagnostic, le médecin fasse venir la mère de l'adolescent?

OURBANSKY : Je suppose qu'il est question de troubles du développement sexuel et physique. Le fait est que les gens se développent tous à peu près au même âge. Quelquefois il est indispensable de savoir comment un enfant s'est développé. Dans ce cas il peut être utile de parler avec les parents.

LE PRÉSIDENT : Est-il indispensable de dénuder un adolescent de 16 ans devant sa mère?

OURBANSKY : J'estime que cela n'a pas une grande importance pour la mère. Toutefois, ce n'est pas indispensable.

LE PRÉSIDENT : C'est ce que nous croyons aussi! Il nous semble qu'il ne faut pas le faire.

OURBANSKY, *avec une courbette :* Je pense que ce n'est pas indispensable. Si je l'avais su, j'aurais fait une observation.

LE PRÉSIDENT, *à Stern :* Pourquoi souriez-vous?

LE PRÉSIDENT : Est-ce que les médecins font les piqûres eux-mêmes aux malades?

OURBANSKY : Cela doit être fait par les infirmières.

LE PRÉSIDENT : Nous ne sommes pas des spécialistes de la médecine ici. (*Montrant les assesseurs-jurés.*) Voilà un camarade travailleur d'usine. Ce camarade-ci est un ancien militaire. Moi-même, je suis juriste. Expliquez, je vous prie, à la Cour : est-ce que l'administration de toute piqûre, quelle qu'elle soit, doit figurer dans les documents du dispensaire?

OURBANSKY : Obligatoirement.

LE PRÉSIDENT : STERN affirme qu'il a fait des piqûres à de nombreux malades dans son cabinet.

OURBANSKY : Je l'ignorais. Un médecin ayant prescrit des injections, écrit sa prescription à l'infirmière, qui l'inscrit dans le registre.

LE PRÉSIDENT : Quelles sont les infirmières qui font les piqûres?

OURBANSKY : Elles se relaient. Nous en avons trois : BILMAN, WEISSER et SPIVAK.

LE PRÉSIDENT : Savez-vous quelque chose à propos de piqûres combinées ou de choc administrées par STERN pour un traitement d'après sa méthode?

OURBANSKY : Il n'existait pas chez nous au dispensaire de méthode STERN. L'application de certaines méthodes nouvelles est une autre affaire, il y en a plusieurs, de différentes sortes. Elles sont officiellement approuvées, mais nous les modifions quelquefois. Nous recevons des circulaires d'instructions méthodiques, d'après lesquelles les nouvelles méthodes, les mêmes pour tous, sont mises en application. En 1970 par exemple, a eu lieu une conférence nationale sur la question. Notre professeur est revenu de Moscou avec une circulaire d'instructions de méthode, conformément à laquelle tous devaient travailler. J'avais contrôlé le travail de la polyclinique et constaté que tous les médecins ne s'en tenaient pas à cette unique méthode. J'ai fait mon rapport. Nous appliquons la méthode qui est reconnue dans l'ensemble de l'U.R.S.S.

LE PRÉSIDENT : Savez-vous que des médecins fournissent des médicaments aux malades dans leur cabinet?

OURBANSKY : C'est intolérable par principe.

LE PRÉSIDENT : La Cour a déjà pu établir de nombreux faits de remise de médicaments par STERN aux malades.

OURBANSKY : Je ne le savais pas.

LE PRÉSIDENT : Nous vous interrogeons pour déterminer les conditions dans lesquelles fonctionne l'institution qui vous a été confiée.

OURBANSKY : Le médecin reçoit les malades dans son cabinet, j'ai pu ne pas le voir (*courbette*).

LE PRÉSIDENT : Qu'auriez-vous fait si vous aviez constaté qu'un médecin donnait des médicaments aux malades dans son cabinet et touchait de l'argent pour cela?

OURBANSKY : J'aurais pris le conseil d'un juriste pour déterminer s'il n'y avait pas là une violation de la loi.

LE PRÉSIDENT : Des mesures ont-elles été prises ces derniers temps pour empêcher de tels agissements? Par exemples des ordres des sections régionales de la santé publique?

OURBANSKY : J'ai reçu un blâme sévère. Il y a eu également un ordre de la section régionale de la santé publique, ainsi qu'une circulaire du Ministère. C'est un document numéroté, je ne sais pas si je dois le rendre public. Il y est dit que STERN touchait des pots-de-vin. J'ai apporté ces documents. (*Il les sort de sa serviette.*)

LE PRÉSIDENT, *prend les documents et transcrit leurs numéros :* Je pense qu'il n'est pas nécessaire d'en donner lecture.

STERN : Comment pouvait-on lancer une circulaire disant que j'étais un homme corrompu avant la décision de la Cour? Ils m'ont craché dessus dans toute la république!

LE PRÉSIDENT : Je suis d'accord avec vous. Ce n'est pas juste. Plus tard, camarade avocat, pendant la suspension d'audience, nous vous ferons connaître le contenu. La Cour examinera cette affaire. Dites-moi, y a-t-il eu des cas où des médecins se procuraient eux-mêmes des médicaments et les revendaient?

OURBANSKY : Si j'en avais eu connaissance, j'aurais pris le conseil d'un juriste.

LE PRÉSIDENT : Les médecins se rendent-ils dans les pharmacies avec les malades?

OURBANSKY : Il n'y a aucune nécessité à cela. C'est contre nature.

LE PROCUREUR : Quelles étaient les fonctions de STERN?

OURBANSKY : Chef du service polyclinique.

LE PROCUREUR : Qui nomme les gens à ce poste?

OURBANSKY : Le département des cadres de la section régionale de la Santé publique.

LE PROCUREUR : Vous-même aviez le droit de nommer quelqu'un à ce poste?

OURBANSKY : Je ne l'ai pas fait, mais la loi me le permet. Toutefois dans notre région, c'est la section de la Santé publique qui résout ces questions.

LE PROCUREUR : Avez-vous un remplaçant pour le dispensaire?

OURBANSKY : Je n'ai pas de remplaçant, quand je pars en congé, je nomme chaque fois l'un des chefs de service.

LE PROCUREUR : En tant que chef du service polyclinique, STERN peut être considéré comme votre remplaçant?

OURBANSKY : Non.

LE PROCUREUR : STERN affirme qu'il est un simple médecin.

OURBANSKY : Non, c'est un chef de service, mais ce n'est pas mon remplaçant. Il y a chez nous plusieurs chefs de service.

LE PROCUREUR : Qui se trouvait sous ses ordres?

OURBANSKY : Le Chef de laboratoire, bien qu'elle travaille également pour l'hôpital, ainsi que les médecins et les infirmières de la polyclinique.

LE PROCUREUR : Des médecins comme le neuropathologue, le gynécologue, les thérapeutes, étaient-ils sous les ordres de STERN?

OURBANSKY : Cela dépend dans quel sens. Le chef de la polyclinique vérifie l'organisation de leur travail, les dirige en tant que médecin, surveille la bonne exécution des analyses au laboratoire. Mais il n'a pas le droit de décider des questions de congés, d'engagement ou de licenciement. C'est de mon ressort.

LE PROCUREUR : Qui régit l'ordre des consultations à la polyclinique.

OURBANSKY : Le chef de la polyclinique.

LE PROCUREUR : Qui a déterminé le règlement de réception des conscrits envoyés par le conseil de révision?

OURBANSKY : C'est le même règlement dans tous les centres hospitaliers.

LE PROCUREUR : Qui a déterminé la manière de recevoir les adolescents souffrant de troubles du développement sexuel et physique?

OURBANSKY : Je ne comprends pas la question.

LE PROCUREUR : Nous avons établi que la règle était que ce genre de malades étaient reçus par STERN.

OURBANSKY : Non, ce n'est pas exact. Les adolescents au-dessus de 14 ans étaient reçus par un thérapeute-endocrinologue, parmi lesquels STERN, LEVIT et GAMARNIK. Les adolescents plus jeunes étaient reçus par un pédiatre-endocrinologue.

LE PROCUREUR : Sur qui reposait la responsabilité des certificats délivrés à l'intention de la Sécurité sociale?

OURBANSKY : Ces documents devaient être signés de plusieurs médecins, parmi lesquels obligatoirement STERN. Mais il s'agit là d'une conclusion sur l'état de santé pour la Sécurité sociale — c'est-à-dire présence ou non d'une maladie — mais le groupe d'invalidité est déterminé par la commission de la Sécurité sociale.

LE PROCUREUR : Quel est chez vous le règlement pour les hospitalisations?

OURBANSKY : Comme partout ailleurs — hospitalisation d'urgence ou planifiée.

LE PROCUREUR : Qui délivre l'ordonnance d'hospitalisation?

OURBANSKY : Comme partout : pour les urgences, police-secours, pour les hospitalisations prévues, les médecins départementaux. Mais si l'ordonnance vient de la polyclinique, n'importe quel médecin peut la délivrer, pas forcément le chef de la polyclinique. Il est vrai qu'il n'y a pas toujours de la place, mais la décision est prise par le médecin-chef de l'hôpital.

LE PROCUREUR : Qui délivre les ordonnances d'envoi en consultation dans les autres villes?

OURBANSKY : Nous présentons le malade au professeur ou à ses assistants. Sur ce plan, c'est pour nous la plus haute instance. S'il y a divergence d'opinion, c'est le médecin-chef qui décide, c'est-à-dire moi.

LE PROCUREUR :. Et le chef de la polyclinique, peut-il délivrer une telle ordonnance?

OURBANSKY : S'il s'agit d'une consultation ambulatoire, le chef de la polyclinique peut également en décider. La seule chose prise en considération est alors l'urgence du secours médical à apporter.

LE PROCUREUR : Quelles injections doivent obligatoirement être faites dans le cadre de la polyclinique et lesquelles peuvent être faites à domicile?

OURBANSKY : Par exemple, nous faisons de l'insuline. En cas de diabète, nous avons l'obligation d'administrer l'insuline d'urgence, dès la première demande, parce qu'autrement le malade peut tomber dans un état pré-comateux.

LE PROCUREUR : Ne philosophons pas. L'insuline ne nous intéresse pas. Les piqûres comme en faisait STERN — qu'est-ce que c'était? Était-ce aussi urgent?

OURBANSKY : De telles piqûres peuvent très bien être faites dans les localités habitées par les malades, mais il pouvait y avoir des exceptions.

LE PROCUREUR : Que savez-vous quand même de la méthode de traitement de STERN?

OURBANSKY : Je pense qu'une telle méthode n'existait pas. Peut-être a-t-il repris une méthode quelconque.

L'AVOCAT : Quels autres services y a-t-il au dispensaire?

OURBANSKY : Il y a l'hôpital, composé de deux services, chirurgical et thérapeutique. Autrefois, nous avions deux baraquements, mais maintenant on a construit l'hôpital.

L'AVOCAT : Chacun a son chef de service?

OURBANSKY : Oui.

L'AVOCAT : Sont-ils les égaux de STERN par leur position, ou sont-ils supérieurs à lui?

OURBANSKY : Je pense qu'ils sont plus importants.

L'AVOCAT : STERN pouvait-il leur donner des ordres?

OURBANSKY : Non.

L'AVOCAT : Si le chef de la polyclinique se trouve dans la nécessité de faire hospitaliser un malade, que doit-il faire?

OURBANSKY : Le médecin téléphone à l'hôpital et demande s'il y a de la place. La question est résolue sur-le-champ. C'est une affaire rapide.

L'AVOCAT : Et si le médecin écrit une ordonnance?

OURBANSKY : C'est que le médecin sait qu'il y a de la place.

L'AVOCAT : Prenez, je vous prie, la fiche de la malade LIOUBETZKAÏA (cote 4, p. du dossier 68). Dites-moi, en présence des symptômes énumérés ici, un médecin doit-il prendre la décision d'hospitaliser?

OURBANSKY, *lit :* « Diabète depuis 10 ans, prend de l'insuline, ulcère throphique, abcès, œdème, respiration asthmatique... » Oui, il fallait hospitaliser immédiatement.

L'AVOCAT : Regardez, s'il vous plaît, qui a signé l'ordonnance d'hospitalisation.

OURBANSKY : Le docteur GAMARNIK. Tandis que l'inscription pour l'enregistrement à la consultation est signée de STERN. C'est écrit : « Cas grave ».

L'AVOCAT : Dites-moi, avait-il le droit de le faire sans ordonnance?

OURBANSKY : En général nous essayons de ne pas recevoir sans ordonnance. Quelquefois nous disons : « Nous ne pouvons pas recevoir sans ordonnance. » Mais dans ce cas précis, il fallait hospitaliser d'urgence, au détriment des hospitalisations planifiées, ce sont des choses qu'on est obligé de faire. Il avait le droit de permettre qu'elle soit reçue sans ordonnance.

L'AVOCAT : Dites-moi, un neuropathologue-endocrinologue

et un thérapeute-endocrinologue sont des spécialistes différents?

OURBANSKY : Oui.

L'AVOCAT : Avez-vous des instructions spéciales auxquelles il faut se conformer pour recevoir les malades envoyés par le conseil de révision?

OURBANSKY : Non, le règlement ordinaire est appliqué.

L'AVOCAT : Vous n'êtes pas obligés de faire hospitaliser de tels malades?

OURBANSKY : Non, bien qu'il nous arrive de le faire.

L'AVOCAT : S'il faut délivrer une ordonnance d'envoi à l'Institut de Kiev pour examiner la possibilité d'une greffe de glande parathyroïde, cette question peut-elle être résolue par un médecin ordinaire?

OURBANSKY : C'est une question de détail, bien sûr, le chef de la polyclinique peut la résoudre.

L'AVOCAT : Que savez-vous des relations entre STERN et le professeur ZELINSKY?

OURBANSKY : Ils travaillent ici depuis 10 ans. Je ne suis arrivé qu'il y a 3 ans et demi et ne sais comment se sont établies ces relations. Ils ont souvent eu des conflits sur le plan du travail. Leurs diagnostics divergeaient. Des expressions fortes étaient échangées. Parfois le ton des conversations montait.

STERN : Je demande que l'on donne lecture de la déposition d'OURBANSKY à l'instruction concernant mes relations avec ZELINSKY.

LE PRÉSIDENT : Attendez! Ne gênez pas l'audition du témoin! Plus tard!

L'AVOCAT : Est-ce que ZELINSKY et KOGOUT se sont plaints auprès de vous concernant des exactions commises par STERN envers les malades? Vous ont-ils fait des dénonciations?

OURBANSKY : Il y a eu des conflits. Il n'y a pas eu de dénonciations. Un tel fait s'est produit, mais il n'y en a pas eu d'autres.

STERN : Ai-je porté à votre connaissance que je recevais de sales lettres anonymes antisémites?

LE PRÉSIDENT : Écrivez cette question dans le plumitif, mais la Cour annule la question. On ne peut la poser ainsi. Nous formulerons autrement cette question.

STERN : Je ne suis pas spécialiste en jurisprudence et peux mal poser une question. Je vous serai reconnaissant si vous la formulez comme il faut.

LE PRÉSIDENT : La Cour n'a pas besoin de votre reconnaissance, comme certains médecins! La question se pose ainsi : Savez-vous quelque chose à propos de lettres anonymes adressées à STERN?

OURBANSKY : Mikhaïl Issaëvitch m'en a parlé. Mais je n'ai pas connaissance d'arrivée d'une quelconque correspondance anonyme à l'adresse du dispensaire et qui ait été régulièrement enregistrée. Mais il m'en a parlé. Il y a eu par exemple une affirmation de sa part que soi-disant une lettre anonyme aurait été glissée dans son cabinet. Vous savez, notre société réagit aux lettres anonymes comme à une affaire sans importance...

STERN : Ai-je fait des déclarations publiques concernant ces lettres anonymes aux réunions de travail?

OURBANSKY : Oui.

LE PRÉSIDENT : Question à STERN : Vous saviez de qui émanaient ces lettres anonymes?

STERN : Je n'ai pas de preuves, mais je suis persuadé qu'elles provenaient de l'entourage du professeur ZELINSKY. Dites-moi, témoin, avez-vous connaissance de ce texte...

LE PRÉSIDENT : La Cour vous interdit de citer ce texte! Il se trouve au dossier.

UN ASSESSEUR-JURÉ : Depuis que vous y travaillez, y a-t-il eu un cas de vol au dispensaire?

OURBANSKY : Il y en a eu de petits. Quelqu'un a volé un bonnet, une blouse.

LE PRÉSIDENT : Y a-t-il eu des enquêtes du Parti chez STERN?

OURBANSKY : Il y a 10 ans on a fait une enquête.

LE PRÉSIDENT : Pourquoi?

OURBANSKY : Je ne sais pas, pour quelque chose concernant le travail.

LE PROCUREUR : Qui organise le travail du service polyclinique, vous ou le chef de la polyclinique?

OURBANSKY : C'est le chef de service qui organise le travail, le médecin-chef le contrôle.

LE PROCUREUR : Qui porte la responsabilité de l'assistance médicale accordée aux malades à la polyclinique?

OURBANSKY : Le chef de la polyclinique. Je ne me sens pas bien. Ne peut-on faire une pause?

LE PRÉSIDENT : Bon. Mais ensuite nous continuerons votre interrogatoire.

Témoin GARMASAR Antonina (rappelée une seconde fois).

LE PRÉSIDENT : Le 13 décembre vous avez été entendue ici et vous êtes entrée dans un des bureaux avant l'audience. Est-ce vrai?

GARMASAR : Je ne suis entrée nulle part ce matin-là... Ah, si ! j'y étais. On m'a dit : « Attendez, on vous appellera. »

LE PRÉSIDENT : Le Procureur a-t-il parlé avec vous?

GARMASAR : Non.

LE PRÉSIDENT : Vous savez pourquoi il est question de cela? Il y a eu une déclaration à la Cour suprême, disant que vous avez eu une conversation avec le Procureur, qu'il avait fait pression sur des témoins. Est-ce vrai ou non?

GARMASAR : Non.

LE PRÉSIDENT, *vers la salle :* Vous avez compris? Cette déclaration est une calomnie évidente à l'encontre du Procureur! On a tenté de discréditer l'accusateur public!

Au président ORLOVSKY
tribunal régional de Vinnitza

Copie à la Cour suprême de la R.S.S.d'U.

DÉCLARATION

Aujourd'hui, en pleine audience, vous avez déclaré que ma déclaration du 15 décembre 1974 concernant l'entretien du procureur KRIVOROUTCHKO *avec des témoins le 13 décembre « était adressée à la Cour suprême de la R.S.S.d'U. », que j'y faisais état d'une « pression exercée par le Procureur sur des témoins » et que cette déclaration constituait « une calomnie ayant pour but de discréditer l'accusateur public ». En conséquence, j'estime indispensable d'attirer votre attention sur ce qui suit :*

1) Ma déclaration du 15 décembre n'était pas adressée à la Cour suprême, mais à vous-même. Seule une copie de cette déclaration a été envoyée à la Cour suprême.

2) Dans ma déclaration, je n'ai pas mentionné une pression du Procureur sur les témoins. Je vous ai simplement signalé une possible conversation entre lui et des témoins non encore entendus dans le bureau du vice-président DOVGANIOUK, *en la présence de ce dernier. Le fait de la présence du Procureur avec les témoins dans une pièce close a été confirmé aujourd'hui à l'audience par les dépositions des témoins* RYBATCHOUK, MANJIEVSKAÏA, GARMASAR et GOUJVA.

3) L'expression « pression du Procureur sur les témoins » a été employée pour la première fois par vous-même à l'audience d'aujourd'hui quand vous avez commenté ma déclaration du 15 décembre, qui mentionnait simplement la présence du Procureur et des témoins dans une même pièce.

Je renouvelle ma prière de tenir compte des faits exposés dans ma déclaration du 15.XII.74, confirmés à l'audience d'aujourd'hui, pour l'appréciation des témoignages.

Le 23 décembre 1974

Victor STERN

P.J. : Copie de ma déclaration du 15 décembre 1974.

24 DÉCEMBRE 1974

Dixième jour du procès

STERN : J'ai la requête suivante : Je demande que soient convoqués les témoins à la défense selon la liste présentée par mon avocat. La Cour a promis sa décision sur cette question au cours des débats. Le procès tire à sa fin. Beaucoup de mes témoins habitent des localités éloignées de la région et il faut les convoquer quelques jours à l'avance.

Je voudrais également élever une protestation concernant ce qui s'est passé hier...

LE PRÉSIDENT : Vous n'avez pas le droit d'élever de protestation. Vous pouvez seulement formuler des requêtes.

STERN : Bon, que ce soit donc une requête. Un incident a eu lieu le 23 décembre, à la suite duquel j'ai été expulsé de la salle d'audience. Mon fils avait toutes raisons de soupçonner qu'on préparait les témoins à déposer contre moi. GARMASAR, GOUJVA, MANJIEVSKAÏA et RYBATCHOUK sont les principaux témoins à charge. Pourquoi ne se sont-ils pas adressé au greffe, comme tous les autres témoins? Quand cet incident a été examiné ici, il fallait les interroger séparément et non tous ensemble dans la salle d'audience, chacun pouvant entendre ce que disait l'autre. Quand j'ai voulu le souligner, le Président, au lieu de m'écouter, m'a fait expulser de la salle. Je considère que ces faits relèvent d'une terreur psychologique inadmissible et j'exige que cette terreur cesse!

LE PRÉSIDENT : Quelle est l'opinion des parties?

LE PROCUREUR : Je trouve que cette déclaration est un exemple éloquent de la conduite de l'accusé durant ce procès et les instances supérieures ne manqueront pas de l'apprécier.

Je pense qu'il faut la verser au dossier.

L'AVOCAT : L'accusé a déposé deux requêtes. Je soutiens la première, relative à la convocation des témoins. Quant à la deuxième requête, elle a été faite sans concertation avec la défense et je la laisse à l'appréciation de la Cour.

LE PRÉSIDENT : La Cour décide de verser cette déclaration au dossier. Quant aux témoins, nous en déciderons. Procédons à l'audition des témoins.

Témoin TERNOVENKO Piotr, né en 1958, élève de neuvième.

TERNOVENKO : J'ai été envoyé au dispensaire de Vinnitza par le conseil de révision. J'y suis allé, j'ai abouti chez STERN. Il m'a examiné, fait une piqûre, appelé mon père. Il a dit à mon père qu'il fallait que je revienne une fois ou deux. Il m'a prescrit des médicaments et nous sommes allés les chercher à la pharmacie.

La seconde fois où je suis venu, il m'a encore délivré une ordonnance et je suis allé à la pharmacie.

La troisième fois, il m'a refait une piqûre. Il m'a dit de revenir si je ne me sentais pas bien. Mais je me sens très bien et je suis reconnaissant au docteur de m'avoir guéri.

LE PROCUREUR : Où est-ce qu'on vous a encore fait des piqûres?

TERNOVENKO : Chez nous, à l'hôpital de Pechtanki. La première fois, il m'a donné une ordonnance pour cet hôpital.

LE PROCUREUR : Et qu'avez-vous fait des médicaments reçus à la pharmacie?

TERNOVENKO : Je les ai portés à notre hôpital. C'est avec ces médicaments qu'on me faisait les piqûres.

LE PROCUREUR : Et avec quels médicaments STERN vous faisait-il les piqûres?

TERNOVENKO : Avec ses médicaments à lui. C'était son flacon. La première fois nous lui avons payé 72 kopeks pour la piqûre.

LE PROCUREUR : Il vous l'avait demandé?

TERNOVENKO : Non, c'est nous qui avions demandé s'il fallait payer pour la piqûre. Il nous a répondu que nous pouvions payer si nous le voulions, ou ne pas payer. Il a dit le prix.

LE PROCUREUR : A part cet argent, lui avez-vous donné autre chose?

TERNOVENKO : Non.

LE PROCUREUR : Et pourtant vous avez déposé différemment lors de l'instruction!

TERNOVENKO : Ah oui, c'était mon père. Un jour il a apporté une bouteille d'huile de tournesol. Mais le docteur ne voulait pas la prendre. Alors mon père est allé chez lui — sa femme ne voulait pas l'accepter non plus, mais il la leur a laissée de force, ne voulant pas la remporter à la maison.

Témoin KOTKO Anna, née en 1936, kolkhozienne.

KOTKO : Mon garçon Vassilii, élève de septième, a été envoyé par le conseil de révision au dispensaire de Vinnitza. On a été reçu par ce docteur. Il a examiné mon fils, l'a envoyé faire des analyses et faire faire une radio de la main chez nous à Nemirov. Après nous sommes revenus et il a prescrit des piqûres. Il l'a examiné et prescrit encore un traitement de deux mois.

LE PROCUREUR : Vous avez remercié le docteur?

KOTKO : J'ai égorgé une poule à la maison et me suis permis de la lui apporter. Mais il ne voulait pas la prendre, il disait : « Pourquoi as-tu apporté ça? »

LE PROCUREUR : A-t-il fait des piqûres?

KOTKO : Non, il n'a fait que prescrire des médicaments.

STERN : Votre fils est en bonne santé maintenant?

KOTKO : Il est en bonne santé.

STERN : Avez-vous des griefs contre moi?

KOTKO : Non, je vous suis reconnaissante.

Témoin KOTKO Vassilii, né en 1959.

KOTKO : Je suis allé chez ce docteur en 1973. C'est le conseil de révision qui m'avait envoyé au dispensaire de Vinnitza. Il m'a examiné et m'a délivré une ordonnance pour des analyses et une radiographie. Je les ai fait faire à l'hôpital chez nous et suis revenu à nouveau. Il m'a donné un traitement pour un mois. Je l'ai suivi, puis suis revenu pour un contrôle. Il m'a redonné un traitement et m'a dit que tout rentrerait dans l'ordre.

STERN : Quand vous avez été interrogé par l'enquêteur, vous étiez seul ou en présence d'un pédagogue ou de vos parents?

KOTKO : J'étais seul.

STERN : Qui l'a interrogé?

LE PRÉSIDENT : L'enquêteur KORYTCHENKO, du Parquet de Nemirov.

STERN : Il n'avait alors pas encore 16 ans. Je demande également à la Cour d'éclaircir la question avec TERNOVENKO. Lui aussi n'a eu 16 ans qu'en novembre.

LE PRÉSIDENT, *regarde le dossier :* La Cour constate que TERNOVENKO a été interrogé seul quand il n'avait pas encore 16 ans — enquêteur DOROCHENKO.

Témoin GORBATIOUK, Galina, née en 1937, travailleuse dans une imprimerie.

LE PRÉSIDENT : Vous connaissez l'accusé?

GORBATIOUK : Non, je ne l'ai vu qu'une seule fois. En 1956, je suis passée devant une commission de médecine du travail. Le docteur m'a dit : « Vous avez certainement un goitre. » Il m'a fait une ordonnance pour une consultation au dispensaire. J'ai été reçue par STERN. Il m'a examinée, m'a prescrit un médicament et je suis allée à la pharmacie. C'est tout.

L'AVOCAT : Vous avez été chez STERN il y a 18 ans. Comment se fait-il que vous vous trouviez parmi les témoins?

GORBATIOUK : J'en suis la première étonnée! Même que mon mari m'a fait tout un scandale pour ça! Et j'ai des ennuis à mon travail!

LE PRÉSIDENT : Attendez! Vous êtes revenue au dispensaire?

GORBATIOUK : Oui, en 1974 je me suis adressée au dispensaire au sujet d'une pilosité sur le nez. C'est un tout autre médecin qui m'a examinée et m'a dit qu'il n'y avait pas lieu de m'inquiéter et je suis repartie.

LE PRÉSIDENT : Si votre mari vous fait des scènes, dites-lui que ce n'est pas votre faute.

STERN : Je demande qu'on fasse une enquête pour déterminer pour quelles raisons ce témoin a été convoqué par le Juge d'instruction. Alors, il vérifiait mes malades pas seulement depuis 7, mais depuis 20 ans?

LE PRÉSIDENT : STERN, contrôlez-vous! Elle ne vous accuse de rien. Et réellement, la Cour ne comprend pas. La Cour estime qu'elle n'avait pas à être convoquée.

STERN : La Cour estime qu'elle n'avait pas à être convoquée, après l'avoir bel et bien fait venir!

Témoin ICHTCHENKO Ostap, né en 1941, Vinnitza, mécanicien dans une usine.

ICHTCHENKO : Quand je suis entré en 1958 au collège technique n° 4, nous avons été convoqués par le conseil de révision. J'ai tout de suite été réformé à cause de ma petite taille. Le médecin m'a envoyé à STERN. Depuis, je suis allé le voir de nombreuses fois. Il me recevait toujours très bien, très aimablement. La première fois, il m'a examiné et dit qu'il ferait tout ce qui était en son pouvoir. Il m'a beaucoup aidé. Je me rappelle qu'il a écrit en mon nom une lettre au professeur MILORYBOV de Dniepropetrovsk, pour me faire faire une opération. Mais le résultat n'a pas été un succès. Il y a eu aussi des difficultés techniques. STERN m'a aidé à me faire faire des radios. Il a aidé à se procurer la pellicule pour les radios — il n'y en avait nulle part. J'avais du mal à travailler sur le tour à métaux. STERN m'a encore aidé, il m'a prescrit un médicament et j'ai été soulagé.

Il y a deux ans, on m'a à nouveau convoqué devant le conseil de révision. On m'a demandé pourquoi je n'avais pas fait mon service et on m'a encore envoyé chez STERN. Il m'a examiné, m'a fait faire une analyse. Puis il m'a dit : « Vous avez dépassé l'âge du service, il est trop tard, mais ne soyez pas triste. »

LE PRÉSIDENT : Il est noté au dossier...

ICHTCHENKO : Je sais ce qui est noté! Quand je suis venu chez STERN la dernière fois, nous avons bavardé. Il a dit que cela faisait longtemps qu'il ne m'avait vu, m'a demandé comment j'allais. Je lui ai dit que j'avais obtenu un appartement. Il m'a dit : « Alors, tu offres le champagne! » Il l'a dit en plaisantant et je l'ai compris comme une plaisanterie. Mais le juge d'instruction l'a noté.

LE PROCUREUR : Où cela s'est-il passé?

ICHTCHENKO : Quoi donc?

LE PROCUREUR : Où Stern a-t-il extorqué un pot-de-vin?

ICHTCHENKO : Quel pot-de-vin?

LE PROCUREUR : Le champagne.

ICHTCHENKO : Est-ce que c'est un pot-de-vin?

LE PRÉSIDENT : Accusé, avez-vous exigé une bouteille de champagne du témoin?

STERN : Je vais probablement violer les lois de la procédure, mais je me refuse à participer à une telle absurdité!

LE PRÉSIDENT : Inscrivez sur le plumitif! STERN appelle les débats « absurdité »!

STERN : Je ne les appelle pas — c'est une absurdité!

LE PRÉSIDENT : L'audience est suspendue!

Témoin TARANOVA Maria, née en 1920.

Extrait de l'acte d'accusation :

Le 12 janvier 1972, en examinant en présence de sa mère, TARANOVA Maria, les organes sexuels de son fils, le conscrit Alexandre, STERN lui déclara que pour guérir son fils il fallait qu'elle « se fende d'un peu d'argent ». A la suite de quoi elle a été obligée de lui donner 25 roubles.

TARANOVA : J'ai amené mon fils au dispensaire en 1972. Mon fils Alexandre a été envoyé à Vinnitza par le conseil de révision. Nous avons abouti chez STERN. Il nous a très aimablement reçus. Il a dit que mon fils était malade, qu'il faudrait « se fendre » d'un peu d'argent. Il a prescrit des médicaments. A la pharmacie, il n'y avait pas les médicaments et nous sommes repartis. J'ai cherché ces médicaments partout sans les trouver. Ensuite, quand nous sommes revenus chez STERN pour la deuxième fois, il m'a donné ces médicaments et je lui ai donné 25 roubles.

LE PRÉSIDENT : Où lui a-t-on fait les piqûres?

TARANOVA : A l'hôpital départemental d'Obodovka.

LE PROCUREUR : La première fois, il vous a prescrit des médicaments?

TARANOVA : Oui. J'ai fait toutes les pharmacies de Vinnitza, mais je ne les ai pas trouvés. Quand je suis revenue un mois après, Stern m'a donné le médicament pour les piqûres.

LE PROCUREUR : Pourquoi êtes-vous revenue avec tant de retard?

TARANOVA : Je n'avais pas pu avant, à cause de mon travail.

LE PROCUREUR : Quels médicaments n'avez-vous pas trouvés en pharmacie?

TARANOVA : Je ne me rappelle plus le nom.

LE PROCUREUR : Vous vous êtes servie uniquement des médicaments donnés par STERN?

TARANOVA : Oui. Bien que le Metiltesterone et un autre médicament pas important, je crois que je les ai pris à la pharmacie.

LE PROCUREUR : Vous êtes revenue chez STERN, à part ces deux fois?

TARANOVA : Oui, je suis revenue pour contrôle, mais je ne lui ai rien donné d'autre.

LE PROCUREUR : Quand avez-vous donné les 25 roubles?

TARANOVA : La deuxième fois.

LE PROCUREUR : Pourquoi?

TARANOVA : Pour les médicaments.

LE PROCUREUR : Que signifient les mots « se fendre d'un peu d'argent »?

TARANOVA : La première fois que je suis venue, il a dit que si je voulais que mon fils guérisse, il fallait que « je me fende » d'un peu d'argent. Je pense qu'il voulait dire que les médicaments coûtaient cher.

LE PRÉSIDENT : Regardez, je vous prie, ce qui est écrit dans le procès-verbal de l'instruction. Lisez vous-même!

TARANOVA, *lit :* « STERN a dit de... se fendre d'un peu d'argent... J'ai compris que STERN extorquait un pot-de-vin. » Ah non! Camarades! Vous savez, je n'ai pas dit ça! (*Elle continue de lire :*) « J'ajoute que lorsque j'ai donné le pot-de-vin à STERN, mon fils ne se trouvait pas dans le cabinet... J'avais entendu dans le couloir des femmes dire qu'il fallait lui donner... »

LE PRÉSIDENT : C'est bien ce que vous avez dit au juge d'instruction?

TARANOVA : Je n'ai pas dit ça!... Je ne me souviens plus... On dira encore que je ne dis pas la vérité...

LE PROCUREUR : Vous avez entendu des femmes dire qu'il fallait donner de l'argent?

TARANOVA : Non.

LE PROCUREUR : Pourquoi avez-vous donné 25 roubles et pas 10 ni 15?

TARANOVA : Je ne sais pas. Je n'ai pas demandé au docteur, il ne m'a pas dit combien il fallait donner.

L'AVOCAT : Vous aviez relu le procès-verbal de votre interrogatoire à l'instruction?

TARANOVA : Non. C'est le juge d'instruction qui m'a lu ce qu'il avait écrit, je n'avais pas mes lunettes. Il me l'a lu et j'ai signé.

Témoin STETZENKO Galina, de Vinnitza.

Elle tient à peine sur ses jambes et se retient à la barre.

STETZENKO : Il me soigne depuis très longtemps. Encore en 1961, j'étais à l'hôpital n° 1 où il exerçait. Il avait été très bon avec moi, il avait appelé d'autres médecins en consultation. En 1962, il n'était plus mon médecin traitant, mais il m'avait vue au bureau d'inscription et a dit à mon médecin traitant de mieux me soigner. J'ai aussi été hospitalisée. Tous les médecins m'ont soignée, mais le meilleur de tous était STERN. Il était compatissant comme un proche. Je demandais à tous les médecins : « Aidez-moi, je suis une pauvre femme! » Lui seul m'aidait. Il me donnait de l'argent. Il disait toujours, « voyons, comment on va te guérir... » (*Elle pleure.*)

LE PROCUREUR : Comment vous êtes-vous trouvée dans l'appartement de STERN au moment de la perquisition?

STETZENKO : Je suis entrée pour demander comment prendre un médicament. Et j'ai été arrêtée. On m'a gardée toute la journée à la milice... Je suis malade... (*Elle pleure.*)

STERN : Combien de fois vous ai-je fait des certificats pour l'hôpital ou pour la Sécurité sociale?

STETZENKO : Beaucoup de fois.

STERN : Ai-je exigé quoi que ce soit de vous pour cela?

STETZENKO : Jamais.

STERN : Vous êtes très souvent venue au dispensaire. Qu'avez-vous entendu dire sur moi dans la salle d'attente?

STETZENKO : Tout le monde disait que vous étiez un très bon médecin.

LE PRÉSIDENT : Je n'ai plus de questions, vous êtes libre!

STETZENKO : Docteur! Merci pour tout! (*Elle sort en pleurant.*)

STERN : Mettre une personne malade dans cet état, c'est plus qu'inhumain! En tant qu'homme et en tant que médecin je suis indigné...

LE PRÉSIDENT : Doucement, STERN, doucement! Il n'y a pas de quoi crier! Ce n'est pas une réunion ici, c'est un procès. Ce n'est pas elle qui est jugée, mais vous. Nous ne manquerons pas de tout examiner... Euh... Témoin suivant!

Témoin PCHIK Olga.

> *Extrait de l'acte d'accusation :*
>
> Il ressort des éléments du dossier que le Chef de la polyclinique du dispensaire endocrinologique STERN M., ayant perdu toute moralité de responsable d'institution et de médecin, ne dédaignait aucun moyen pour s'enrichir. Par voie d'extorsion, il a obtenu de PCHIK Olga un poulet et d'autres denrées, pour avoir soigné son fils Anatole.

PCHIK : Il y a à peu près cinq ans, je suis venue ici avec mon fils Anatole, envoyé par le médecin local. J'ai été à la consultation du docteur. Il a examiné mon fils, prescrit des comprimés et a commencé à le soigner. Tout était normal, j'ai eu une ordonnance, j'ai tout acheté à la pharmacie.

LE PROCUREUR : Vous avez remercié le docteur?

PCHIK : Oui.

LE PROCUREUR : Par quoi?

PCHIK : Pour m'avoir aidée et m'avoir bien reçue.

LE PROCUREUR : Je ne demande pas *pourquoi*, mais *par quoi?*

PCHIK : Par rien, j'ai dit merci!

LE PRÉSIDENT : Et qu'avez-vous dit à l'enquêteur? Je peux relire...

PCHIK : Relisez, je vous en prie. Je ne l'ai remercié par rien. Je ne lui ai rien donné, il n'a rien demandé.

LE PRÉSIDENT, *lit :* « Je lui ai donné un poulet... »

PCHIK : Que Dieu m'en préserve! J'ai pas donné! Je vais tout de suite chez l'enquêteur lui dire, comment il n'a pas honte d'écrire des choses pareilles! C'est pas vrai, le poulet!

LE PRÉSIDENT : Vous l'avez dit à l'enquêteur ANDROUCHTCHOUK, qui vous a interrogée le 5 septembre.

PCHIK : Je n'ai rien dit de pareil!

LE PRÉSIDENT : Notez. C'est votre signature?

PCHIK : C'est bien ma signature, mais j'avais pas regardé. Il me l'a lu, mais je n'ai pas parlé de poulet!

STERN : Dites-moi, témoin, et qui a sauvé votre mari?

PCHIK, *pleure :* Vous! Il était paralysé...

LE PRÉSIDENT : Les témoins BRONSTEIN, WEISSER, PILSKAÏA, LIVCHITZ, EUCHMANN, convoqués pour aujourd'hui sont absents. Nous prendrons les mesures pour assurer leur présence demain.

Récapitulons : pour les épisodes relatifs à l'article 168, cinq témoins n'ont pas encore été entendus. Certaines personnes dans la salle transmettent par radio l'information que les témoins à charge ne viennent pas aux audiences. Alors, voilà, sur ces cinq témoins, quatre ont envoyé un certificat médical. Le seul témoin LITOVTCHOUK n'est pas venu pour des raisons inconnues. Nous nous informerons.

Pour les épisodes relatifs à l'article 143, il manque deux témoins. L'un d'eux pour des raisons valables. 16 autres personnes de la liste des témoins non liés aux épisodes de l'accusation ne se sont pas présentées. Les mesures ont été prises pour les faire venir.

Il y a une requête de l'accusé, demandant la convocation d'encore 47 témoins de la défense. 29 d'entre eux ont déjà été interrogés lors de l'instruction. Les 18 qui restent n'ont jamais été entendus. STERN, expliquez votre requête à la Cour.

STERN : J'estime que dans la mesure où l'accusation a eu la possibilité de convoquer et d'interroger un grand nombre de témoins — pratiquement tous ceux qu'elle voulait — j'ai aussi le droit d'insister pour qu'on convoque les témoins en défense. Je demande la convocation de ces 47 personnes.

LE PRÉSIDENT : C'est clair. La raison pour laquelle vous demandez que l'on convoque les 29 personnes qui ont été interrogées lors de l'instruction est tout à fait claire pour moi. Le juge d'instruction avait également estimé qu'il fallait les entendre au sujet de votre cause. C'est donc compréhensible. Mais pourquoi insistez-vous pour que l'on convoque les 18 autres personnes? Parlez à la Cour de chacune de ces personnes en particulier. Par exemple : pourquoi voulez-vous faire convoquer TIMOCHENKO Elena?

STERN : Je dois préparer la réponse à cette question. Je vous la donnerai demain.

LE PRÉSIDENT : Très bien. Témoin suivant!

Témoin LEVIT Esfir, née en 1923,
pédiatre-endocrinologue au dispensaire endocrinologique de Vinnitza.

LEVIT : Je connais Mikhaïl Issaëvitch depuis 1963. Je travaille en tant que pédiatre-endocrinologue et examine les enfants de moins de 14 ans. Il était notre chef de polyclinique.

LE PROCUREUR : Comme médecin endocrinologue, est-ce

que vous achetez les médicaments pour les malades dans les pharmacies?

LEVIT : Non. J'ai des dizaines de malades. Pour les médicaments, il y a les pharmacies. Cela n'entre pas dans mes attributions.

LE PROCUREUR : Faites-vous vous-même des piqûres aux malades?

LEVIT : Faire des piqûres dans mon cabinet ne fait pas partie de mes fonctions. Pour ce faire, il y a une infirmière au cabinet des soins.

LE PROCUREUR : Avez-vous soigné des malades avec des préparations hormonales?

LEVIT : Oui, bien sûr.

LE PROCUREUR : Est-ce que l'infirmière du dispensaire injecte les préparations hormonales?

LEVIT : Je travaille sans infirmière. Quand je prescris des hormones, il s'agit en général d'un long traitement de 6 à 9 piqûres. Elles sont faites dans les localités où habitent les malades.

LE PROCUREUR : Et les autres médecins, font-ils appel aux offices d'une infirmière pour injecter des hormones?

LEVIT : Je ne peux parler de ce que font les autres médecins.

LE PROCUREUR : Qui reçoit les conscrits au dispensaire?

LEVIT : Le chef de la polyclinique et des thérapeutes qui travaillent selon un horaire mobile. Deux thérapeutes reçoivent simultanément. Pour cela nous avons les docteurs BRONSTEIN, SLOBODENIOUK, LIVCHITZ et GAMARNIK.

L'AVOCAT : Vous est-il arrivé de recevoir des enfants de plus de 14 ans?

LEVIT : Rarement.

L'AVOCAT : Quand cela se produisait, vous les examiniez seuls ou en présence des parents?

LEVIT : Je ne reçois jamais les enfants sans leurs parents.

L'AVOCAT : Vous est-il arrivé de dénuder des enfants devant leurs parents?

LEVIT : Bien sûr, comment faire autrement?

L'AVOCAT : Et si l'enfant a 16 ans?

LEVIT : Si les enfants ne sont pas gênés, je les examine

devant les parents, s'ils sont gênés, je demande aux parents de sortir.

LE PRÉSIDENT : Avez-vous connaissance du fait que des médecins aient administré des piqûres aux malades dans leur cabinet à la polyclinique?

LEVIT : Je n'ai pas connaissance de faits de ce genre.

LE PRÉSIDENT : Peut-être savez-vous que certains médecins fournissaient des médicaments aux malades?

LEVIT : Je ne sais pas.

LE PRÉSIDENT : N'avez-vous pas entendu dire que quelqu'un parmi les médecins invitait les malades chez lui, après la consultation, et y donnait des soins?

LEVIT : Je n'ai pas connaissance de tels cas.

LE PRÉSIDENT : Y avait-il un médecin au dispensaire qui appliquait sa méthode spéciale de traitement hormonal?

LEVIT : Il n'y a pas de méthode spéciale chez nous. Il y a des directives et des instructions.

LE PRÉSIDENT : Vous connaissez la méthode de STERN?

LEVIT : Je ne sais rien d'une telle méthode.

LE PRÉSIDENT : Qu'en pensez-vous, une injection faite sur prescription d'un médecin doit-elle avoir une trace dans les documents?

LEVIT : Obligatoirement.

L'AVOCAT : Quand vous prescrivez un traitement hormonal prolongé, son exécution est-elle notée sur la fiche? Je veux dire chaque injection?

LEVIT : Non, les malades repartent dans leur village et quand ils reviennent au bout de deux mois, j'inscris d'après leurs dires que le cours du traitement a été suivi.

L'AVOCAT : Et si vous prescrivez un tel traitement à des malades de la ville?

LEVIT : En général je ne fais que donner ma conclusion. Ensuite ils sont soignés par le médecin de la polyclinique de leur ville, c'est lui qui prescrit le traitement.

STERN : A propos des questions du Procureur et de la Cour concernant la « méthode STERN », je voudrais donner quelques éclaircissements. J'ai déjà expliqué qu'il n'y a aucune « méthode du Dr Stern » pour soigner l'hypogénitalisme. Dans chaque cas particulier, j'ai procédé à une modification des méthodes d'utilisation des préparations hormonales, choisissant la plus adaptée à chaque cas. Je me servais des préparations hormonales connues en endocrinologie et largement utilisées dans la pratique. Mais la réunion de ces préparations, la combinaison de trois ou quatre hormones était toujours le résultat de mon approche personnelle et créative de médecin pour le traitement d'un patient donné. Je vous ai déjà dit qu'à mon avis l'important n'était pas la maladie mais le malade, qu'en le soignant on ne pouvait pas se baser uniquement sur les règlements et les instructions. Par conséquent je vous demande instamment de parler de ma « modification » et non pas de la « méthode Stern ».

le président : C'est vous qui avez fait naître cette question, en parlant d'une méthode.

stern : C'est une question de terminologie. Ma modification n'a jamais eu d'effets annexes...

le président : Personne ne prétend vous accuser d'avoir mal soigné les gens! Ce sont des calomnies contre nous que transmettent les stations de radio. Certaines personnes dans cette salle y ont intérêt. Tandis que vous êtes accusé selon des articles tout différents du Code pénal!

Le soir, Victor et August Stern *furent convoqués chez le chef du département des Communications de Vinnitza,* Vassiliev, *qui leur apprit que leur téléphone avait été débranché, conformément à l'article 74 du code des communications soviétiques. Il leur dit : « Vous savez vous-mêmes pourquoi. »*

L'article 74 donne le droit aux autorités de couper une ligne si elles estiment que le téléphone est utilisé pour transmettre des informations considérées comme « non conformes aux intérêts de l'U.R.S.S. ».

Le même jour Victor STERN *envoyait la déclaration suivante :*

Au président ORLOVSKY
Tribunal de la région de Vinnitza
COPIE à la Cour suprême de la R.S.S.d'Ukraine
Kiev

DÉCLARATION

Vous avez déclaré aujourd'hui à l'audience du Tribunal qu' « au procès assistent des personnes transmettant à l'Ouest l'information calomnieuse que STERN *est jugé pour empoisonnement et mauvais traitements ». Le soir même, le chef du Central téléphonique nous a informés que le téléphone de notre appartement était coupé conformément à l'article 74 du code des Communications de l'U.R.S.S., prévoyant les mesures frappant l'utilisation du téléphone dans un but antigouvernemental. J'estime que ce n'est pas une coïncidence et relie la coupure de notre téléphone à votre déclaration.*

En conséquence, j'attire votre attention sur le fait qu'en réalité la source de l'information sur l'empoisonnement d'enfants se trouve être les personnes travaillant au Parquet régional de Vinnitza et ayant mené l'instruction. Ceci est confirmé par les faits suivants :

1) A la confrontation avec STERN, *le témoin* OVERTCHOUK *a affirmé qu'il était un espion, payé pour mal soigner les citoyens soviétiques (cote I, p. du dossier 117).*

2) En septembre de cette année, les citoyennes SOLOVEITCHOUK et TIMOCHENKO *avaient déclaré que les personnes travaillant au Parquet les avaient informées que* STERN *« empoisonnait » leurs enfants. Ce fait se reflète dans les plaintes adressées par notre famille à divers organes officiels.*

3) Dans le dossier de l'affaire se trouvent de nombreuses déclarations de plaignants exprimant leur doute sur la justesse des traitements appliqués par le Dr STERN (MATVIENKO et autres).

4) A plusieurs reprises, mon père a demandé que soit exposé à chaque témoin « qu'il n'était pas jugé pour empoisonnement et espionnage ».

Il se trouve donc que la responsabilité des rumeurs fantastiques sur les actions nuisibles de mon père, répandues dans toute la région et trouvant peut-être un écho dans les émissions radiophoniques occidentales que vous mentionnez, repose entièrement sur les personnes travaillant pour le Parquet et n'a pas la moindre relation avec les parents de l'accusé se trouvant dans la salle d'audience, ni avec le fonctionnement du téléphone de notre appartement.

Ce 24 décembre 1974.

Victor STERN

25 DÉCEMBRE 1974

Onzième jour du procès

LE PRÉSIDENT : A plusieurs reprises l'accusé a formulé la requête concernant la convocation de témoins supplémentaires. La défense a présenté une liste de 47 personnes. 29 d'entre elles ont été interrogées lors de l'instruction. Au sujet des autres, le dossier ne contient aucun renseignement.

Accusé, expliquez à la Cour les raisons pour lesquelles vous voulez faire convoquer les autres 18 témoins. Parlez-nous de chacun d'eux en particulier, en disant pourquoi vous voulez que la Cour l'entende. La Cour décidera. Parlez concrètement.

STERN : — TIMOCHENKO Elena : Mon ancienne malade. Elle peut fournir des renseignements complémentaires concernant les épisodes de l'accusation.

— SLAVSKY Stanislav : Je demande d'entendre ce témoin sur l'épisode GOUJVA. C'est peut-être la seule personne, le seul malade, qui était présent et pourrait confirmer ce que j'ai raconté au sujet du vol de ma montre.

— BELINSKAÏA : En 1960 j'ai eu une histoire analogue. Des antisémites ont écrit des dénonciations contre moi, le Parquet s'était occupé de moi (sans résultat). Un article avait paru dans le journal. J'ai fait l'objet d'une sanction du Parti, contre laquelle j'ai protesté et qui fut levée. BELINSKAÏA était le seul nom cité dans cet article de journal. Elle peut raconter comment l'affaire fut menée à l'époque, avec quelles méthodes. Elle est très importante pour ma défense.

— ZINTCHOUK : C'est une infirmière. A l'aide de son témoignage, je voudrais démontrer pourquoi des ignorants comme ZELINSKY me persécutent. Ils sont la source de tous les renseignements dont se sont servis les organisateurs de ce procès antisémite. L'audition de ce témoin est nécessaire pour montrer que Zelinsky a tout intérêt à ce que je sois condamné.

le président : Accusé, je vous préviens de ne pas user de telles expressions!

stern : Jusqu'à maintenant je suis persuadé de l'objectivité de la Cour et j'espère qu'elle ne subira pas certaines influences!

— Savtchouk : En 1960, elle a été victime de pressions de la part des enquêteurs qui essayaient de réunir des éléments contre moi.

— Serebrovskaïa : Institutrice. Je voudrais qu'on l'entende sur les caractéristiques de ma personnalité, qu'une circulaire ministérielle a calomniée, bien avant le procès, à travers toute l'Ukraine.

— Strigevskaïa : C'est un médecin de Vinnitza. Elle peut raconter comment je prodiguais durant de longues années mon assistance consultative désintéressée à de nombreux malades. Elle peut également commenter le niveau médical des collaborateurs de l'Institut médical, qui ont fourni les éléments pour mon affaire.

— Schwarzburg : C'est un médecin du dispensaire des maladies vénériennes. Il peut raconter comment j'accordais mon aide consultative absolument désintéressée à leur dispensaire.

— Grunspun Amer : Docteur de l'hôpital militaire de Vinnitza — je voudrais le faire convoquer pour éclaircir le cas de la femme du colonel Maleev, pour commenter l'incompétence des collaborateurs de l'Institut médical en matière d'endocrinologie...

Voilà les 12 personnes sur les 18 sur la convocation desquelles j'insiste particulièrement. Je n'insiste pas pour les autres. Ainsi que les 29 interrogées pendant l'instruction.

le procureur : Stern fonde la convocation des témoins supplémentaires en fait sur trois raisons : premièrement pour caractériser sa personnalité; deuxièmement : pour déterminer ses rapports avec Zelinsky; troisièmement : au sujet d'aspects divers du traitement des malades.

A ce propos, je peux dire que, premièrement Stern n'est pas accusé d'avoir mal soigné les malades; deuxièmement :

Zelinsky ne figure pas dans les éléments du dossier et il n'y a aucune donnée confirmant qu'il ait « inspiré ce procès » comme s'exprime Stern; troisièmement, les caractéristiques de la personnalité de Stern ressortent suffisamment de la déposition des témoins déjà entendus.

J'estime que cette requête n'est pas recevable, dans la mesure où certaines questions soulevées n'ont pas besoin d'être clarifiées et les autres l'ont déjà été.

l'avocat : Je soutiens la requête de l'accusé concernant la convocation des témoins. Je voudrais souligner spécialement la nécessité de convoquer Slavsky, relatif à l'épisode Goujva, dans la mesure où son témoignage sera essentiel pour la défense et pour juger de la véracité des dépositions de Goujva.

le président : La Cour, ayant délibéré sur le siège, a arrêté : Premièrement : de ne pas convoquer les témoins figurant sur la liste présentée par la défense, dans la mesure où le témoignage d'aucun d'eux n'est relatif à un épisode de l'accusation.

Deuxièmement : de convoquer Kot F., puisqu'il est déjà présent, Schwarzburg et Slavsky Stanislav *. En même temps que ce dernier de convoquer à nouveau le témoin Goujva.

* Ce témoin essentiel pour l'épisode Goujva n'a jamais été entendu. Sa convocation lui parvint deux jours après le verdict.

Témoin ZAKHARTCHENKO Raïssa, née en 1925, a travaillé comme secrétaire médicale au dispensaire endocrinologique.

ZAKHARTCHENKO : Mes rapports avec STERN étaient bons, toujours égaux. Je ne peux en dire que du bien. C'est un homme plein de tact. Il y avait toujours beaucoup de malades chez lui.

LE PROCUREUR : Vous savez de quoi il est accusé?

ZAKHARTCHENKO : Je le sais, mais je ne sais rien des faits qui lui sont reprochés.

L'AVOCAT : Pourquoi y avait-il beaucoup de malades chez lui?

ZAKHARTCHENKO : Il avait une grande autorité en tant que médecin.

STERN : Vous avez souvent travaillé à l'inscription des malades. Dites-moi, était-ce difficile d'être reçu à ma consultation?

ZAKHARTCHENKO : Non, facile.

STERN : Est-ce que je faisais des difficultés pour recevoir les malades?

ZAKHARTCHENKO : Non, jamais.

STERN : Racontez je vous prie à la Cour ce qui vous a obligé à quitter votre travail après tant d'années passées à travailler au dispensaire?

LE PRÉSIDENT : Ne répondez pas! La Cour annule cette question!

Témoin KOT Victor, né en 1939, chef de service à l'hôpital de la ville.

KOT : J'ai travaillé avec STERN de 1970 à 1974. C'est un endocrinologue très qualifié.

LE PRÉSIDENT : Vous savez quelque chose au sujet des abus de STERN?

KOT : Non.

LE PROCUREUR : Vous recevez des malades?

KOT : Oui.

LE PROCUREUR : Vous exécutez vous-même les soins prescrits, les piqûres?

KOT : Non, c'est l'infirmière qui exécute.

LE PROCUREUR : Pourquoi?

KOT : Parce que ce n'est pas aux médecins de le faire.

LE PROCUREUR : Vous vous procurez des médicaments dans les pharmacies pour les malades?

KOT : Non, cela n'est pas prévu par le règlement.

LE PROCUREUR : Et dans votre cabinet, vous délivrez des médicaments aux malades?

KOT : Non, cela non plus n'est pas prévu par le règlement.

STERN : Avez-vous connaissance de cas où des malades aient eu du mal à parvenir jusqu'à moi ou que j'aie fait des difficultés pour les recevoir?

KOT : Tous les malades s'inscrivaient chez STERN. Il les répartissait parmi les spécialistes si c'était nécessaire. Il n'y avait aucune difficulté.

STERN : Que pouvez-vous dire de moi en tant qu'homme?

KOT : STERN faisait un grand travail social, donnait des consultations, se rendait souvent dans les différentes régions, jouissait d'une grande autorité auprès de la population.

LE PRÉSIDENT : Est-ce qu'un médecin agit bien en faisant des piqûres dans son cabinet et en ne les inscrivant pas dans le registre?

KOT : Non, ce n'est pas bien. Il faut les inscrire.

LE PRÉSIDENT : A-t-il le droit d'acquérir des médicaments et de les vendre aux malades dans son cabinet?

KOT : Non, il n'a pas le droit. Il doit délivrer une ordonnance.

LE PRÉSIDENT : Avez-vous vu des cas où un médecin, après avoir reçu un malade, continue à le recevoir à son domicile?

KOT : C'est de la pratique privée. Non, un médecin n'a pas le droit de le faire.

LE PRÉSIDENT : Vous saviez que STERN faisait tout cela?

KOT : Non, je ne le savais pas.

STERN : Je voudrais apporter quelques précisions. Nulle part, dans aucun règlement émanant du ministère de la Santé il n'est interdit de procéder à des manipulations si le médecin estime qu'elles sont dans l'intérêt des malades. Aucun règlement ni aucune instruction n'interdit à un médecin de faire des injections au cours du traitement d'un malade, s'il le juge nécessaire. L'administration de piqûres n'exige que le respect des règles d'antisepsie. Cela peut être assuré dans les conditions les plus élémentaires. Aucun règlement n'interdit l'administration aux malades par le médecin de médicaments qu'il s'est procurés lui-même quand une préparation donnée manque dans les pharmacies. Dans l'intérêt des malades, un médecin a le droit, pour ne pas interrompre le cours d'un traitement, ou commencer en temps voulu un traitement urgent (particulièrement nécessaire en cas de période pubertaire, quand chaque mois compte), de proposer aux malades un traitement à base de médicaments lui appartenant. Il n'y a pas d'interdiction à ce sujet. Pour ce qui est des aspects « moraux » de tels actes, j'ai mon opinion — et vous la vôtre — mais quoi qu'il en soit, cela n'est pas du ressort des tribunaux!

Les quelques cas particuliers où j'ai poursuivi des traitements à mon domicile n'ont rien non plus d'illégal. Un malade a le droit d'en convenir avec son médecin et cela n'est pas interdit par la loi. Il n'est prévu nulle part qu'un malade ayant commencé un traitement en milieu hospitalier doive l'y terminer et ne peut le poursuivre au domicile de son médecin. Voilà pourquoi : il s'agit apparemment des cas de BAÏDA et de PRIBEGUI, qui ont déclaré, tant pendant l'instruction qu'au procès, que leur désir d'être soignés à mon domicile était motivé par le souci de ne pas manquer l'école et qu'ils préféraient donc venir pour les piqûres le dimanche.

LE PRÉSIDENT : Pourquoi n'inscriviez-vous pas les piqûres dans le registre?

STERN : Il n'y avait aucun registre à la polyclinique. Il a vu le jour après mon arrestation. On ne tenait aucune comptabilité des piqûres.

LE PRÉSIDENT : Et vous trouvez cela normal, en tant que responsable de la polyclinique?

STERN : Je n'y vois pas un crime. Sur la fiche du malade était indiqué le traitement prescrit et il n'y avait aucune nécessité d'inscrire l'exécution de chaque piqûre.

LE PRÉSIDENT : Est-ce que les inscriptions sur les fiches correspondaient aux traitements que vous administriez aux malades?

STERN : Quelquefois oui, quelquefois non. Ce qui m'intéressait, comme médecin, n'était pas le papier mais le traitement! Des malades qui venaient sur rendez-vous ne prenaient pas toujours leur fiche à l'inscription parce qu'il y avait là-bas de longues files d'attente — pour gagner du temps. Mais même sans avoir sa fiche, le malade recevait la piqûre qu'il lui fallait. Je m'abstenais également d'inscrire sur fiche les traitements où je me servais d'hormones combinées, trouvant qu'il n'était pas nécessaire que les travailleurs de l'Institut médical connaissent mes modifications des traitements avant leur publication.

LE PRÉSIDENT : Aviez-vous le droit d'appliquer vos modifications des traitements avant leur approbation officielle par les instances supérieures?

STERN : Je n'utilisais pour mes modifications que des préparations hormonales connues et autorisées à la vente. Tous les médecins, dont moi, avons le droit d'utiliser une combinaison de ces préparations si leur usage est autorisé. Prenez, par exemple, les antibiotiques. Il y a la pénicilline, la streptomycine et d'autres. Tout médecin peut les utiliser dans n'importe quelle combinaison et personne ne le traînera en justice pour cela!

LE PRÉSIDENT : Vous avez mentionné le nom de quelques préparations étrangères?

STERN : Je ne les ai pas nommées, ce sont les malades.

LE PRÉSIDENT : Récapitulez le nom des préparations que vous utilisiez.

LE PROCUREUR : Et indiquez lesquelles sont de provenance étrangère.

STERN : Dans mes modifications j'ai utilisé aussi bien des préparations du pays que des préparations étrangères, arrivées par importation médicale officielle. Par exemple : le Soustanon-250 hollandais (il est bien supérieur en qualité à toutes les autres préparations de ce type); le Soustanon-250 yougoslave; l'Horéogonine hongroise; la Profisone d'Allemagne de l'Ouest; le Testenat à 10 % soviétique et d'importation; le Testosterone-Propionat à 5 %, 2,5 % et 1 %.

LE PRÉSIDENT : Vous pratiquiez les consultations privées?

STERN : Oui, dans un certain sens. Comme médecin, j'ai non seulement le droit, mais le devoir de porter secours quelle que soit l'heure où l'on s'adresse à moi — de jour comme de nuit — et quel que soit le lieu — dans la rue, à mon domicile, à la polyclinique. Je répète encore une fois que, durant mes 30 ans de pratique, je n'ai jamais fait dépendre mon aide médicale d'une quelconque rémunération. Mais si un malade pensait qu'il fallait me témoigner sa reconnaissance, c'était son affaire personnelle.

LE PRÉSIDENT : Vous aviez une autorisation d'avoir une clientèle privée?

STERN : Je n'ai pas demandé d'autorisation.

LE PRÉSIDENT : Vous ne vous êtes donc pas adressé à ce sujet aux instances financières?

STERN : Ce n'est pas de la compétence de ce tribunal. Ce n'est pas un crime de droit commun.

LE PRÉSIDENT : La Cour vous fait une observation. Vous n'avez pas le droit de nous indiquer ce qui est de notre compétence et ce qui ne l'est pas!

LE PROCUREUR : Est-ce que le nom des médicaments étrangers avait une importance pour les malades?

STERN : Je ne comprends pas votre question.

LE PROCUREUR : Quelle était la nécessité de dire aux malades que c'était un médicament de provenance étrangère?

STERN : Je n'attirais jamais spécialement l'attention du malade là-dessus. Les discours concernant les piqûres hollandaises sont pour l'essentiel la création de l'instruction!

Témoin BALMAZIA Riva, née en 1914, infirmière-chef du dispensaire.

BALMAZIA : Je connais STERN depuis 10 ans environ, depuis la création du dispensaire. C'est un médecin exceptionnellement consciencieux, très attentif avec les malades, un homme de cœur. Il s'est toujours efforcé de préserver la bonne marche de la polyclinique. STERN jouissait d'une grande autorité, les gens voulaient être reçus à ses consultations. Il ne comptait jamais son temps, ni rien d'autre — il recevait toujours tout le monde. Une fois une malade n'avait pas d'argent pour s'acheter des médicaments et il a donné les siens. Les malades l'aimaient beaucoup.

LE PROCUREUR : Quel était le processus pour recevoir des médicaments au dispensaire?

BALMAZIA : En tant qu'infirmière-chef, je prescrivais les médicaments pour tout l'hôpital. J'établissais l'ordonnance et le médecin-chef la signait.

LE PROCUREUR : Vous avez prescrit des hormones?

BALMAZIA : Les hormones n'étaient prescrites que pour la section des hospitalisés. Jamais pour la polyclinique.

LE PROCUREUR : Où étaient exécutés les soins prescrits?

BALMAZIA : Nous avons un cabinet où se trouve une infirmière. Les soins sont exécutés là.

LE PROCUREUR : Dans ce cabinet, on administrait des préparations hormonales?

BALMAZIA : Jamais.

LE PROCUREUR : Les actes médicaux exécutés dans ce cabinet étaient-ils enregistrés quelque part?

BALMAZIA : Non.

LE PROCUREUR : Mais cela aurait dû être fait?

BALMAZIA : Non. Il n'y a pas de telles instructions.

LE PROCUREUR : Vous étiez au courant du fait que le chef de la polyclinique remplissait dans son cabinet les fonctions de l'infirmière exécutante?

BALMAZIA : Non, je ne savais pas.

L'AVOCAT : Qui est votre supérieur direct?

BALMAZIA : Le médecin-chef du dispensaire.

L'AVOCAT : Avez-vous connaissance d'un cas où un membre du personnel soignant ait été accusé de vol?

BALMAZIA : Non.

L'AVOCAT : Peut-être un visiteur avait-il été pris sur le fait?

BALMAZIA : Oui, je me souviens d'un tel cas. Il y a longtemps, il me semble l'année dernière. Un homme est sorti en courant du cabinet du Dr STERN. Il jurait affreusement, on l'entendait dans toute la polyclinique, il injuriait STERN, puis a bondi dans la rue. J'ai eu peur, je me suis approchée, mais les malades m'ont dit : « C'est un ivrogne, il pue l'alcool à brûler! » STERN sortit et dit : « Il m'a volé ma montre et je l'ai ressortie de sa poche! »

L'AVOCAT : Y avait-il encore quelqu'un comme visiteur?

BALMAZIA : La polyclinique était pleine de monde.

L'AVOCAT : Et du personnel soignant?

BALMAZIA : Je ne me souviens plus.

L'AVOCAT : Ce genre de chose arrive souvent chez vous?

BALMAZIA : Pour autant que je m'en souvienne, c'est la seule fois.

L'AVOCAT : Vous pourriez reconnaître l'homme?

BALMAZIA : Je n'ai fait qu'apercevoir son visage, je l'ai surtout vu de dos. Mais peut-être le reconnaîtrais-je. Je ne sais pas.

LE PRÉSIDENT, *se soulève de son siège et crie :* C'est clair!... Asseyez-vous! Ici, au premier rang. Ne vous éloignez pas. Vous pourrez encore nous être utile. Au suivant *.

Témoin PILSKAÏA Larissa, née en 1926, aide-soignante au dispensaire.

LE PRÉSIDENT : Que pouvez-vous dire de STERN?

PILSKAÏA : C'est un très bon médecin. Il était chef de la polyclinique. Tout le monde pensait le plus grand bien de lui. Il était toujours d'humeur égale avec tous, un bon camarade...

LE PROCUREUR : Et que ce « bon camarade » prenait l'argent des malades, vous le saviez?

PILSKAÏA : Non.

L'AVOCAT : Vous n'avez pas entendu dire, par hasard, qu'il y ait eu un cas de vol dans le cabinet de STERN?

PILSKAÏA : Non.

STERN : Dites-moi, est-ce que le Procureur a le droit de poser des questions sur ce ton et dans cette forme?

LE PRÉSIDENT : Accusé! Vous empêchez la Cour de travailler! Si quelque chose est incorrect, nous ferons nous-même une observation, sans vos indications! Au suivant.

* Une confrontation entre BALMAZIA et GOUJVA n'aura jamais lieu et GOUJVA n'apparaîtra plus dans la salle d'audience.

Témoin BRONSTEIN Zilia, née en 1930, médecin endocrinologue au dispensaire.

BRONSTEIN : Je connais STERN...

Tout d'un coup, une musique retentit dans la salle — Victor STERN *avait appuyé par mégarde sur la mauvaise touche du magnétophone.*

LE PRÉSIDENT : Qu'est-ce que c'est? Qui fait de la musique?

Victor STERN : C'est dans la rue...

Une voix du public : C'est derrière la porte.

BRONSTEIN : Je connais STERN, c'est un bon médecin et un homme efficace. On pouvait toujours lui demander conseil.

LE PROCUREUR : Receviez-vous des malades souffrant d'hypogénitalisme, envoyés par le conseil de révision?

BRONSTEIN : Oui, je procédais à l'examen préliminaire et les envoyais ensuite à STERN pour la conclusion.

LE PROCUREUR : Qui avait établi ce règlement?

BRONSTEIN : L'administration.

LE PROCUREUR : Et vous, avez-vous soigné de tels malades?

BRONSTEIN : Quelquefois. Mais le plus souvent je consultais STERN, qui avait plus de connaissances.

L'AVOCAT : Les adolescents envoyés par le conseil de révision, venaient-ils seuls ou avec leurs parents?

BRONSTEIN : Quelquefois avec leurs parents.

L'AVOCAT : Vous les dénudiez devant leurs parents?

BRONSTEIN : Oui.

L'AVOCAT : Pourquoi?

BRONSTEIN : Les traitements sont suivis à domicile. Les parents doivent pouvoir suivre les résultats. Il y a d'autre part des conseils ou des explications qu'il est préférable de donner au père ou à la mère plutôt qu'à l'adolescent.

STERN : Quels résultats avez-vous pu constater de l'utilisation de ma modification des méthodes de traitements hormonaux de cas d'hypogénitalisme?

BRONSTEIN : En général vos traitements étaient efficaces. Quelquefois vous obteniez des résultats étonnants.

LE PRÉSIDENT : Avez-vous connaissance de cas où des malades auraient apporté des hormones aux médecins et les médecins les auraient pris? Je deux dire ceux des malades qui n'avaient plus besoin de ces hormones?

BRONSTEIN : Non, je n'ai pas connaissance de tels cas.

LE PRÉSIDENT : Si quelqu'un vous avait apporté des préparations hormonales manquantes, dont il n'avait plus besoin, vous les auriez prises?

BRONSTEIN : Non.

LE PRÉSIDENT : Que savez-vous de la modification appliquée par STERN?

BRONSTEIN : Je ne sais rien.

LE PRÉSIDENT : Savez-vous qu'après la consultation au dispensaire, STERN invitait les malades à venir chez lui?

BRONSTEIN : Non, je ne sais pas.

LE PRÉSIDENT : Savez-vous qu'il avait une clientèle privée?

BRONSTEIN : Je ne sais pas.

Témoin EUCHMANN Anna, née en 1949,
responsable de l'inscription à la polyclinique.

L'AVOCAT : Quelles sont vos fonctions?

EUCHMANN : J'inscris les malades aux consultations.

L'AVOCAT : Ceux qui viennent pour la première fois?

EUCHMANN : Non, tous.

L'AVOCAT : Quels sont les documents qu'ils vous présentent?

EUCHMANN : Ceux qui viennent pour la première fois, une ordonnance les envoyant à la polyclinique — ceux qui reviennent, rien.

L'AVOCAT : En vient-il sans ordonnance?

EUCHMANN : Quelquefois.

L'AVOCAT : D'où viennent-ils?

EUCHMANN : De différentes régions.

L'AVOCAT : Si un malade se présente sans ordonnance, peut-il être reçu en consultation?

EUCHMANN : Oui, avec l'autorisation du médecin-chef ou du responsable de la polyclinique.

L'AVOCAT : Et dans quels cas cette autorisation est-elle délivrée?

EUCHMANN : Je ne sais pas.

STERN : Comment les malades étaient-ils acceptés à mes consultations?

EUCHMANN : Tous ceux qui le voulaient. S'ils le demandaient, je les inscrivais pour vous.

STERN : Y avait-il des difficultés?

EUCHMANN : Aucune. Vous les receviez tous.

STERN : Tous les malades étaient-ils reçus le jour même ou bien les reportait-on au lendemain, si le temps manquait?

EUCHMANN : Non. Tous ceux qui s'étaient inscrits étaient reçus le jour même. Il vous arrivait souvent de travailler plus tard que la journée de travail normale.

STERN : Y avait-il des jours où il m'arrivait de recevoir, même à la place des autres médecins, jusqu'à 80 personnes par jour?

EUCHMANN : Oui.

LE PRÉSIDENT : Vous savez pourquoi STERN a été arrêté?

EUCHMANN : Il y a des rumeurs disant que c'est pour les pots-de-vin. Je ne sais rien à ce sujet.

Témoin LIVCHITZ Feiga, née en 1927,
médecin au dispensaire.

LIVCHITZ : Je connais STERN depuis 10 ans. Nos rapports étaient professionnels.

LE PROCUREUR : Vous receviez souvent des malades atteints de déficience du développement sexuel?

LIVCHITZ : Plusieurs par jour.

LE PROCUREUR : Vous leur prescriviez des préparations hormonales?

LIVCHITZ : Les malades qui étaient envoyés par le conseil

de révision, nous ne les traitions pas, nous les adressions à Stern.

le procureur : Qui a établi cette règle?

livchitz : Je suis venue de l'hôpital au dispensaire l'année dernière et c'était déjà établi ainsi. Donc, je ne sais pas.

le procureur : Vous exécutiez vous-même les soins?

livchitz : Non, c'était l'infirmière, au cabinet n° 3.

le procureur : Des médecins le font-ils?

livchitz : Non.

le procureur : Pourquoi?

livchitz : C'est à l'infirmière de le faire.

le procureur : Personnellement, avez-vous acquis des médicaments, vous les procuriez-vous pour les malades?

livchitz : Non.

le procureur : Savez-vous si des médecins avaient de tels agissements?

livchitz : Non.

le procureur : Savez-vous quelque chose à propos d'argent reçu par des médecins, à propos de vente de médicaments?

livchitz : Non.

l'avocat : Qui délivrait les diagnostics au conseil de révision régional?

livchitz : Le Dr Stern.

l'avocat : Pour ce faire, il devait examiner le malade?

livchitz : Obligatoirement.

l'avocat : Vous arrivait-il de recevoir des adolescents avec leurs parents?

livchitz : Quelquefois.

l'avocat : Si des adolescents venaient avec leur mère, les dénudiez-vous en sa présence?

livchitz : Cela dépend. Si l'enfant n'y voyait pas d'inconvénient.

stern : Qu'avez-vous à dire de mes connaissances en matière de traitement de l'hypogénitalisme?

livchitz : Je vous tiens pour un homme extrêmement qualifié dans ce domaine.

le président : Nous sommes tous ici des non-spécialistes en médecine : moi, je suis juriste, cet assesseur-juré travaille dans une usine, l'autre a aussi de l'instruction, c'est un ancien militaire. Dites-nous, à titre d'information : vous recevez un garçon de 16 ou 17 ans et constatez qu'il est insuffisamment développé. Si STERN ne se trouve pas à la polyclinique, que faites-vous?

LIVCHITZ : Je dis au malade de revenir quand STERN sera là.

LE PRÉSIDENT : Ce n'est pas ce que je vous demande. Est-il nécessaire de montrer les organes génitaux de l'enfant à sa mère?

LIVCHITZ : Cela regarde le médecin.

LE PRÉSIDENT : Mais n'est-il pas suffisant de dire simplement à la mère ce qui en est. Comment agiriez-vous?

LIVCHITZ : En général, j'essaye d'épargner les adolescents et les mères. J'aurais plus de facilité à l'expliquer au père.

LE PRÉSIDENT : Quel est le règlement d'inscription des piqûres faites aux malades?

LIVCHITZ : Toutes les manipulations doivent être inscrites sur la fiche.

LE PRÉSIDENT : Où sont exécutées les piqûres?

LIVCHITZ : Dans le cabinet n° 3.

LE PRÉSIDENT : Y a-t-il un registre journalier où l'on inscrit chaque piqûre?

LIVCHITZ : Oui, un tel registre est tenu.

LE PRÉSIDENT : Avez-vous connaissance d'une méthode particulière utilisée par le Dr STERN pour le traitement de l'hypogénitalisme?

LIVCHITZ : Non, je ne sais rien à ce sujet.

Témoin SCHWARZBURG Arkadii, né en 1914, médecin du dispensaire des maladies cutano-vénériennes.

L'AVOCAT : Vous connaissez STERN depuis longtemps?

SCHWARZBURG : Depuis de nombreuses années.

L'AVOCAT : Dans votre dispensaire, y a-t-il un endocrinologue?

SCHWARZBURG : Non, mais nous avons souvent appelé STERN en consultation. C'est un spécialiste très expérimenté.

LE PRÉSIDENT : Savez-vous quelque chose de ses activités criminelles?

SCHWARZBURG : Non. C'est un très bon médecin. J'ai même envoyé ma femme se faire soigner chez lui. Je ne l'aurais pas fait si je ne pensais pas le plus grand bien de lui.

LE PRÉSIDENT : Vous savez pourquoi il comparaît en justice?

SCHWARZBURG : Je ne le sais pas. Je le connais comme un médecin d'une honnêteté absolue.

UN MILICIEN : OURBANSKY vient d'arriver, ainsi qu'une femme.

LE PRÉSIDENT : OURBANSKY n'a qu'à partir et revenir demain. Faites entrer la femme.

Témoin STRIJEVSKAÏA Chendela, née en 1921, chef de service à l'hôpital n° 3.

STRIJEVSKAÏA : Je connais STERN depuis de longues années, quand il travaillait encore au sanatorium. C'est un très bon médecin. Nous avions souvent recours à lui. Il a soigné mon père. Mon père était toujours très content de lui. Il n'a jamais refusé de venir en tant que consultant à notre hôpital.

STERN : Dites-moi, vous arrivait-il de m'appeler en consultation la nuit?

STRIJEVSKAÏA : Oui, très souvent la nuit.

STERN : Est-ce que je touchais un argent quelconque pour ces consultations?

STRIJEVSKAÏA : Non, c'était toujours à titre absolument gratuit.

LE PROCUREUR : Dites-moi, STERN, reconnaissez-vous avoir reçu de l'argent ne serait-ce que dans un seul épisode?

STERN : Je ne me reconnais coupable dans aucun des épisodes. Je peux donner des explications pour tous.

LE PROCUREUR : Comment expliquez-vous vos dépositions à l'instruction?

STERN : En principe, j'admets avoir pu prendre deux boîtes de Horéogonine à VALINKINA et les avoir recédées au même prix à quelqu'un d'autre, bien que je ne m'en souvienne plus. Il n'est interdit à personne ni d'administrer des piqûres et d'en surveiller les effets, ni d'acheter des médicaments pour des gens, quand ils sont introuvables. Je reconnais que j'ai fait là une grosse bêtise, bien que je l'aie faite dans l'intérêt des malades. Je l'ai fait pour 25 personnes parmi les 75 000 que j'ai reçues durant cette période. Et maintenant, on m'en fait grief.

LE PROCUREUR : Vous avez demandé que l'on change la qualification de l'article 168?

STERN : Vous n'avez lu apparemment que la moitié de la déclaration que j'ai en effet écrite. J'écrivais que j'espérais qu'au procès il sera clairement établi que je n'étais coupable en rien. Pendant trois mois et demi après mon arrestation, je n'ai pas été interrogé en prison. Je ne voudrais pas soulever une agitation démesurée en parlant des conditions dans lesquelles j'ai été détenu...

LE PRÉSIDENT : Ce n'est pas une villégiature...

STERN : Mais pas un bagne non plus...

LE PRÉSIDENT : Mais pas une villégiature.

STERN : J'estimais que toutes les élucubrations à mon adresse contenues dans le dossier ne pouvaient en tout état de cause être qualifiées de corruption. Je pensais que cela serait établi au procès. Je ne me reconnais pas coupable et estime que mon arrestation est un cas de justice sommaire en représailles de mon désir de quitter ce pays.

LE PRÉSIDENT : Votre désir, ou celui de vos enfants? Vous n'aviez pas dit auparavant que vous désiriez...

STERN : Croyez-vous vraiment qu'après ce qui s'est passé, je resterai ici?

LE PROCUREUR : Qui doit surveiller le respect des règlements intérieurs au dispensaire?

STERN : Notre dispensaire est très petit. Il n'y a qu'un seul administrateur — le médecin-chef. Je ne m'occupais que des aspects médicaux; je ne remplissais aucune fonction administrative, ni concernant des ordres donnés au dispensaire, ni les questions financières.

LE PROCUREUR : Qui est préposé au contrôle de la qualité des examens et des soins prodigués aux malades?

STERN : Sur le plan médical, un contrôle n'est exercé que du point de vue des diagnostics. Tous les médecins pouvaient me demander conseil. Le contrôle général était exercé par le médecin-chef.

LE PROCUREUR : Qui surveillait les médecins pour qu'ils inscrivent bien tous les actes médicaux sur les fiches?

STERN : A chaque examen d'un malade, tous les médecins, moi y compris, portent des notes sur les fiches. C'est le devoir direct du médecin. Il n'existe aucun contrôle là-dessus.

L'AVOCAT : Émettiez-vous des ordres au niveau de tout le département polyclinique du dispensaire?

STERN : Je n'ai jamais émis aucun ordre ni aucune instruction. Je n'ai jamais rempli aucune fonction administrative et n'avais pas à la remplir.

26 DÉCEMBRE 1974

Douzième jour du procès

LE PRÉSIDENT : La Cour a étudié d'office l'ordre du ministère de la Défense de l'U.R.S.S. reçu par le commandement militaire concernant le renforcement du réglement des examens médicaux des militaires et des réservistes.

La Cour a réclamé d'office au département de la Santé publique de Vinnitza la liste du personnel et des renseignements sur le département polyclinique du dispensaire endocrinologique de Vinnitza.

Nous avons appris que le témoin POTOKER était malade. Nous donnons lecture de sa déposition : POTOKER est le secrétaire de la cellule du Parti du dispensaire, technicien en radiologie. Voici son témoignage sur STERN :

« STERN avait un caractère emporté, aimait à se mettre en avant... était prétentieux. Il avait empêché l'excursion du personnel du dispensaire au ramassage des betteraves. Très souvent il ne se rendait pas aux réunions du Parti... Des bruits couraient au sujet d'exactions et de pots-de-vin, mais personnellement, je n'ai rien entendu de tel des malades... »

STERN : Je suis persuadé que s'il était ici, son témoignage serait différent. Sa déposition contient de monstrueuses déformations des faits réels. Dans la mesure où cela n'a aucun rapport avec les épisodes de l'accusation, je m'abstiendrai de donner des explications détaillées.

LE PRÉSIDENT : Avez-vous fait l'objet de sanctions du Parti?

STERN : Oui, en 1960, j'ai été victime d'une campagne de persécution analogue...

LE PRÉSIDENT : Cela n'intéresse pas la Cour. Vous avez reçu un blâme?

STERN : Oui, et j'essaye de l'expliquer. Le blâme a ensuite été levé.

LE PRÉSIDENT : S'il a été levé, c'est tout. Cela ne nous intéresse plus...

Les témoins suivants ne se sont pas présentés : JOURANSKY, KARPINSKY, GALIKH, NARKOMVELO, TIMOFEEVA, POLICHTCHOUK S., VOLINKINA, DIVOTCHKA, SLAVSKY. Ainsi, neuf personnes ne se sont pas présentées. Quelle est l'opinion des parties de clore l'instruction à l'audience sans ces témoins?

LE PROCUREUR : A mon avis, tout est clair. J'estime possible de clore l'instruction à l'audience.

L'AVOCAT : J'insiste sur la convocation de VOLINKINA ou demande au moins de donner lecture de sa déposition.

LE PRÉSIDENT : La Cour ayant délibéré sur le siège, a décidé de donner lecture de la déposition de VOLINKINA.

Déposition de VOLINKINA A., née en 1921 :

« ... mon petit-fils Vitallii suivait un traitement à base de Horéogonine... Le médicament en ampoules avait été envoyé par ma fille qui travaille dans la région de Magadan. Il me restait une boîte... J'ai pensé que c'était un médicament coûteux et qu'il était dommage de le jeter. Je l'ai apporté à STERN et il m'a dit qu'il le donnerait à quelqu'un. J'ai apporté deux boîtes de 10 ampoules et STERN m'a donné en retour soit 10, soit 15 roubles, je ne me souviens plus exactement... »

LE PRÉSIDENT : Y a-t-il d'autres remarques?

LE PROCUREUR : Je demande que soit versé au dossier un extrait des ordres émis par le Département de la Santé publique de la région de Vinnitza le 12 novembre 1974, concernant les insuffisances dans le travail du dispensaire endocrinologique, où il est précisé en particulier que :

« Le médecin-chef OURBANSKY, faisant preuve de courte

vue, ayant permis à la corruption et à l'escroquerie de fleurir au dispensaire..., reçoit un blâme sévère avec un avertissement... »

STERN : Je n'arrive pas à comprendre comment des ordres faisant état de mes abus aient pu être émis encore avant la fin du procès!

Je voudrais compléter ce que j'ai dit au sujet de la sanction du Parti qu'avait mentionnée le Président : en 1960 j'ai eu une histoire analogue...

LE PRÉSIDENT : Inutile d'en parler. La Cour est au courant. La sanction a été levée et cela ne nous intéresse pas.

STERN : Mais je dois en parler! Cela a un rapport avec l'affaire. Le Parquet s'en était occupé à l'époque, on avait interrogé des centaines de patients, comme maintenant, sans rien découvrir qui puisse servir à entamer des poursuites. La différence entre 1960 et 1974 est le désir de ma famille d'émigrer, ce qui a assuré la possibilité de me persécuter. J'espère que la Cour saura juger tout cela et ne permettra pas que je devienne la proie d'une justice sommaire.

LE PRÉSIDENT : Accusé! Personne n'a l'intention de faire de vous la proie d'une justice sommaire! Nous saurons juger de tout! C'est la raison pour laquelle nous sommes réunis ici. Nous jugerons de tout avec une totale objectivité. Nous vous jugerons, guidés par notre conscience de Parti, notre devoir de citoyens et notre dévouement à la Patrie!

STERN : J'ai encore des requêtes. Ma mère a 87 ans. Je demande à la Cour de s'adresser aux organes du M.V.D. avec la prière de m'accorder une entrevue avec ma mère. Jusqu'à maintenant cela me fut refusé. On n'avait même pas enregistré ma demande...

LE PRÉSIDENT : Votre requête est claire. Ce n'est pas la peine d'en parler. Dans la salle se trouvent des gens qui notent tout cela et ensuite le transmettent en Occident en le déformant.

STERN : Une autre requête : Je demande à la Cour de prononcer un arrêt concernant la nomination d'un second conseil de médecins au sujet de mon hospitalisation à l'infirmerie de la prison. Le dernier conseil, tenu par les médecins du M.V.D., s'est borné à un examen formel, ne m'a fait aucune prescription et le seul résultat fut sa conclusion que mon état de santé me permettait de participer au procès. Ensuite, grâce à la décision de la Cour, j'ai pu voir un phtisiologue qui m'a examiné et m'a fait toutes les prescriptions nécessaires. Cependant je n'ai pas reçu le moindre comprimé jusqu'à maintenant, bien qu'environ 10 jours aient passé. Je suis médecin, je connais mon état et sais ce qui me menace si mes hémoptysies ne s'arrêtent pas.

LE PRÉSIDENT : Quel est l'avis de l'accusation concernant les requêtes?

LE PROCUREUR : Pour la question des soins, il faut s'adresser à l'infirmerie de la prison. Quant aux entrevues avec la famille, la décision appartient à la Cour.

L'AVOCAT : Je soutiens les requêtes de STERN.

STERN : J'ai encore une requête à propos...

LE PRÉSIDENT : Je vous demande de ne pas lire vos requêtes, étant donné que des notes sont prises dans la salle, qui sont ensuite mal interprétées. Remettez-les à la Cour, elles seront examinées. La Cour, ayant délibéré sur le siège, décide de verser les requêtes de l'accusé au dossier. Pour ce qui est des visites — après le verdict.

L'instruction à l'audience est terminée. Je demande aux parties de se préparer à plaider.

Après une suspension d'audience :

LE PRÉSIDENT : La parole est donnée au camarade KRIVOROUTCHKO, vice-procureur de la région de Vinnitza, Conseiller supérieur de justice, pour soutenir l'accusation publique.

REQUISITOIRE

LE PROCUREUR : L'instruction à l'audience est terminée. Maintenant nous pouvons tirer les conclusions de nos deux semaines de travail. Avant tout, je voudrais vous dire, camarade Président, camarades assesseurs-jurés, que cette affaire ne présente aucune complication. C'est une affaire très ordinaire de corruption et d'escroquerie. Elle ne diffère en rien des autres affaires sans complications que vous avez eu à juger dans cette même salle. Mais autour de cette affaire, qui n'a rien de remarquable ni de différent des autres affaires semblables, l'accusé et des personnes intéressées ont créé une ambiance artificiellement brûlante. Cette ambiance s'est même accompagnée, comme vous le savez, de chantages divers, de provocations et de calomnies. Tout cela ne servait pas à un examen objectif de la présente affaire.

L'accusé a mis en avant une version prétendant que cette affaire était soi-disant le résultat de la décision de ses fils de partir à l'étranger et qu'à son inculpation criminelle ont participé des ennemis professionnels particulièrement malveillants, dans le but de se débarrasser de lui.

Mais ces arguments, comme la voix criant dans le désert, n'ont trouvé absolument aucune confirmation dans les faits examinés au cours de la procédure.

Interrogés aux audiences, de simples citoyens soviétiques, des kolkhoziens, des travailleurs, des retraités, des adolescents ont spontanément, simplement raconté d'une manière convaincante dans quelles circonstances et pourquoi ils avaient donné de l'argent à l'accusé. Aux questions qui leur furent posées, ils ont répondu que personne ne leur avait demandé de faire des dépositions dans ce sens, qu'ils ne calomniaient pas l'accusé, qu'ils relataient ce qu'ils savaient et ce qu'ils avaient fait.

Au cours des audiences, il fut établi que l'accusé se servait en effet de ses connaissances, acquises gratuitement à l'Institut médical, de son expérience pratique, de sa profession la plus humanitaire, la plus utile au genre humain, pour son enrichissement personnel. Et où, je vous le demande? Dans un pays où la Constitution a assuré le droit aux soins médicaux gratuits pour tous, dans l'intérêt de la consolidation de la santé des citoyens soviétiques.

Stern a trahi le serment d'Hippocrate, cet extorqueur faisait son beurre avec le malheur et les souffrances d'autrui. Il a perdu la conscience pure et le bon cœur du médecin et transformé sa main ferme en patte à graisser, sur laquelle venaient s'accumuler les billets de banque arrachés aux enfants, seul moyen d'existence de certains d'entre eux. Cet Esculape

— dieu de la médecine — ne dédaignait rien, ni les groseilles, ni les œufs, ni la volaille. Il faisait un business de tout. La cuisine de Stern faisait feu de tout bois. Et pour prouver qu'il ne s'agit pas d'affirmations gratuites, je me réfère aux dépositions de quelques témoins, par exemple Souchko, Overtchouk, Goujva, Pchik, Matvienko, Korol, Netchiporouk, Malichevsky.

Il est vrai qu'aux demandes directes et indiscrètes de l'accusé — il n'avait pas honte de poser des questions cherchant des compliments — certains témoins ont répondu qu'ils le remerciaient pour ses soins. C'est tout naturel, il faut remercier, les gens de chez nous savent remercier, mais pas à la manière Stern, à la manière soviétique, modestement. Ils veulent aujourd'hui, de cette tribune publique, exprimer leur indignation. Ils appelent Stern extorqueur et grippe-sou. Il ne peut en être autrement, car de tels actes, commis par un médecin dans notre pays contredisent les principes de la moralité socialiste, sont contraires aux lois soviétiques. Là-bas en Occident, on peut faire du business avec n'importe quoi, y compris avec le malheur et les souffrances humaines. Tandis que dans notre Patrie socialiste, de tels actes sont poursuivis par la loi, dans l'intérêt de la santé de chaque homme soviétique...

Le Procureur parla pendant plus d'une heure, se servant d'un texte dactylographié. Son réquisitoire reprenait quasi textuellement, un par un, tous les épisodes de l'acte d'accusation. Il termina par ces paroles :

Citoyens juges, le voilà devant vous, ce criminel ayant commis des crimes d'État! Regardez ses yeux, vous y verrez la soif de profit. Le profit, toujours le profit, aux dépens des vivants et des morts, voilà ce qui fut l'essentiel de sa vie, voilà son credo!

Je demande de reconnaître Stern Mikhaïl coupable des crimes selon les articles 168 paragraphe II et 143 paragraphe II du Code pénal de la R.S.S.d'Ukraine et de le condamner à

9 ans de privation de liberté à purger dans une colonie de travail correctif à régime renforcé, avec confiscation de ses biens.

Et ce sera justice!

LE PRÉSIDENT : L'audience est suspendue.

Après la suspension d'audience :

LE PRÉSIDENT : La parole est à l'avocat AXELBANT du barreau de Moscou, conseil de l'accusé.

PLAIDOIRIE

L'AVOCAT : Citoyens juges!

L'heure est venue pour la défense de donner son point de vue sur l'affaire. Il est vrai que durant tout le déroulement du procès, la défense de STERN n'a pas caché que les charges réunies par l'instruction à l'encontre de l'accusé n'étaient pas suffisamment fondées ni pour faire comparaître STERN, ni, à plus forte raison, pour le condamner.

Je n'étais pas constitué dans cette affaire lors de l'instruction. Je ne suis donc pas tenu de me sentir lié au point de vue du confrère qui m'a précédé, n'ayant pas participé à ce stade de la procédure. Cependant, le premier avocat, SKRIPNIK, en signant le procès-verbal de clôture de l'instruction, s'est également déclaré en désaccord avec l'essentiel — la présence dans les actes du Dr STERN d'éléments constitutifs du crime réprimé par l'article 168 du Code pénal de la R.S.S.d'Ukraine.

Le Procureur général a renoncé à incriminer STERN dans trois épisodes. Je le remercie de sa « bonté ». Cependant, je réfute en totalité la qualification criminelle des faits inscrits dans l'acte d'accusation. Il y a de nombreux épisodes. Chacun doit être analysé. Mais auparavant doivent être évoquées certaines circonstances, que je ne ferai qu'effleurer avec modération. Sans elles il n'est pas possible d'apprécier le document juridique qu'est l'acte d'accusation ni d'estimer à leur juste valeur les dépositions des témoins. Il m'est très pénible d'en parler, mais je le dois, la loi m'y oblige.

Tout a commencé le 15 mai 1974, quand l'un des fils du Dr Stern a reçu l'autorisation de partir pour l'étranger. La présence de Stern au banc des accusés, les perquisitions, les interrogatoires massifs de témoins — tout a commencé et tout a pris immédiatement sa nuance, hélas, très déplaisante. Elle a trouvé son expression la plus ouverte et la plus cynique dans la déposition des témoins Overtchouk et Matvienko. Le temps terrible pour les médecins du début des années 1950 a brusquement et distinctement resurgi. Des bruits furent répandus sur des meurtres rituels d'enfants perpétrés par Stern. Je ne puis le passer sous silence, bien que l'acte d'accusation ne le mentionne pas. Car ce fut la toile de fond, l'origine de toute l'affaire contre le Dr Stern. Tout le procès se profilait sur ce fond. C'est pourquoi je dois, avant l'analyse des divers épisodes, démontrer l'essentiel, dire qui est l'homme assis au banc des accusés, qui est le Dr Stern.

Comment peut-on assembler l'inassemblable? Quels sont les mobiles poussant à la fabrication d'une affaire aussi retentissante que celle de Mikhaïl Stern?

Encore étudiant, Stern s'est passionné pour l'endocrinologie, une des branches les plus complexes de la médecine. Il avait terminé ses études à l'Institut médical en 1944 et travaillait dans un hôpital militaire. Il était un médecin expert et amoureux de son métier. Il créa le premier dispensaire endocrinologique en Ukraine et y travailla pendant de longues années en tant que chef du département des consultations. Des centaines de personnes venaient à Stern. Il les aidait par ses conseils, par ses traitements, par son attitude aimable et attentive. Il y gagna l'affection des gens. Mais les honneurs ont leur revers. On les envie. Ici, durant la procédure judiciaire, cette envie s'est particulièrement dévoilée, envie devenue haine, elle éclatait dans la joie de « confrères » du Dr Stern de voir leur « rival » derrière les barreaux. Ceci concerne entre autres l'expert Olnev et l'expert Koutchouk.

Je dois dès l'abord vous dire que, malheureusement, au cours du procès les droits de l'accusé ont été lésés : sur les 79 témoins que Stern et son conseil ont demandé de convoquer, la Cour n'en a fait venir que trois.

Les témoins à charge ont été soumis, durant l'instruction, à des procédés pas toujours légaux. J'attire l'attention de la Cour sur la commission rogatoire (cote 2, p. 70) adressée à tous les Parquets départementaux de la région par le juge d'instruction Kravtchenko. Dans cette commission rogatoire se reflète comme dans un miroir toute la conception accablante du juge d'instruction. Il ordonne d'interroger les témoins en leur posant ces questions : « De quelle façon Stern vous a-t-il extorqué de l'argent?... combien d'argent avez-vous remis à Stern? » Kravtchenko écrit également : « J'attire votre attention sur l'aspect psychologique de ces interrogatoires, assurant les interrogés de la possibilité de ne pas être poursuivis pour avoir donné des pots-de-vin. »

Il n'est pas besoin d'être fin psychologue pour comprendre que ce document, envoyé par les supérieurs hiérarchiques, devait être interprété de la manière suivante : 1) Stern était un corrompu et un escroc; 2) on entreprenait une recherche tous azimuts des preuves de sa culpabilité; 3) depuis bientôt quatre mois qu'il avait été arrêté, on n'avait pu apporter ces preuves; 4) étant donné que pour les pots-de-vin la responsabilité incombe non seulement au preneur mais aussi au donneur, ce dernier serait absous de ce péché. De cette façon, parmi la grande masse des gens interrogés pouvait se trouver un homme sans scrupule, tenté de se venger.

Ce que signifie effectivement « le caractère psychologique des interrogatoires », seul Kravtchenko le sait, ainsi que les vingt-cinq enquêteurs des départements...

Pardonnez-moi, citoyens juges, ce n'est qu'en s'exprimant avec modération et retenue que l'on pourrait qualifier tout ceci de scandale. Ce n'est pas un scandale, c'est un crime contre la justice! Un double crime car il émane de ceux qui ont pour mission de rendre la justice; un triple crime car il est le support de l'édifice accusation. Selon la plus élémentaire logique, la loi ne saurait reposer sur l'illégalité — la justice sur le crime!

Enfin, je voudrais attirer l'attention sur l'état de santé de l'accusé. Les interrogatoires n'étaient pas interrompus même quand il crachait du sang.

Ni à l'instruction, ni au procès, Stern ne s'est reconnu coupable. Il n'a pas simplement nié les faits, mais donné des explications détaillées et approfondies pour chaque épisode. Il me faut ici exprimer le regret que la confrontation avec les témoins que Stern avait pourtant exigée avec insistance, lui ait été refusée, bien que la brigade des vingt-cinq enquêteurs ait déployé tout son zèle en interrogeant 2 000 personnes. Pourquoi? Tout ce que je viens de dire doit conduire la Cour à la nécessité de méditer la question : Pourquoi Stern s'est-il trouvé derrière les barreaux? Doit-il être tenu pour responsable de ce qu'il n'a pas commis?

Maintenant, permettez-moi d'aborder l'analyse circonstanciée des faits exposés dans l'acte d'accusation et pour la plupart examinés durant les débats *...

J'en aurai fini de plaider en concluant sur l'énoncé de données de poids, auxquelles la Cour se doit d'accorder toute son attention :

1) Ni l'instruction, ni les débats, ni les auditions des témoins n'ont pu établir que les actes de Stern sont susceptibles de la qualification criminelle de corruption ou d'escroquerie, c'est-à-dire qu'il est passible des peines prévues par les articles 168 et 143 du Code pénal de la R.S.S.d'U.

2) Les faits de la cause sont tels qu'ils ne relèvent pas d'une qualification faisant encourir une peine criminelle de droit commun, mais peuvent seulement être considérés comme une pratique privée de la médecine avec rémunération librement consentie.

3) Stern a plaidé non coupable et ne se reconnaît pas coupable. Ses arguments sont fondés et de poids. Quant aux incitations aux témoignages tendancieux — elles ne dégagent pas simplement une odeur nauséabonde — elles sont punissables par la loi.

4) Face à l'action du ministère de la Santé de la R.S.S. d'U. qui, longtemps avant le procès, dans une circulaire confidentielle, l'avait désigné comme escroc et extorqueur et donné des ordres pour qu'il fasse l'objet de larges discussions dans les milieux médicaux — toujours la même toile de fond, toujours la même odeur! — je m'en remets à l'appréciation de la Cour.

* Pour les épisodes précis, voir le *Pourvoi en Cassation* en annexe.

Citoyens juges! Je comprends l'attitude de Stern se déclarant non coupable sur tous les points présentés par l'accusation. Comme vous avez pu le voir, les charges, lourdes à première vue, se sont avérées juridiquement inconsistantes, non fondées et se sont complètement effondrées au cours des débats.

Je suis persuadé qu'une élémentaire logique juridique et les faits de la cause doivent démontrer que vous avez devant vous un homme absolument innocent. Aucun des épisodes qui lui sont reprochés par l'accusation ne comporte des actes passibles d'une peine de droit commun en vertu du Code pénal. Stern s'est très justement exprimé en disant : « Si le papier pouvait brûler de honte, beaucoup de documents se trouvant sur votre bureau prendraient feu ! »

Vous devez non seulement décider du sort de Stern, mais de toute sa famille, de ses proches qui attendent votre verdict avec l'espoir que vous saurez faire abstraction de tout ce qui n'entre pas dans les limites du Code pénal.

Je suis persuadé que la Cour, après examen des données de l'affaire criminelle de Stern, reconnaîtra son innocence, car seul un verdict d'acquittement sera conforme à la vérité.

Lorsque l'avocat eut terminé sa longue plaidoirie, des applaudissements éclatèrent dans la salle pendant une seconde, auxquels se joignit un des policiers en civil, oubliant où il se trouvait et qui il venait d'entendre. Reprenant brusquement ses esprits, il jeta des regards affolés pour voir si son geste incongru avait été remarqué.

LE PRÉSIDENT : Le Procureur désire-t-il profiter du droit de réplique?

LE PROCUREUR : Non.

LE PRÉSIDENT : L'audience est suspendue jusqu'à demain 10 heures du matin.

27 DÉCEMBRE 1974

Treizième jour du procès

10 heures du matin

LE PRÉSIDENT : L'audience est reportée au 30 décembre pour cause de maladie de l'assesseur-juré PODONENKO. Oui! (*Il crie vers la salle.*) Notez et transmettez à l'Ouest : pour cause de maladie!

30 DÉCEMBRE 1974

Quatorzième jour du procès

Dès 9 heures du matin, la salle d'audience fut remplie de « civils » et d'un groupe de travailleurs d'une usine de chaussures, étonnés mais ravis de cette journée chômée.

La famille de STERN *ne put pénétrer que grâce à un retard de l'avocat sans lequel l'audience ne pouvait commencer.*

L'accusé attendait depuis plusieurs heures. Sur son visage déjà pâle, qui était ce jour-là d'un étrange gris terreux, on pouvait lire les efforts surhumains qu'il faisait pour tenir debout.

Enfin la voix du Président mit un terme à la pénible attente :

LE PRÉSIDENT : La parole est à l'accusé pour la déclaration finale.

STERN : Citoyens juges, dans sa déclaration finale, l'accusé tente généralement de se défendre. Je ne me défends pas, *j'accuse!* « J'accuse » — disait le grand Zola dans l'affaire du juif DREYFUS. J'accuse, dis-je, dans l'affaire du médecin juif STERN. La parole est à l'accusé. Me voici devant vous, face aussi à des centaines de milliers de gens à qui j'ai porté assistance en 30 ans passés au service de la médecine. Je suis persuadé, citoyens juges, qu'en ce jour mémorable, le verdict qui me frappera ne sera pas seulement le vôtre, mais celui de centaines de milliers de mes anciens patients, de milliers de malades, dont j'ai soulagé les souffrances. Me voici devant vous, citoyens juges, la conscience absolument pure, comme médecin, homme, mari, père et citoyen soviétique. En ces 30 longues années de pratique, je n'ai jamais fait dépendre mon assistance médicale de quelconques avantages matériels. J'ai toujours été guidé par l'intérêt supérieur de l'efficacité des soins et de la guérison des malades. Je laisse les discours concernant la soi-disant « amoralité » de certains de mes actes médicaux aux hypocrites, aux tartufes et aux xénophobes!...

J'ai la profonde conviction...

LE PRÉSIDENT, à Victor STERN : Victor, vous enregistrez?

Victor STERN : Je ne comprends pas...

LE PRÉSIDENT : Vous enregistrez?

Victor STERN : Qu'est-ce que j'enregistre?

LE PRÉSIDENT : Le procès... la déclaration finale.

Victor STERN : Je ne comprends pas ce que cela a à voir avec l'affaire.

STERN : L'acte d'accusation rédigé par le juge d'instruction Vitalii KRAVTCHENKO, apparaît comme un faux odieux, d'un antisémitisme incroyable et inadmissible de nos jours. Il me rappelle le fameux « Protocole des Sages de Sion » — un immonde faux contre le peuple juif, utilisé par les hommes de main du diabolique HITLER — GOEBBELS et ROSENBERG. J'espère que la Cour saura le juger. En outre, mon acte d'accusation n'est pas seulement un modèle de falsification, mais un modèle d'indigence juridique. Malgré moi me reviennent à l'esprit les paroles de Karl MARX, juif, lui aussi : « L'ignorance apportera encore beaucoup de maux à l'humanité. » La brillante argumentation juridique de la plaidoirie de mon avocat a littéralement pulvérisé, à mon avis, le représentant de l'accusation publique. Personne ne prétend, citoyens juges, aux lauriers d'Alexandre de Macédoine, mais la plaidoirie de mon avocat, à l'instar du glaive du grand général de l'Antiquité, a tranché d'un seul coup le nœud gordien de la prétendue qualification criminelle des faits qui me sont reprochés, démontré d'une manière éclatante l'absence de fondement juridique des accusations. Le procureur KRIVOROUTCHKO a fait une tentative à l'aide de mauvais moyens. Il a essayé de présenter l'odieux procès du médecin juif STERN comme un banal procès de droit commun d'un vulgaire escroc et « toucheur » de pots-de-vin. Or la grande résonance internationale de ce procès — contre laquelle je me suis élevé et que je n'ai pas voulue, la salle d'audience toujours comble et la foule dans la rue montrent que ce procès n'est pas du tout banal et n'a rien à voir avec une affaire de droit commun.

Le talon d'Achille de l'accusation s'est révélé être l'ignorance juridique, car le point de départ du Procureur est apparu juridiquement sans fondement. Mon avocat, se référant aux articles du Code pénal, aux arrêts de la Cour suprême d'U.R.S.S. et à des cas concrets analogues examinés par cette Cour suprême, a prouvé qu'il n'y avait aucune raison juridique de faire comparaître le médecin Stern. Après l'impressionnant discours de l'avocat, il ne reste que de piteux lambeaux de la vaste robe du Procureur! Un instant j'ai même eu pitié de lui, bien qu'il ait mérité de subir un tel fiasco. Comme dans le célèbre conte d'Andersen, le roi était nu — et l'accusation juridiquement sans fondement. Si des représentants du monde médical, même des pays socialistes, avaient assisté à mon prétendu procès criminel, je suis sûr qu'ils auraient été indignés de cette procédure juridique — ou plutôt non juridique, puisqu'il n'y est pas question de justice — de cette manière de traiter un médecin. Ils auraient estimé que ce procès était une injure à tout le corps médical...

Mais je n'ai pas encore perdu tout espoir en l'équité de la Cour, car j'ai eu l'occasion de constater que parfois elle montrait une certaine objectivité. Toutefois, malgré les déclarations officieuses d'objectivité et d'impartialité, j'ai tout lieu de craindre que mon procès ne se transforme en la même tragi-comédie que son instruction, où le juge d'instruction Kravtchenko, avec l'aide active du professeur Zelinsky, antisémite convaincu, a fabriqué durant cinq mois l'affaire accusant le Dr juif Stern d'escroquerie et de corruption...

Je proteste avec véhémence contre l'odieuse accusation de corruption et d'escroquerie. Cette accusation n'est qu'un camouflage primitif, ayant pour but de me compromettre et de faire de moi la proie d'une justice sommaire. Mon affaire est un cas évident de représailles motivées par l'intention de membres de ma famille de quitter l'U.R.S.S. Cette intention n'est en rien contraire aux lois soviétiques; elle est conforme aux principes et idéaux de la Déclaration des droits de l'homme, adoptée par les Nations unies et contresignée par tous ses membres, y compris l'U.R.S.S. Mon affaire criminelle a été fabriquée sur le modèle de la tristement célèbre affaire des « blouses blanches » en 1952, quand d'éminents docteurs, juifs de nationalité, ont été faussement accusés d'espionnage et d'empoisonnement...

Citoyens juges, je suis convaincu qu'il y a des gens qui veulent sacrifier le Dr STERN pour faire un exemple, créer un précédent, montrer qu'on peut régler son compte à n'importe quel homme en collant sur lui l'étiquette appropriée, comme on essaye de me coller l'étiquette de « toucheur » de pots-de-vin et d'escroc, pour donner une forme légale aux persécutions. Je voudrais me tromper, mais, à mon avis, ce procès doit servir d'avertissement à ceux qui voudraient exercer leur droit légal de quitter le pays. Il faut être un homme courageux et brave pour prendre ce risque, sachant qu'on peut être jeté en prison sur de faux témoignages. J'ai le droit d'affirmer être un homme brave et courageux. Je fais partie de ceux qui préfèrent mourir debout plutôt que de vivre à genoux devant les ZELINSKY, KRAVTCHENKO et leurs semblables!

Comprenant que le grand retentissement de mon procès pourrait être utilisé contre l'Union soviétique, j'en ai appelé, dans mes innombrables lettres à toutes les instances, citoyens juges, durant les 6 mois de ma détention préventive, à l'humanité, à la raison et à la clairvoyance. Je mettais en garde contre le retentissement de mon procès, soulignais qu'il fallait l'arrêter, mettre un terme à la procédure et réhabiliter le Dr STERN, membre utile et nécessaire de la société soviétique. Tous mes appels à la raison et à la justice sont restés comme la voix criant dans le désert et le juge d'instruction KRAVTCHENKO ne s'est pas gêné pour me déclarer d'une voix tranquille qu'on me ferait pourrir en prison et que ma famille serait détruite par n'importe quels moyens.

Durant mes 7 mois de prison, citoyens juges, j'ai connu tous les abîmes de l'injustice, de la cruauté, du sadisme, du fanatisme, de l'indifférence et de l'hypocrisie. Et même après cela, je souscris aux paroles du grand fils de la Russie, qui m'est si cher, A. TCHEKHOV : « S'il faut choisir entre être le bourreau ou la victime, je serai toujours la victime et jamais le bourreau! » Je comprends très bien que chaque siècle doive avoir son moyen âge, et ne m'étonne pas quand se manifestent les traits les plus sauvages de la nature humaine. Je considère que mon procès est aussi un anachronisme, comme peut avoir un relent médiéval l'existence même, de nos jours, d'antisémites et fanatiques du genre du professeur ZELINSKY et du juge d'instruction KRAVTCHENKO.

Ce n'est pas la peine de faire un épouvantail de la question de l'émigration...

LE PRÉSIDENT, *embarrassé :* Accusé STERN, pourquoi croyez-vous que notre gouvernement... eh bien... ne permet pas d'émigrer?

STERN : Je dis justement que des milliers de juifs soviétiques ont usé de leur droit...

LE PRÉSIDENT : Revenez-en à l'affaire...

STERN : ... de rejoindre leurs familles...

LE PRÉSIDENT : Mais vous savez que vos fils ont reçu l'autorisation.

STERN : Mais moi, je suis en prison!

LE PRÉSIDENT : Euh... continuez...

STERN : Des milliers de juifs soviétiques ont usé de leur droit de rejoindre leurs familles, du droit de parler, de lire et d'écrire l'hébreu — la plus ancienne langue du monde, la langue de l'Ancien Testament, la Bible, monument grandiose de la culture humaine...

LE PRÉSIDENT, *élevant la voix :* Accusé STERN! Nous ne nous intéressons pas à la culture, nous sommes dans un Tribunal soviétique et pas dans un musée! Dites ce que vous demandez à la Cour — demandez, demandez!

STERN, *fatigué :* Je ne sais plus où j'en suis... Peut-être faut-il que je dise deux mots au sujet de...

LE PRÉSIDENT : Nous voulons entendre ce que vous demandez à la Cour, c'est tout. Que voulez-vous de la Cour? Que demandez-vous?

STERN : Tant pis. Je vous obéis, bien qu'à franchement parler...

LE PRÉSIDENT : Vous avez le droit de parler, mais seulement en rapport avec l'affaire.

STERN : Vous savez, je vais vous dire... Franchement, je doute de votre droit d'interrompre l'accusé durant la déclaration finale...

LE PRÉSIDENT : Si, la Cour a le droit, s'il aborde des sujets sans rapport avec l'affaire!

STERN : Dans ma déclaration finale, tous les sujets abordés concernent l'affaire.

LE PRÉSIDENT : Quant aux sujets... euh... concernant l'affaire, parlez tant que vous voudrez. Je vous en prie.

STERN : Citoyens procureurs — je veux dire juges — je voudrais attirer votre attention sur une question très importante pour moi en tant que médecin : la question de la modification de mes traitements à l'aide de préparations hormonales. J'ai traité non seulement des insuffisances du développement sexuel des adolescents, mais aussi des troubles sexuels d'origine endocrinienne chez les adultes. Je regrette infiniment, citoyens juges, de n'avoir pas eu le temps de publier mes observations et travaux pratiquement achevés, où j'ai noté presque chaque injection et même sa date. En 30 ans de pratique, j'ai appris à soigner non la maladie, citoyens juges, mais le malade. J'ai appris, pour chaque cas particulier, à trouver la combinaison la plus efficace de préparations hormonales. J'ai appris, pour chaque cas particulier à choisir la fréquence d'administration des hormones... Il n'y a rien d'étonnant au fait que j'aie effectué moi-même les injections des préparations hormonales aux malades, surtout les doses-test d'hormones combinées. Moi seul pouvais évaluer la sensibilité au traitement et seule une observation personnelle me permettait de fixer la dose individuelle de l'hormone combinée. De plus, les hormones ont souvent une consistance huileuse et peuvent donner lieu à des infiltrations tissulaires locales. Pour les éviter, je procédais justement moi-même aux injections. Et voilà le résultat : vous n'avez pas entendu parler, citoyens juges, d'un seul cas de complications générales, d'infiltrations tissulaires locales. Vous vous rappelez sans doute les larmes du témoin, la mère de Stepan BAÏDA... Elle a dit en sanglotant que son fils était complètement infirme, que pendant un an et demi le Dr STERN l'avait soigné avec désintéressement et en avait fait un grand et vigoureux jeune homme. Sans pouvoir achever ce qu'elle voulait dire, elle a crié : « Pourquoi avez-vous mis le Dr STERN en prison? Il a sauvé nos enfants. Rendez-lui sa liberté! Laissez-le continuer à soigner et sauver des gens! »...

Le malade Gromovoï s'adressa à moi dans une période pénible de la vie humaine — la vieillesse. Ce n'est pas pour rien que le grand savant, lauréat du prix Nobel, Ilia METCHNIKOV a dit dans ses « Études » : « La vieillesse est une immense dissonance dans la nature humaine. » A propos, la vie de METCHNIKOV dans la Russie tsariste est un exemple éclatant de génocide. Il était juif, a fait l'objet de persécutions de professeurs membres des « Cent-Noirs », fut contraint de quitter sa patrie russe et de se réfugier en France à laquelle il apporta une nouvelle gloire...

LE PRÉSIDENT, *criant :* Ne vous adressez qu'à la Cour, vous vous répétez !

STERN : Je doute que beaucoup de gens sachent que METCHNIKOV était juif...

LE PRÉSIDENT : Si vous parlez à la Cour, soyez assuré que la Cour le sait.

STERN : D'accord, d'accord, j'en prends note.

LE PRÉSIDENT : Même si nous ne le savions pas, nous l'aurions appris par vos déclarations. Nous avons appris beaucoup de choses que nous ne savions pas.

STERN : J'en prends note...

LE PRÉSIDENT : Adressez-vous à la Cour et non au public !

STERN : Je retire tout... au contraire... Vous ne devez pas m'accuser... Je me retiens déjà de toutes mes forces...

LE PRÉSIDENT : Je dis simplement que ce que vous dites est déjà consigné ici. Demandez à la Cour, demandez !

STERN : Je fais des efforts surhumains pour me contrôler... Le citoyen GROMOVOÏ a eu un grand malheur : sa femme est morte. C'était difficile de vivre seul, il décida de se remarier. C'est alors, à 70 ans, qu'il s'adressa à moi pour rétablir sa puissance sexuelle. J'acceptai à contrecœur, citoyens juges, de me charger du traitement. C'est difficile de rendre sa jeunesse à un homme de 70 ans. Mais GROMOVOÏ savait par un habitant de son village que « seul le Dr STERN pouvait accomplir ce miracle ». Comme l'a dit GROMOVOÏ lui-même, il a rajeuni de 25 ans et reste très reconnaissant au Dr STERN. Mais vous auriez dû entendre, citoyens juges, pendant un des interrogatoires, comme le juge d'instruction KRAVTCHENKO s'intéressait au traitement que j'avais prescrit à GROMOVOÏ ! Le juge d'instruction est un vieil homme lui-même. Je lui ai dit :

« Regardez la fiche et recopiez pour vous le schéma du traitement. » KRAVTCHENKO, pas bête, me dit : « Non, dites-moi quelle combinaison hormonale lui avez-vous administrée quand il venait chez vous? » Je lui répondis : « Quand je sortirai de prison, venez me voir en consultation privée et je vous aiderai ! »

LA SECRÉTAIRE-GREFFIER : Hiiiiii !

STERN : Je regrette que la Cour n'ait appelé qu'un grand nombre de témoins à charge et très peu de témoins de la défense. Si elle avait entendu les 112 témoins de la défense que j'ai demandé de convoquer, vous auriez entendu la vérité sur le Dr STERN, sur son désintéressement et sa manière de soigner les gens.

Comme curiosité, citoyens juges, je vais vous dire que même en prison, des médecins m'ont demandé une consultation pour un malade grave...

LE PRÉSIDENT, *brutalement :* Cela n'a aucun rapport avec l'affaire. Vous comprenez?

STERN : D'accord, d'accord, je retire... Citoyens juges, bien que je... retire l'essentiel...

Le Dr STERN *a un malaise. Une longue interruption.*

STERN : Citoyens juges, je voudrais tout de même dire que ce ne peut être une simple coïncidence, si la persécution de notre famille a commencé lorsque arriva de Moscou le visa, c'est-à-dire l'autorisation d'octroi du visa de sortie, pour mon fils cadet August et que je refusai de lui interdire de partir. Je laisserai de côté... je l'ai déjà raconté... comment des « inconnus » se sont introduits dans notre appartement. Je ne parlerai pas de l'arrestation de mon fils, qui était un acte indigne, bien que ce tribunal n'y ait pas joué un rôle direct. J'attire votre attention, citoyens juges, sur le fait que toutes les déclarations m'accusant de « crimes » ont commencé à affluer simultanément, sur un coup de baguette magique, du 14 au 17 mai 1974 et je fus arrêté le 29 mai.

Citoyens juges, pour une raison que j'ignore, vous vous détournez et considérez, pardon, le Procureur considère, que le professeur ZELINSKY n'a rien à voir dans mon affaire. Or je trouve qu'il faut le mentionner dans la mesure où je suis persuadé qu'il a tout fait pour détruire le Dr STERN. Par analogie, je dirai qu'il y a toujours un gourdin pour ceux qui sont trop intelligents dans l'histoire de l'humanité. C'est ce qui a fait périr sur un bûcher Giordano BRUNO et Jan HUS et fait tomber sous les coups...

LE PRÉSIDENT : Que BRUNO ait péri, nous le savons très bien...

STERN : Bon.

LE PRÉSIDENT : Nous en savons autant que vous!

STERN : D'accord, mais cependant, je voudrais souligner...

LE PRÉSIDENT : Nous n'avons pas besoin de ça!

STERN : ... que le professeur ZELINSKY a voulu détruire le Dr STERN comme en son temps Trofim LYSSENKO, ravageant pendant 25 ans notre science...

LE PRÉSIDENT : Cette histoire, on la connaît aussi...

STERN : ... a détruit VAVILOV.

LE PRÉSIDENT : Et si on ne la connaissait pas, on l'aurait apprise...

STERN : Le professeur ZELINSKY — tout niveau d'études n'est pas niveau de compétence — est un arriviste!

LE PRÉSIDENT : Accusé STERN, n'usez pas de telles expressions!

STERN : Je n'ai déjà pas dit « antisémite »!

LE PRÉSIDENT : Vous n'avez pas le droit non plus de le traiter d'arriviste!

STERN : Si! C'est un arriviste de la plus belle espèce! Je me retiens déjà pour ne pas dire plus! C'est un homme méchant et sans pitié. On ne peut trouver en lui la moindre goutte de culture, de réelle instruction, ni d'hygiène morale! Comme homme et comme endocrinologue, ma conviction profonde est que le professeur ZELINSKY est un nain! Et si le Dr STERN avait vécu selon le principe qu'il faut s'incliner bien bas devant les nains, tout aurait été pour le mieux! Cela fait des années que ZELINSKY et ses acolytes travaillent à me compromettre. Tout y est passé : la calomnie, les ragots et les provocations. Ces derniers temps, j'ai commencé à recevoir, comme vous savez, des lettres anonymes du plus ignoble contenu, dont je ne parlerai pas, à la demande du président de cette Cour.

Je suis persuadé que l'instruction a décidé d'avoir recours aux bons offices du professeur ZELINSKY et de son entourage, car lui seul pouvait souffler aux organes de l'instruction des renseignements sur des affaires vieilles de 6 ans comme celle de GARMASAR, ou de 4 ans comme celle de GOUJVA. J'ajouterai qu'il disait toujours comme Caton le Romain : « Et de plus, Stern doit être détruit! » Je ne dirai rien de la préparation des témoins. Je suis profondément persuadé que cela s'est fait d'une manière basse et criminelle.

Citoyens juges, prêtez, je vous prie, attention à la confrontation, le deuxième jour de mon arrestation, avec le témoin OVERTCHOUK, qui prétendait que son fils avait pu être empoisonné pendant son traitement. J'affirme que son témoignage a pu lui être dicté par quelqu'un. La citoyenne OVERTCHOUK a ajouté : « On vous payait pour mal soigner les futurs appelés. » Je souligne ceci, bien que la citoyenne OVERTCHOUK, une honnête paysanne ukrainienne, se soit rétractée devant la Cour, honteuse d'avoir répété de basses calomnies. Citoyens juges, vous avez pu voir que je n'étais pas un lâche, mais j'ai eu peur à cette première confrontation, quand une simple paysanne m'a jeté à la figure, à moi, homme soviétique, ayant grandi à l'époque soviétique : « Vous avez reçu des ordres pour mal soigner les futurs appelés. Il y a quelqu'un qui vous paye pour ça! Vous êtes un espion! » Comment entendre cela calmement, ces accusations insensées, dignes de l'époque stalinienne?

LE PRÉSIDENT : Elle n'a pas dit ça à l'audience. Tenez-vous-en aux faits, je vous prie.

STERN : Est-ce qu'une simple paysanne aurait pu imaginer que le Dr STERN était un espion? Non, elle ne pouvait pas. On l'a terrorisée, on lui a bourré le crâne, on l'a préparée au mensonge!...

Aussi révoltant, l'interrogatoire de SOLOVEITCHOUK et TIMOCHENKO, que vous n'avez pas voulu appeler à la barre : on les a contraints à porter de faux témoignages évidents au moment de l'interrogatoire au Parquet d'ILIENEZ. On leur a déclaré que j'étais un médecin-meurtrier, empoisonneur d'enfants. Quelle barbarie! Au XXe siècle, dans un monde civilisé, les gardiens de la loi ont recours à d'aussi amorales provocations! Je garde un espoir, quand je pense que les simples paysannes SOLOVEITCHOUK et TIMOCHENKO ont refusé d'être complices d'un tel crime. Elles ont rejeté ce qu'a scellé de sa signature le serpent tricéphale : OVERTCHOUK, GOUJVA, GARMASAR.

Bien qu'à mon avis le travail du Sherlock Holmes provincial KRAVTCHENKO, rêvant à la gloire du commissaire Maigret, fût bien maladroit, ce n'est pas par hasard qu'on a mis au premier plan la simple paysanne OVERTCHOUK, accusant en face le médecin juif d'empoisonnement et d'espionnage. On a voulu montrer quelle opinion avaient de moi les gens simples. Dans le deuxième épisode, avec GARMASAR, on a voulu montrer de quelles horribles affaires je m'occupais — faire réformer de futurs appelés de l'Armée soviétique. Dans le troisième cas avec GOUJVA, on a voulu montrer comment je m'enrichissais...

Je me contrôle, mais je dois ajouter que le juge d'instruction KRAVTCHENKO écrivait (cote I, p. 52 du dossier) à la direction de la Caisse d'Épargne que « l'instruction suppose que STERN dispose d'un dépôt important ». Je peux tout de suite répondre qu'on n'a trouvé aucun dépôt du Dr STERN, ni objets de valeur, ni argent. Il est utile de rappeler ici aux judéophobes de toutes couleurs et de toutes nationalités que le mythe de la richesse des juifs a pris corps parce que tout au long de l'Histoire, les juifs ont eu l'habitude de payer d'abord avec leur sang...

LE PRÉSIDENT : Ne parlez pas de cela...

STERN : D'accord, d'accord.

Vous avez vu, citoyens juges, qu'à l'audience, tous les 39 témoins, à l'exception de GOUJVA, se sont rétractés, et beaucoup d'entre eux remerciaient simplement le Dr STERN de ses soins...

A mon avis, Machiavel peut reposer en paix, il a trouvé son digne successeur en la personne du juge d'instruction qui, sentant une complète impunité, croyait qu'il pourrait obtenir de l'ivoire en transformant une mouche en éléphant ! Il aurait dû travailler dans un cirque... Je continue... Lors d'un des interrogatoires en prison, j'ai commencé à cracher du sang. Je trouve la conduite qu'il a eue à ce propos indigne de la part d'un juge d'instruction soviétique. Mon mouchoir était plein de sang. Je le montrai et demandai de noter par écrit quand j'avais craché du sang aux interrogatoires. Tout naturellement, j'attirai l'attention du juge d'instruction, en tant qu'homme, sur le fait que je crachais du sang. Mais ce sadique m'a dit carrément que cela ne le regardait pas et a poursuivi l'interrogatoire comme si de rien n'était.

LE PRÉSIDENT : Accusé STERN, vous pensez à ce que vous dites? sadique?

STERN : C'est un sadique, un vrai sadique, j'en suis convaincu! Et je trouve qu'il déshonore la justice soviétique, le Parquet soviétique. Et encore, je me retiens...

LE PRÉSIDENT : Je voudrais entendre ce que vous demandez à la Cour!

STERN : Je vais vous dire, ce que je demande! Je ne demande pas, j'exige la justice! Qu'on me rende à mes malades! Je proteste catégoriquement contre l'absurde accusation d'escroquerie et de corruption. Ma conscience est absolument pure et je crois pouvoir être encore très utile aux malades...

Citoyens juges, j'en ai terminé. Je suis toujours profondément convaincu que ce procès n'est pas le banal procès d'un escroc et « toucheur » de pots-de-vin. Il y en a qui souhaitent que ce procès se transforme en festin sanglant, mais j'espère que vous saurez apprécier les preuves de la défense et serez convaincus de l'innocence de l'homme qui est devant vous, de son utilité aux malades. J'attends votre équitable verdict, qui décidera de mon sort, de celui de ma famille, qui décidera si la vie du Dr STERN doit reprendre son cours normal ou un tout autre chemin. Je continue d'espérer que Thémis gardera ses yeux fermés, qu'elle restera insensible aux pressions extérieures et prononcera le juste verdict que j'attends.

LE PRÉSIDENT : La Cour se retire pour délibérer.

31 DÉCEMBRE 1974

Quinzième jour du procès

13 heures avant le Nouvel An.

L'étroite ruelle Communiste qui mène du tribunal à la rue Lénine, était encombrée de voitures de police pour empêcher tout rassemblement. Autour bleuissaient les uniformes des miliciens.

Dans l'artère principale de la ville régnait une bousculade de fête et l'air était déjà chargé de vapeurs de vodka. Vinnitza se préparait à fêter joyeusement le Nouvel An.

STERN *fut amené à 11 heures. Seuls les proches parents réussirent à entrer dans la salle d'audience, bourrée d'avance de « civils » et de policiers.*

LE PRÉSIDENT : Fermez la porte ! Je donne lecture du verdict :

VERDICT :

Au nom de la République socialiste soviétique d'Ukraine, la section criminelle de la Cour régionale de Vinnitza, composée de

Président : ORLOVSKY V.
Assesseurs-jurés : LAKHTIONOVA A.
PODONENKO V.

Secrétaire-greffier : POUTCHKOVA V.
en présence du Procureur KRIVOROUTCHKO G.
de l'Avocat de la défense AXELBANT D.

a examiné en audience publique dans la ville de Vinnitza l'affaire de

STERN Mikhaïl
né en 1918, domicilié à Vinnitza, juif, niveau d'études universitaire, marié, exclu du P.C.U.S. du fait de la présente affaire, ayant travaillé comme chef du service polyclinique du dispensaire endocrinologique régional de Vinnitza, jamais condamné auparavant,

accusé de crimes visés par les articles 168 § 2 et 143 § 2 du Code pénal de la R.S.S.d'U.;
après avoir entendu les dépositions de l'accusé, des plaignants, des témoins, les conclusions des experts, le réquisitoire du ministère public et la plaidoirie de l'avocat de la défense, la déclaration finale de l'accusé, la Cour

A RECONNU STERN MIKHAÏL COUPABLE

Ida STERN : Assassins!
LE PRÉSIDENT : Qui a osé?... Euh... Quittez immédiatement la salle!

Ida STERN *se dirige vers la sortie, retenant ses sanglots. Ayant ouvert la porte, elle se tourne vers la salle médusée :*

ASSASSINS!

LE PRÉSIDENT, *reprenant sa lecture :*
... a reconnu STERN Mikhaïl coupable et le

CONDAMNE

— en vertu de l'article 168 § 2 du Code pénal de la R.S.S.d'U. —

à (8) huit ans de privation de liberté avec confiscation de tous ses biens, sans relégation;

— en vertu de l'article 143 § 2 du Code pénal de la R.S.S.d'U. —

à (4) quatre ans de privation de liberté avec confiscation de ses biens.

Vu l'article 42 du Code pénal de la R.S.S.d'U. sur le non-cumul des peines, condamne STERN Mikhaïl à une privation de liberté de (8) huit ans à purger dans une colonie de travail correctif à régime renforcé et à la confiscation de tous ses biens, sans relégation;

La date d'exécution de la peine court à partir du 30 mai 1974;

Vu l'article 470 du Code civil de la R.S.S.d'U., ordonne la restitution au profit de l'État de 745 roubles d'origine délictueuse;

Ordonne le recouvrement des frais de justice d'un montant de 207 roubles 71 kopeks.

Appel peut être interjeté contre ce verdict devant la Cour suprême de la R.S.S.d'U.

LE PRÉSIDENT : signature
LES ASSESSEURS-JURÉS : signatures

Certifié exact : Membre de la Cour régionale de Vinnitza :
V. ORLOVSKY.

STERN : Ma conscience est pure! Honte...

LE PRÉSIDENT : Gardes!

STERN : Honte sur ceux qui sèment la haine...

LE PRÉSIDENT : Les débats sont clos! (*Il crie.*) Gardes! Emmenez le condamné!

UN HOMME EN CIVIL : Ne laissez personne sortir de la salle !

Le public ne fut autorisé à quitter la salle que lorsqu'on eut emmené STERN *par une porte latérale. Dans l'escalier par lequel on le faisait descendre retentissait sa voix forte :*

JE NE ME RENDRAI PAS!

Annexe

POURVOI EN CASSATION DEVANT LA COUR SUPRÊME D'U.R.S.S.

introduit par Maître AXELBANT D.
défenseur de STERN M.

contre le verdict du 31 décembre 1974
rendu par la Section criminelle du Tribunal
régional de VINNITZA

et

l'arrêt de la Section criminelle de la
Cour suprême de la R.S.S.d'Ukraine du
25 mars 1975.

J'ESTIME QUE LE VERDICT DE CULPABILITÉ RENDU A PROPOS DE L'AFFAIRE DE STERN M. EST UNE ERREUR JUDICIAIRE.

Le médecin endocrinologue STERN Mikhaïl, né en 1918, a travaillé pendant de nombreuses années dans diverses institutions médicales et jouissait d'une autorité méritée comme spécialiste qualifié et expérimenté, qui avait apporté sans cesse son aide aux malades pour les soulager de leurs graves affections.

Pendant les dix dernières années, le docteur STERN a travaillé au dispensaire endocrinologique régional de Vinnitza en qualité de chef du département polyclinique.

Le 29 mai 1974, STERN M. fut arrêté et condamné le 31 décembre 1974 par le Tribunal régional de Vinnitza en vertu du paragraphe II de l'article 168 du Code pénal de la R.S.S.d'U. à 8 ans de privation de liberté avec confiscation de tous ses biens et en vertu du paragraphe II de l'article 143 du Code pénal de la R.S.S.d'U. à 4 ans de privation de liberté avec confiscation de tous ses biens.

La peine définitivement prononcée contre STERN M. fut de 8 ans de privation de liberté à purger dans une colonie de travail correctif à régime renforcé, avec confiscation de tous ses biens.

Le 25 mars 1975, la Section criminelle de la Cour suprême de la R.S.S.d'U. a rejeté l'appel interjeté et confirmé le verdict rendu par le Tribunal régional de Vinnitza dans l'affaire de STERN M.

JE CONSIDÈRE LE VERDICT ET L'ARRÊT CITÉS PLUS HAUT COMME

IRRECEVABLES, MAL FONDÉS EN DROIT ET DEVANT ENCOURIR LA CASSATION EN CE QU'ILS SONT EN CONTRADICTION AVEC LES ÉLÉMENTS DU DOSSIER.

Avant d'en venir à l'analyse circonstanciée des faits de la cause, il est indispensable d'éclaircir une question de fond. C'est la pierre angulaire de toute l'accusation et sans elle le verdict ne peut être ni confirmé ni infirmé.

I. DE L'IMPUTABILITÉ DU CRIME DE CORRUPTION A UN MÉDECIN

Pour cette question je trouve indispensable de citer le *commentaire technique et scientifique du Code pénal de la R.S.S.d'U.* (Kiev 1969, page 164, § 10) :

« Les personnes concernées (c'est-à-dire les médecins) ne sont considérées comme fonctionnaires que dans l'exécution de leurs obligations de commandement et d'organisation ou de gestion administrative. Dans l'exercice de leurs activités professionnelles (soins des malades) elles ne sont pas considérées comme fonctionnaires et ne peuvent, en liaison avec cette activité, être coupables de crime de corruption. »

Ainsi, dans l'affaire du docteur Ch., chef du service de chirurgie d'un hôpital, qui avait reçu des cadeaux et des sommes d'argent de la part des malades qu'elle avait opérés, l'assemblée plénière de la Cour suprême de la R.S.S.d'U. a reconnu que ces dons n'étaient pas reçus par elle dans l'exercice de ses obligations à caractère de fonctionnaire, mais pour services rendus dans son activité professionnelle. En conséquence, elle pouvait seulement faire l'objet de sanctions disciplinaires ou sociales, tandis que l'imputabilité pénale ne pouvait être retenue pour ses actes. (Arrêt de l'assemblée plénière de la Cour suprême de la R.S.S.d'U. du 9 mai 1964 n° 05-284 a — 64).

Un point de vue analogue est exprimé dans les Commentaires au Code pénal de la R.S.S.F.R., Moscou 1971, p. 376, § 10.

« Seul un fonctionnaire peut être poursuivi pour crime de corruption. Un médecin exécutant contre une récompense ou tout autre avantage matériel un acte entraînant des conséquences administratives (par exemple : une délivrance illégale de feuille de maladie, d'un certificat d'invalidité ou d'exemption du service militaire délibérément faux, etc.) peut être poursuivi pour corruption. »

Une position de principe sur la nécessité d'une distinction claire entre l'activité professionnelle médicale et l'activité liée à l'exécution des obligations de fonctionnaire, ressort également des décisions de la Cour suprême de la R.S.S.F.R. :

« Un médecin, ayant exécuté contre un pot-de-vin un acte entraînant des conséquences administratives (tel que la délivrance illégale de certificats d'incapacité de travail, etc.) peut être poursuivi en vertu de l'article 173 du Code pénal de la R.S.S.F.R. » — tel est le titre de l'arrêt de la Cour suprême de la R.S.S.F.R. du 11 juillet 1966. (Cf. le *Bulletin de la Cour suprême de la R.S.S.F.R.*, 1966, n° 10, p. 5.)

Le docteur R., chef du service de chirurgie d'un hôpital, ayant reçu des récompenses des malades qu'il avait opérés, avait été condamné en vertu du § II de l'article 173 du Code pénal de la R.S.S.F.R. (correspondant à l'article 168 du Code pénal de la R.S.S. d'Ukraine). Infirmant le verdict et concluant à la relaxe pour absence de possibilité de qualification pénale aux faits, le praesidium de la Cour suprême de la R.S.S.F.R. a exposé que, dans la mesure où le médecin-chef du service de chirurgie avait reçu les récompenses illicites des malades « non pour l'exécution de ses obligations de fonctionnaire, mais pour services rendus en rapport avec son activité professionnelle, les actes du condamné ne pouvaient être qualifiés de corruption, en vertu de l'arrêt de l'assemblée plénière de la Cour suprême de l'U.R.S.S. du 31 mai 1962 *De la pratique judiciaire dans les affaires de corruption.* Pour ces exactions, R. ne pouvait que faire l'objet de sanctions disciplinaires et sociales ». (Cf. le *Bulletin de la Cour suprême de la R.S.S.F.R.*, 1963, n° 8, p. 6-7, ainsi que « *La Légalité soviétique* », 1964, n° 9, p. 90.)

Un point de vue analogue s'exprime aussi dans les manuels juridiques : F. Y. Berditchevsky « *Responsabilité pénale du personnel médical pour manquements aux obligations professionnelles* », Moscou 1970, p. 84-85; P. Dagal : *Responsabilité pénale des médecins* « *La Justice soviétique* », 1964, n° 19, p. 14 — *Idem* 1966, n° 18, p. 15.

En conséquence, un médecin-chef, opérant un malade, ou un médecin ordinaire, prescrivant à un malade la nature ou la durée d'un traitement indispensable, exécute ce faisant ses obligations professionnelles et non de fonctionnaire.

Il agit seulement comme chirurgien ou comme endocrinologue. Ni le médecin-chef, ni un chef de service n'apparaît à ce moment-là en qualité de chargé de fonctions administratives ou de commandement et d'organisation.

Aucun des épisodes imputés à Stern par l'accusation ne matérialise d'actes entraînant des conséquences administratives. Non seulement Stern n'a pas commis ces actes, mais ne pouvait les commettre par définition. En tant que chef du département des consultations de la polyclinique, Stern ne disposait pas du droit de délivrer des certificats de maladie, n'était pas membre de conseils de révision ni des commissions de la Sécurité sociale.

Les magistrats instructeurs, ignorant ce qui est exposé plus haut, ont imputé à Stern le crime de corruption du chef de son activité professionnelle, prétendant se fonder sur l'article 168 du Code pénal de la R.S.S.d'U.

Cette tentative de présenter les actes professionnels de Stern comme des actes de fonctionnaire se retrouve dans le verdict de la Cour. Ce faisant, la Cour a commis une véritable altération des faits en reconnaissant le docteur Stern, médecin-endocrinologue, chef du service polyclinique du dispensaire endocrinologique régional de Vinnitza, coupable d'avoir touché des pots-de-vin « pour des actes non liés à l'exercice direct de son assistance médicale » (p. 1 du texte dactylographié du verdict).

II. LE CHEF DE DÉPARTEMENT DE LA POLYCLINIQUE, DOCTEUR ENDOCRINOLOGUE, A ÉTÉ CONDAMNÉ SANS FONDEMENT SELON LE § II DE L'ARTICLE 168 DU CODE PÉNAL DE LA R.S.S.D'U.

1. Épisode de GOUJVA M.

Les chefs d'inculpation de Stern étaient d'avoir touché des pots-de-vin de Goujva S. d'une somme de 150 roubles et d'avoir reçu une autre somme de 250 roubles au moyen d'escroquerie.

Le verdict a déclaré Stern coupable pour avoir reçu de Goujva des pots-de-vin d'une somme de 145 roubles.

Le verdict est basé sur le témoignage de Goujva S., de sa femme Goujva M. et des témoins Melnik et Mikhaïlsky.

J'estime que la Cour n'avait pas de raisons suffisantes pour reconnaître les témoignages des époux Goujva dignes de foi.

Longtemps avant de rencontrer le docteur Stern, la jeune femme Maria Goujva avait subi à Pliskov, département de Pogrebichtchenski, région de Vinnitza, une opération de la glande thyroïde. Ce faisant, les médecins lui avaient aussi enlevé par erreur les glandes parathyroïdes. Le résultat de cette opération fut de rendre M. Goujva gravement malade.

« J'ai su tout de suite que j'étais gravement malade pour la vie », a déclaré Maria Goujva au procès (cote 7, p. du dossier 33).

Naturellement, les résultats de l'opération manquée étaient connus non seulement de Maria Goujva, mais de son mari S. Goujva.

Le docteur Stern n'a rien à voir avec cette opération manquée. Ils se sont adressés à lui alors que Maria Goujva était déjà dans un état grave. Toutefois S. Goujva affirme contre l'évidence que Stern « a amené sa femme jusqu'à un état très grave » (cote 1, p. du dossier 18).

Ce fait est suffisant pour démontrer le côté tendancieux des témoignages de Goujva contre Stern, que Goujva calomnie intentionnellement Stern.

Stern affirme que la détérioration de ses relations avec Goujva était la conséquence de la mauvaise conduite de Goujva, ivrogne et voleur, qui avait dérobé la montre de Stern dans son cabinet.

Ces affirmations de Stern ont été confirmées en cours d'audience par le témoin Balmazia, infirmière-chef du dispensaire :

> *Oui, je me souviens d'un tel cas : un homme est sorti en courant du cabinet de* Stern, *il jurait et s'est précipité dans la rue. J'ai demandé aux visiteurs ce qui se passait et ils m'ont dit que c'était un ivrogne. A ce moment-là* Stern *est sorti et a dit que le malade lui avait volé sa montre et qu'il la lui avait retirée de sa poche* (cote 7, p. du dossier 140).

L'analyse des dépositions de S. Goujva montre nettement qu'il s'agit de contre-vérités.

S. Goujva affirme qu'il a été reçu par Stern le 14 septembre 1971,

— que le docteur a exigé de l'argent et, après avoir reçu le 15 septembre 1971 50 roubles de Goujva, a hospitalisé sa femme le même jour;

— que Goujva a pris cet argent à sa belle-mère Melnik, à qui il avait expliqué que la somme était destinée au docteur qui devait faire hospitaliser sa fille;

— qu'il avait également expliqué au chauffeur Mikhaïlsky, qui l'avait conduit avec Melnik, qu'il avait un besoin pressant d'argent pour le docteur;

— que sa femme a été hospitalisée le 15 septembre 1971 après qu'il eut ramené cet argent et l'eut remis au médecin;

— qu'il était parti de Vinnitza chercher cet argent seul, sa femme ayant passé la nuit dans une pension à Vinnitza et n'étant pas retournée à la maison.

Ces affirmations de Goujva sont réfutées par les éléments du dossier :

La fiche individuelle de la malade Maria Goujva indique qu'en effet elle s'est rendue les 14 et 15 septembre 1971 à la consultation du docteur Stern (cote 4, p. du dossier 39-41).

Toutefois, ce n'est pas Stern qui l'a fait hospitaliser, mais une feuille hospitalière du 15 au 24 septembre 1971 lui avait été délivrée par une commission médicale. La fiche montre également qu'entre le 15 et le 24 septembre 1971, Maria Goujva ne s'est plus adressée au dispensaire.

En conséquence, son mari ne dit pas la vérité — en réalité, elle est revenue à la maison après que soi-disant 50 roubles eurent été remis à Stern.

Le 24 septembre, en effet, une ordonnance d'hospitalisation a été délivrée à Maria Goujva par Stern.

La délivrance de cette ordonnance ne témoigne d'aucune façon de la réception par Stern d'argent pour cela, l'état de santé de Maria Goujva exigeant effectivement son hospitalisation.

Une hospitalisation n'est pas déterminée par l'ordonnance d'un médecin, mais par l'état de santé réel du malade.

> *Le chef du département de la polyclinique n'a aucun rapport avec la question des hospitalisations. N'importe quel médecin peut donner une ordonnance écrite pour hospitalisation. Avec cette ordonnance, le malade s'adresse au chef du service thérapeutique ou chirurgical qui, d'un commun accord avec le médecin-chef, décide s'il y a lieu d'hospitaliser. Dans l'affirmative, le malade est gardé à l'hôpital, dans la négative, ils écrivent au verso de l'ordonnance qu'il n'y a pas nécessité d'hospitalisation d'urgence et recommandent de poursuivre les soins ambulatoires,* c'est ce qu'affirmait Stern au procès (cote 7, p. du dossier 148).

Le Dr Bronstein, interrogée à ce sujet en qualité de témoin a dit :

> *N'importe quel médecin peut envoyer un malade à l'hôpital, mais la décision définitive d'hospitalisation appartient au médecin-chef seul* (cote 7, p. du dossier 142).

Le médecin-chef du dispensaire régional de Vinnitza, témoin Ourbansky a déclaré :

> *Chez nous il n'y a qu'un seul règlement d'hospitalisation. Il y a deux sortes d'hospitalisations : l'hospitalisation d'urgence et l'hospitalisation prévue d'avance. Chaque médecin du département de la polyclinique peut envoyer un malade à l'hôpital. Son ordonnance doit être fondée sur des données cliniques et des analyses de laboratoire* (cote 7, p. du dossier 114).

Les témoins Melnik et Mikhaïlsky ont démenti à l'audience les affirmations de Goujva, prétendant qu'il avait pris 50 roubles à Melnik pour l'hospitalisation de sa femme. Tous les deux ont affirmé que Goujva est venu chercher l'argent chez Melnik alors que sa femme se trouvait *déjà* à l'hôpital de la ville de Vinnitza.

> *La femme de* Goujva *était à Vinnitza, j'avais appris qu'elle était à l'hôpital,* a déposé Mikhaïlsky (cote 7, p. du dossier 104).

Melnik a témoigné avoir donné à son gendre pour le docteur un canard, des oignons et de l'ail. Il ne découle pas de la déposition de Melnik que l'argent qu'elle avait également donné ce jour-là à son gendre était aussi destiné au docteur. Au moment où elle avait donné l'argent et les produits alimentaires, sa fille était déjà hospitalisée à Vinnitza (cote 7, p. du dossier 98).

Ce qui est exposé ci-dessus démontre d'une manière évidente que les témoins GOUJVA S. et GOUJVA M. calomnient STERN, que GOUJVA S. n'a jamais remis 50 roubles à STERN pour l'hospitalisation de sa femme et ne pouvait les avoir remis en présence de GOUJVA M., puisqu'au moment où il avait reçu cet argent de MELNIK, sa femme se trouvait déjà à l'hôpital.

Même si l'on suppose que MELNIK avait remis de l'argent à GOUJVA S. pour le docteur, les faits exposés démontrent qu'il a également trompé MELNIK, puisqu'il est évident qu'il n'avait pas remis cet argent à STERN pour l'hospitalisation de sa femme.

De l'entente des époux GOUJVA pour calomnier le Dr STERN témoigne également ce qui suit :

> *Lors de nos rencontres,* STERN *disait qu'il fallait absolument que ma femme tombe enceinte, que cela la guérirait. Elle est tombée enceinte en août 1973. Elle va de plus en plus mal et maintenant sa vie est en danger,* témoignait GOUJVA devant le Juge d'instruction (cote 1, p. du dossier 26).

Au procès GOUJVA a fait une déposition analogue.

Maria GOUJVA en a également parlé devant la Cour :

> STERN *m'a recommandé d'avoir un enfant et que cela ferait du bien à ma santé* (cote 7, p. du dossier 32).

STERN a catégoriquement nié ces recommandations qu'on lui imputait, soulignant leur analphabétisme médical – une grossesse ne peut remplacer la fonction de glandes parathyroïdes absentes.

La fiche ambulatoire de la malade GOUJVA montre que le 18.III.74 elle s'était rendue à la consultation du médecin-gynécologue et que celui-ci avait noté d'après ses paroles : « Poursuit sa grossesse sans avoir consulté l'endocrinologue, sans avoir demandé s'il lui était permis d'accoucher » (cote 4, p. du dossier 52 verso).

Cette mention témoigne aussi clairement de la calomnie des époux GOUJVA, mal intentionnés à l'égard de STERN.

L'endocrinologue STERN a en effet envoyé la malade GOUJVA le 17.II.72 à la consultation de l'Institut d'endocrinologie de Kiev pour examiner la possibilité d'une greffe de glandes parathyroïdes. Il a également délivré le 8.II.73 un certificat pour la commission de la Sécurité sociale, devant laquelle elle s'est présentée dans la ville de Kazatine.

Les époux GOUJVA calomnient STERN en disant avoir donné 35 roubles dans le premier cas et 60 roubles dans le second.

En examinant la p. du dossier 45, cote 4, on s'aperçoit que STERN a délivré un premier certificat à M. GOUJVA pour la Sécurité sociale le 3.II.72. Si, comme le prétend GOUJVA S., STERN exigeait de l'argent pour de tels documents, pourquoi ne lui avaient-ils pas payé ce certificat qui avait établi son invalidité et donné lieu au versement d'une pension, mais l'avaient soi-disant payé un an après, quand l'invalidité et la pension étaient acquises et qu'il ne s'agissait que d'une confirmation?

Pourquoi la Cour tient-elle les dépositions de STERN pour des affirmations gratuites et non les témoignages des époux GOUJVA? Cette question ne trouve pas sa réponse dans le verdict, bien que la Cour ait l'obligation de motiver ses décisions sur la recevabilité ou l'irrecevabilité des moyens de preuve. Le verdict montre une attitude tendancieuse à l'égard de STERN. La Cour a mentionné dans le verdict : « Sur ordonnance de STERN, la malade GOUJVA a pu être soumise à toutes les analyses nécessaires à la polyclinique du dispensaire » (p. 2 du texte dactylographié du verdict).

Maria GOUJVA est effectivement gravement malade et a droit aux soins du dispensaire endocrinologique de Vinnitza. LE DOSSIER NE CONTIENT AUCUNE ORDONNANCE DE STERN SUR LES SOINS A DONNER A LA MALADE GOUJVA !

Le verdict faisant l'objet de ce pourvoi apparaît entaché de contradictions :

Condamnant STERN selon l'article 168 du Code pénal de la R.S.S.d'U. uniquement sur la base des affirmations gratuites, des témoignages contradictoires de GOUJVA, démentis en cours d'audiences, la Cour n'a pas jugé ces mêmes témoignages suffisants pour condamner aussi STERN selon l'article 143.

GOUJVA a affirmé que pendant le séjour de sa femme à l'hôpital, il avait remis au docteur STERN 250 roubles et des produits alimentaires pour les soins qu'à ce moment-là STERN lui prodiguait. La calomnie de GOUJVA a été facilement démontrée à l'audience et le fait établi que le docteur STERN n'avait jamais soigné la malade GOUJVA à l'hôpital et qu'il n'avait en général aucun rapport avec les malades hospitalisés.

Ceci obligea la Cour à faire état dans le verdict D'UNE ABSENCE DE PREUVES SUFFISANTES à l'appui de l'accusation excluant par voie de conséquence ce chef d'accusation.

Ce qui est exposé plus haut montre que c'est également sur la base des témoignages contradictoires et non confirmés par qui que ce soit des époux GOUJVA que STERN fut condamné en vertu de l'art. 168 du Code pénal de la R.S.S.d'U. Et ces témoignages s'avèrent d'une insuffisance évidente pour motiver cette condamnation.

2. *Épisode RYBATCHOUK — MANJIEVSKAÏA*

Les faits reprochés à STERN dans l'acte d'accusation (p. 24) étaient les suivants.

« Le 20 avril 1972, MANJIEVSKAÏA L. et RYBATCHOUK S. se sont adressées à STERN pour demander l'hospitalisation de leur mère, LIOUBETZKAÏA K., atteinte d'un grave diabète et d'autres affections. Sous prétexte de manque de place, il a refusé pendant longtemps de délivrer une ordonnance pour la faire admettre à l'hôpital. Ce n'est qu'après avoir reçu 25 roubles de S. RYBATCHOUK qu'il a fait hospitaliser sa mère. »

Au cours des audiences, cette accusation a été entièrement réfutée.

La fiche de la malade LIOUBETZKAÏA mentionne que le 20 avril 1972 elle a été inscrite à la consultation sur indication de STERN, que le jour même elle a été examinée par un oculiste, un chirurgien et une endocrinologue, le docteur GAMARNIK, laquelle, constatant que LIOUBETZKAÏA était mortellement malade (elle est décédée peu après) lui a délivré ce 20 avril 1972 une ordonnance pour être admise à l'hôpital (cote 4, p. du dossier 71).

Les médecins de l'hôpital, ayant confirmé le diagnostic de l'endocrinologue GAMARNIK, ont hospitalisé LIOUBETZKAÏA le même jour.

De l'examen des documents précités, il ressort clairement que STERN n'a rien à voir avec l'hospitalisation de LIOUBETZKAÏA, qu'il n'avait pu refuser à quiconque pendant longtemps cette hospitalisation, qu'en général il ne peut être tenu pour responsable des faits qui lui sont reprochés, l'accusation s'étant complètement effondrée pendant le procès.

Le dossier contient les témoignages de RYBATCHOUK, confirmés par ceux de MANJIEVSKAÏA, disant que RYBATCHOUK avait déposé sous un papier se trouvant sur la table dans le cabinet de STERN 25 roubles pour l'hospitalisation de leur mère. Qu'elles ne savaient pas si STERN les avait vues déposer l'argent, mais qu'elles pouvaient assurer qu'en leur présence STERN n'avait pas sorti l'argent de dessous le papier.

Voulant à tout prix condamner STERN « pour avoir touché un pot-de-vin de RYBATCHOUK », la Cour est allée jusqu'à modifier la matérialité des chefs d'accusation portée contre STERN, c'est-à-dire à violer gravement la loi selon les articles 275 et 277 du Code de procédure pénale de la R.S.S.d'U.

L'accusation de STERN d'avoir touché un pot-de-vin pour l'hospitalisation de LIOUBETZKAÏA a été réfutée au procès. Dans ces conditions la Cour a décidé de le condamner pour avoir touché un pot-de-vin non pour l'hospitalisation de LIOUBETZKAÏA comme le mentionnait l'acte d'accusation, mais pour avoir donné les instructions pour l'inscription de LIOUBETZKAÏA à la consultation médicale. Le dossier contient un document signé de MANJIEVSKAÏA et de RYBATCHOUK par lequel elles certifient : « Nous n'avons d'aucune manière soudoyé le docteur STERN pour faire soigner notre mère » (cote 6, p. du dossier 63).

La Cour a estimé mensonger ce document signé par RYBATCHOUK, MANJIEVSKAÏA et leurs maris, mais leurs témoignages au procès dignes de foi.

J'estime que même avec cette appréciation des dépositions des témoins, il n'y a pas lieu de condamner STERN du chef de corruption.

Admettons que RYBATCHOUK ait effectivement déposé 25 roubles sous les papiers de STERN se trouvant sur sa table. Affirmer catégoriquement que STERN a vu cet argent et l'a pris de dessous les papiers, ni RYBATCHOUK ni MANJIEVSKAÏA ne le peuvent et ne le font.

STERN affirme qu'il a en effet reçu MANJIEVSKAÏA, RYBATCHOUK et LIOUBETZKAÏA, cette dernière se trouvant à ce moment-là dans un état très grave et qu'en médecin expérimenté il l'avait constaté *de visu*. En tant que docteur, il ne pouvait refuser son assistance médicale à une femme gravement malade.

STERN soutient qu'il n'a pas vu d'argent et ne l'a pas sorti de dessous ses papiers, qu'il ignore qui l'a pris et quand, s'il avait été déposé là.

Ces dépositions de STERN n'ont pas ébranlé l'accusation!

On peut supposer que STERN ait pris l'argent déposé sur sa table sous ses papiers, mais en vertu de l'article 43 des *Principes de la justice criminelle de l'U.R.S.S.*, un verdict de culpabilité NE PEUT ÊTRE FONDÉ SUR DES SUPPOSITIONS.

De plus, si on tient compte de la jurisprudence de la Cour suprême d'U.R.S.S., tenant pour établi que « tous les doutes sur les preuves de l'accusation, s'ils ne peuvent être écartés, doivent être interprétés en faveur de l'accusé » (second attendu de l'arrêt de l'assemblée plénière de la Cour suprême d'U.R.S.S. du 3 juin 1969 « De la sentence juridique »), on ne peut qu'arriver à la seule conclusion juste : STERN ne peut être condamné pour avoir touché un pot-de-vin de RYBATCHOUK.

3. Épisode de l'officier de réserve A. GARMASAR

Le 18 juin 1968, sur ordre du conseil de révision de Vinnitza, l'officier de réserve GARMASAR A. s'est adressé au dispensaire endocrinologique.

Ce n'est pas par hasard que GARMASAR a été dirigé sur le dispensaire endocrinologique.

> *J'avais dit aux médecins du conseil de révision qu'il me semblait que j'avais un grossissement de la glande thyroïde. C'est pourquoi ils m'ont envoyé au dispensaire endocrinologique*, a dit GARMASAR au procès (cote 7, p. du dossier 116).

L'anamnèse réunie par le docteur TVERDOKHLEBOV montre qu'il y a plus de 10 ans, encore à Odessa, quand GARMASAR étudiait à l'Institut, on avait découvert une hyperfonction de la glande thyroïde, ce qui lui valut un traitement à l'insuline et la prise de comprimés.

En 1967-68, GARMASAR prenait de la Diotirosine sur ordonnance du médecin du service médical de l'usine n° 45 (cote 5, p. du dossier 93).

Au procès, GARMASAR a déclaré qu'il prenait en même temps du Merkazalil. Les médicaments nommés par GARMASAR témoignent de ce qu'il souffrait d'une thyréotoxicose.

Le docteur STERN a examiné GARMASAR et, à l'issue d'analyses cliniques, est arrivé à la conclusion que GARMASAR était atteint d'une thyréotoxicose de gravité moyenne.

L'acte d'accusation, ainsi que le verdict, affirment que ce diagnostic a été fait par STERN sans fondement, que tout cela avait été fait délibérément dans le but de recevoir un pot-de-vin des parents de GARMASAR pour libérer leur fils de l'obligation d'effectuer une période militaire dans l'Armée soviétique.

Or, il n'y a pas et il n'y a jamais eu au dossier une seule preuve confirmant que QUICONQUE AIT EU LES MOINDRES TRACTATIONS AVEC STERN CONCERNANT UNE « AIDE » A L'OFFICIER GARMASAR POUR ÊTRE LIBÉRÉ DE L'APPEL A CETTE PÉRIODE MILITAIRE.

GARMASAR lui-même a affirmé catégoriquement qu'il n'avait jamais eu de conversations avec le médecin à ce sujet, que le diagnostic qui lui avait été fait correspondait à son état effectif de santé.

Sa mère, GARMASAR Antonina, a affirmé avoir vu STERN pour la première fois fin août ou début septembre 1968, c'est-à-dire deux mois et demi après que son fils eut été examiné par STERN; qu'au moment de le rencontrer elle avait su par sa voisine MALEVANNAÏA (décédée en 1973) que son fils avait été examiné et reconnu malade par le docteur STERN, que STERN était un très bon endocrinologue qui pouvait soigner efficacement son fils, que c'est pour cette raison — pour le traitement futur de son fils — que GARMASAR Antonina avait donné 200 roubles à STERN.

Le témoignage d'Antonina GARMASAR lors de l'instruction ne donnait pas de raisons valables pour imputer à STERN le crime de corruption, étant donné que le juge d'instruction n'avait aucune preuve du fait que STERN, au moment de procéder à l'examen de GARMASAR, ait eu l'intention de le faire réformer pour de l'argent.

Sans cela le chef d'inculpation de corruption ne tient pas, ce délit ne pouvant être commis QU'INTENTIONNELLEMENT.

Dans la définition de concept de « pot-de-vin », à l'article 168 du Code pénal de la R.S.S.d'U., il est indiqué que « l'exécution ou la non-exécution d'un acte quelconque dans l'intérêt du donneur » a lieu contre ce pot-de-vin.

Il n'est pas obligatoire que le pot-de-vin ait été remis avant l'exécution ou la non-exécution d'un acte déterminé. La remise peut avoir lieu après, mais il est obligatoire que « l'exécution ou la non-exécution dans l'intérêt du donneur » en soit CONDITIONNÉE afin que le fonctionnaire soit lié par la réception du pot-de-vin ou la promesse de celle-ci.

Dans les manuels de droit pénal soviétique, on remarque très justement que « le danger des pots-de-vin consiste dans le fait que le fonctionnaire remplit ses fonctions par intérêt, pour une récompense illicite » (cf. KOVALEV et CHELKOVNIKOV, *La Corruption, crime gravissime* « La Justice soviétique », 1961, n° 24, p. 10, S. BAKLANOV. *Signe déterminant du pot-de-vin — son conditionnement* « La Justice socialiste », 1971, n° 6, p. 66 et suiv.)

« Cela n'a pas d'importance que le pot-de-vin soit touché avant ou après l'acte pour lequel il est donné. Toutefois, il est indispensable que l'exécution de cet acte soit conditionnée par le pot-de-vin. En l'absence de cette condition, le fait de recevoir une récompense (un cadeau) pour l'exécution antérieure d'un acte professionnel, doit être considéré non comme de la corruption, mais comme une faute disciplinaire (Code pénal de l'U.R.S.S., commentaire scientifique tome II, annexe p. 317). Voir également les commentaires au Code pénal de la R.S.S.F.R. (Moscou, p. 375, § 7.)

La défense est persuadée que le juge d'instruction avait compris ce qui précède et avait décidé pour cette raison de faire procéder à une expertise médico-légale à l'aide de laquelle on aurait pu démontrer qu'au moment où STERN délivrait le certificat pour les autorités militaires, il avait déjà l'intention de toucher ultérieurement un pot-de-vin et c'est pourquoi il avait délivré un certificat notoirement faux à l'officier de réserve GARMASAR, non pas malade mais en bonne santé.

L'instruction a fait procéder à une telle expertise.

Le fait est caractéristique que la commission d'expertise était composée de deux médecins légistes et d'un thérapeute. Il n'y avait pas l'endocrinologue.

L'expertise médico-légale précitée a donné les conclusions suivantes :

1) « Présentement il n'y a pas de troubles des fonctions de la glande thyroïde chez GARMASAR. » C'est-à-dire que *6 ans après*, l'expertise a reconnu GARMASAR en bonne santé.

2) « La thyréotoxicose est une maladie chronique qui, si on ne la soigne pas, peut amener de graves complications, sans exclure la mort. »

3) « Le diagnostic fait par STERN le 18.VI.68 n'est pas confirmé par des données cliniques objectives. »

4) « En se basant sur ce qui précède, l'affirmation de GARMASAR qu'il n'avait pas subi de traitement pour thyréotoxicose et en l'absence de symptômes de troubles des fonctions de la glande thyroïde à l'heure actuelle, il est permis d'affirmer qu'en juin 1968 le certificat délivré à GARMASAR ne correspondait pas à son état de santé, c'est-à-dire que même à l'époque, en 1968, GARMASAR ne souffrait pas de thyréotoxicose. »

A la première audience du procès, l'accusé STERN et son conseil ont récusé le professeur KOUTCHOUK. La Cour a satisfait à cette récusation, ayant reconnu le professeur KOUTCHOUK incompétent en matière d'endocrinologie (cote 6, p. du dossier 62) et la Cour a désigné une nouvelle commission d'experts dans laquelle restait seulement le docteur OLNEV de la première commission.

La nouvelle expertise médico-légale à laquelle la Cour a fait procéder a donné une conclusion absolument différente :

1) « La thyréotoxicose est une maladie chronique, toutefois la documentation livresque et l'expérience clinique permettent d'affirmer qu'il y a de rares cas de guérison spontanée de thyréotoxicose de gravité moyenne. »

2) « Le tableau clinique présenté par le docteur STERN n'est pas assez convaincant pour reconnaître chez GARMASAR en juin 1968 la présence d'une thyréotoxicose de

gravité moyenne, mais permet de reconnaître qu'il avait une thyréotoxicose du premier stade. » Stern a expliqué qu'une thyréotoxicose du premier stade est également un cas de libération des obligations militaires.

Se référant à cette expertise médico-légale, la Cour tolère dans le verdict une déformation évidente de sa conclusion.

Il est écrit dans le verdict :

« Dans le cas d'un diagnostic de thyréotoxicose de gravité moyenne, le médecin aurait dû prescrire au malade, en l'occurrence à Garmasar, un traitement spécial antithyroïdien, toutefois cela n'a pas été fait par Stern. »

Tandis qu'en réponse à la quatrième question, les experts avaient écrit qu'un tel traitement avait bien été prescrit, comme en témoigne la fiche du malade Garmasar (cote 6, p. du dossier 112).

Sur les instructions de Stern, pour LA CONTINUATION DU TRAITEMENT DU MALADE GARMASAR, deux jours après la délivrance du certificat aux autorités militaires, le 20 juillet 1968, le témoin Egorova a fait à Garmasar une analyse du métabolisme basal et inscrit dans le registre que son métabolisme basal était égal à + 4 %.

Stern a estimé ce résultat d'analyse inexact, comme il contrastait violemment avec les symptômes cliniques.

Il a calculé le métabolisme basal chez le malade Garmasar selon la méthode de Read et a obtenu + 44 %. Par conséquent, il corrigea la note faite par Egorova dans le registre en mettant + 44 %. Toutefois, Egorova a protesté contre cette correction dans le registre et rétabli son résultat de + 4 %. Après cela, Stern a renoncé à corriger la fiche du malade Garmasar et y laissa la mention + 4 %.

Tout cela eut lieu deux jours après la délivrance du certificat destiné aux autorités militaires et n'avait d'importance que dans l'intérêt du traitement futur de Garmasar.

Il découle de l'expertise médico-légale que le diagnostic ne tient pas compte du métabolisme basal, méthode ancienne et inexacte. « On tient compte des données du métabolisme basal quand elles coïncident avec les symptômes cliniques. Si les indications du métabolisme basal ne sont pas confirmées par les symptômes cliniques, nous n'en faisons pas un élément déterminant du diagnostic », a répondu au procès à une question de la défense le docteur en médecine, professeur-endocrinologue Efimov (cote 7, p. du dossier 67).

Très révélateur sur ce plan apparaît un document se trouvant cote 6, p. du dossier 109 : ce document indique que le 20 août 1974, à l'hôpital départemental, on avait établi le métabolisme basal de Garmasar égal à + 67 %.

Il est caractéristique que l'expertise médico-légale, à laquelle il fut procédé durant l'instruction ait totalement ignoré ce résultat donnant comme conclusion que présentement Garmasar n'était pas atteint de thyréotoxicose, mais dissimulant l'analyse du métabolisme basal faite à Garmasar et son résultat (+ 67 %).

La défense estime nécessaire d'attirer également l'attention sur le fait que le 18 juin 1968 Garmasar avait été examiné au dispensaire endocrinologique non seulement par le thérapeute-endocrinologue Stern, mais par le neuro-patho-endocrinologue Kamenetzky. Celui-ci a porté sur la fiche individuelle du malade Garmasar un diagnostic analogue à celui du docteur Stern en se basant sur des données neurologiques (cote 4, p. du dossier 69).

Au procès, le témoin Kamenetzky a déclaré :

> GARMASAR *avait une hypertrophie de la glande thyroïde, tous les symptômes étaient visibles. Mon rôle a consisté à confirmer par des données neurologiques le diagnostic établi par* STERN (cote 7, p. du dossier 55).

Le témoin KAMENETZKY a également dit à l'audience :

> *Je n'ai aucun doute quant à l'exactitude du diagnostic. Mon diagnostic coïncidait avec celui de* STERN. *Je partage la responsabilité du diagnostic établi le 18 juin 1968 au malade* GARMASAR (p. 18 des remarques de la défense sur le plumitif d'audience).

A la requête de la défense, un document a été versé au dossier par la Cour, délivré le 11 décembre 1974 par l'Institut d'endocrinologie et de chimie hormonale de l'Académie des Sciences médicales de l'U.R.S.S. (cote 6, p. du dossier 144). Aux questions posées par le barreau de Moscou, l'Institut a répondu que la thyréotoxicose pouvait avoir pour issue une guérison spontanée, que c'était un fait connu à la pratique clinique; que le diagnostic de thyréotoxicose de gravité moyenne établi par deux médecins, un thérapeute-endocrinologue et un neuro-patho-endocrinologue (si l'on en juge d'après la fiche, les docteurs STERN et KAMENETZKY) était fondé.

Ce qui a été exposé démontre que les données médicales obtenues au procès ont totalement réfuté les conclusions de la première expertise à laquelle il fut procédé pendant l'instruction et ont fourni des faits suffisants pour poursuivre l'expert OLNEV pour avoir délibérément donné une conclusion mensongère, sa signature figurant au bas des deux conclusions d'expertise médico-légales contradictoires.

En conséquence, dans l'épisode examiné, seule peut être retenue par l'accusation la déposition du témoin GARMASAR Antonia, qui est la suivante :

> *J'ai donné 200 roubles à* STERN *pour qu'il soigne mon fils. Il n'y a pas eu de conversation avec* STERN *concernant la période militaire de mon fils* (cote 7, p. du dossier 51). *J'ai donné l'argent pour le traitement futur de mon fils malade et non pour le faire libérer de la période militaire, je n'aurais pas donné 200 roubles pour cela. De toute façon, je n'ai jamais donné de pot-de-vin à* STERN, a répété plusieurs fois le témoin GARMASAR Antonina au procès.

STERN nie avoir reçu de l'argent d'Antonina GARMASAR. La Cour estime ces affirmations de STERN gratuites, comme elles sont contredites par la déposition du témoin GARMASAR. Mais les déclarations du témoin GARMASAR s'avèrent encore plus des affirmations gratuites, dans la mesure où elles sont réfutées par le témoignage de son fils GARMASAR Alexandre.

Indépendamment de la valeur accordée aux dépositions de STERN et de GARMASAR Antonina, la défense affirme que le dossier ne comporte aucun fondement ni en droit ni en fait pour la condamnation du docteur STERN en vertu de l'article 168 du Code pénal de la R.S.S.d'U. dans l'épisode ci-dessus exposé.

De plus, d'une décision spéciale rendue par la Cour à l'adresse du commandement militaire régional, il découle qu'en raison de la situation, le certificat, délivré par le dispensaire ne pouvait servir de base pour dispenser GARMASAR de la période militaire. Ce document ne pouvait que donner lieu à un examen hospitalier de GARMASAR. Ce n'est qu'avec la confirmation par l'hôpital du diagnostic de thyréotoxicose que GARMASAR pouvait être libéré de l'obligation de faire la période militaire.

4. *Épisode MAKOVEÏ N. V.*

En janvier 1971, MAKOVEÏ, habitant du département de Berjanski, de la région de Vinnitza, souffrant d'une forme grave de diabète, s'est rendu au domicile de STERN pour une consultation privée sur le conseil d'une parente.

> *Il m'a fait asseoir dans son cabinet près de la table. Sur la table il y avait un papier.* STERN *m'a examiné. J'ai mis 25 roubles sous le papier,* a déposé MAKOVEÏ au procès (cote 7, p. du dossier 77).

STERN reconnaît avoir reçu 25 roubles de MAKOVEÏ et considère cela comme un cas de consultation privée au cabinet de son domicile. STERN a ausculté le malade, établi un diagnostic, recommandé un traitement, c'est-à-dire a rempli son devoir professionnel et reçu des honoraires.

Le lendemain, STERN a de nouveau reçu MAKOVEÏ, « l'a ausculté dans son appartement, et l'a envoyé ensuite à la polyclinique pour des analyses et des soins médicaux », c'est ce qui est écrit dans l'acte d'accusation (p. 5).

Sans aucun fondement, le rédacteur de l'acte d'accusation considère les actes professionnels et non administratifs de STERN comme des crimes de droit commun.

Dans le verdict faisant l'objet de ce pourvoi, il est affirmé que STERN a reçu de MAKOVEÏ un pot-de-vin non en tant que médecin mais comme « chef du service polyclinique qui, se servant de ses fonctions en l'absence d'une ordonnance de l'hôpital départemental de MAKOVEÏ, a organisé son examen à la polyclinique et son hospitalisation » (p. 8-9 du texte dactylographié du verdict).

STERN n'avait jamais été inculpé pour avoir reçu un pot-de-vin de MAKOVEÏ pour avoir « organisé » les soins qui lui ont été prodigués au dispensaire ainsi que son hospitalisation. Toutefois STERN a justement été condamné pour cela. Ce faisant, la Cour ignore entièrement les exigences des articles 275, 277 et 323 du Code de procédure pénale de la R.S.S.d'U.

La Cour écrit dans le verdict que MAKOVEÏ « souffrait d'une forme grave de diabète ».

Le médecin-chef du dispensaire, le témoin OURBANSKY a déclaré au procès que le dispensaire ne refusait l'assistance médicale à personne.

> *Si un malade grave se présente sans ordonnance, il faut le recevoir en consultation. Le dispensaire se distingue par son activité, nous avons toujours reçu activement* (cote 7, p. du dossier 114-115).

L'ordonnance délivrée par STERN n'a eu aucune conséquence administrative pour MAKOVEÏ. Ses droits aux soins dans le dispensaire n'en ont pas été augmentés.

La décision d'hospitaliser MAKOVEÏ n'a pas été prise par STERN, mais par le chef de service et le médecin-chef de l'hôpital. Le dossier ne contient pas la moindre allusion à une possible intervention de STERN dans ce sens auprès d'eux.

5. *Épisodes DZISSIAK V. et BESNOSSIOUK A.*

« Le 18 février 1971, Vera Dzissiak, sur le conseil d'une connaissance, Krouglitz-kaïa, et sans ordonnance de son hôpital départemental, s'est présentée à la consultation de Stern. Celui-ci l'a examinée, a établi son diagnostic et envoyé pour analyses à la polyclinique (cote 4, p. du dossier 136-137). Pour cela Dzissiak lui a donné 10 roubles », c'est ce qui est écrit dans le verdict p. 9.

Il découle de ce qui est exposé, que, si Stern a reçu 10 roubles de Dzissiak, c'était en tant que médecin traitant, pour son activité professionnelle, ce qui constitue une faute et non un délit de corruption.

Toutefois, j'estime indispensable d'attirer l'attention sur la déformation des faits par la Cour, dans cet épisode aussi.

La fiche de la malade Dzissiak montre qu'avant la visite chez Stern, elle avait consulté un gynécologue (cote 4, p. du dossier 135), qu'elle est venue chez Stern déjà en possession d'une fiché. Dans ces conditions, elle n'avait aucun besoin d'avoir une ordonnance de son hôpital départemental pour être reçue au dispensaire endocrinologique.

Dzissiak a donné de l'argent à Stern pour son activité médicale :

> *Je me suis rendue à la consultation de* Stern *deux ou trois fois. La deuxième ou troisième fois, j'ai mis 10 roubles dans la poche de la blouse de* Stern, a témoigné Dzissiak au procès (cote 7, p. du dossier 104).
>
> *La première fois, je n'ai pas donné d'argent au docteur. Quand j'ai décidé de lui donner de l'argent, je l'ai mis dans la poche de sa blouse. Le docteur ne m'avait pas demandé d'argent,* témoignait également Dzissiak au procès (voir p. 29 des remarques de la défense sur le plumitif d'audience).

Sur la recommandation de Dzissiak, « Besnossiouk Anna s'est également rendue à la consultation de Stern sans ordonnance de son hôpital départemental. Après l'avoir examinée, Stern lui a donné une ordonnance pour des soins à l'hôpital régional de Vinnitza. Pour cela Besnossiouk lui a donné 10 roubles », c'est ce qui est écrit à la p. 9 du verdict.

La défense estime que la délivrance par un médecin, après examen et auscultation d'un malade, d'une ordonnance d'envoi à la consultation d'une autre institution médicale, constitue l'exercice de son devoir professionnel et non de fonctionnaire.

Tout citoyen de l'Union soviétique, ayant besoin d'assistance médicale, a le droit de s'adresser à telle institution médicale, qui, d'après sa maladie, est la plus indiquée pour lui prodiguer les soins qualifiés. Aucune institution médicale n'a le droit de refuser une telle assistance.

Ce droit est garanti par la Constitution de l'U.R.S.S., ainsi que par « le Code de la Santé publique » de l'U.R.S.S. et la réalité concrète de ce droit est assurée par la loi et non par une ordonnance d'envoi à une consultation dans une autre institution médicale.

Besnossiouk a payé le docteur Stern pour son examen médical, pour l'établissement de son diagnostic, en d'autres termes pour son activité professionnelle de médecin. BESNOSSIOUK avait été reçue par STERN sans avoir été inscrite officiellement à la consultation. Il n'y a pas de fiche de BESNOSSIOUK au dispensaire.

Voulant condamner le docteur STERN en dépit de la logique et des faits, la Cour n'a pas hésité, dans cet épisode, à déformer des éléments du dossier, en affirmant que BESNOSSIOUK a payé 10 roubles à STERN pour la délivrance d'une ordonnance d'envoi pour examen et soins à l'hôpital régional de Vinnitza du nom de Pirogov.

L'acte d'accusation ne contient pas ce chef d'inculpation. Ce chef d'inculpation a été mis en avant, contrairement aux exigences des articles 275 et 277 du Code de procédure pénale de la R.S.S.d'U., pour la première fois dans le verdict faisant l'objet du présent pourvoi.

Naturellement, l'instruction n'a même pas fait rechercher ce document et la Cour, se référant à l'existence d'un tel document, ne l'a pas réclamé à l'hôpital Pirogov. STERN affirme ne jamais avoir délivré un tel document.

J'estime que pour ces épisodes, la culpabilité de STERN n'est pas démontrée.

6. Épisodes JEVTCHOUK G. et CHTCHIOUR M.

JEVTCHOUK Galina s'est adressée avec son mari en mai 1969 au Dr STERN. STERN l'a reçue chez lui, l'a auscultée et reçu pour son assistance médicale 25 roubles. Par la suite, STERN a envoyé JEVTCHOUK se faire faire des analyses et l'a examinée dans son cabinet au dispensaire. Encore deux ou trois fois, JEVTCHOUK a été consulter STERN chez lui.

La Cour estime que STERN, quand il recevait JEVTCHOUK à son domicile, avait reçu d'elle un pot-de-vin de 25 roubles pour les soins qui lui ont été ensuite prodigués au dispensaire. Tandis que chez lui, IL L'AURAIT REÇUE POUR RIEN?

STERN affirme avoir reçu d'elle des honoraires pour son activité professionnelle de médecin, qu'il a exécutée dans son cabinet chez lui.

En 1970, STERN avait reçu la malade CHTCHIOUR Maria au dispensaire endocrinologique. Il l'a examinée, prescrit un traitement, et CHTCHIOUR lui a donné 10 roubles :

> *Il n'avait pas exigé d'argent, je lui ai donné de ma propre initiative,* témoigna CHTCHIOUR (c. 2, p. du dossier 53).

Au procès, CHTCHIOUR a témoigné :

> *Il y a longtemps que je souffre d'une maladie de la glande thyroïde. On m'avait opérée au dispensaire de Vinnitza. En 1970, quand je suis venue au dispensaire, on n'a pu retrouver ma fiche. Je me suis adressée à* STERN. *Il a permis qu'on me délivre une nouvelle fiche et m'a reçue et examinée lui-même.* STERN *ne m'a pas demandé d'argent, je l'ai donné spontanément, ayant décidé de le remercier pour son accueil* (p. 20 des remarques de la défense sur le plumitif d'audience).

J'estime que si STERN a reçu 10 roubles de CHTCHIOUR pour les raisons qu'elle dit, il ne peut être poursuivi pour crime pour autant.

Pourtant STERN a été condamné non seulement pour ces 10 roubles, mais encore pour un pot-de-vin de 20 roubles qui lui auraient été donnés par la malade CHTCHIOUR chez lui.

La Cour a estimé qu'à la première visite au cabinet de STERN chez lui, CHTCHIOUR lui a donné un pot-de-vin de 10 roubles pour lui avoir prescrit des médicaments et l'avait donc examinée gratuitement, tandis qu'à la deuxième visite à son domicile, le pot-de-vin lui avait été remis pour l'envoi de CHTCHIOUR à la consultation de l'Institut médical de Vinnitza, l'auscultation, cette fois encore, ayant été faite par STERN à titre gratuit.

Le manque de sérieux de telles affirmations est évident. Il ne peut avoir qu'une seule explication — la volonté de condamner STERN à n'importe quel prix.

7. *Épisodes LAVRENIOUK, LOSINSKY, GROMOVOÏ*

La Cour affirme que le malade LAVRENIOUK « sans ordonnance de son hôpital départemental, avait été reçu quatre fois par l'accusé STERN dans son cabinet à la polyclinique ». Pour chaque visite médicale, LAVRENIOUK donnait à STERN un pot-de-vin de 25 roubles, en tout 100 roubles.

Voulant donner à l'exercice de l'art du médecin un caractère d'activités de fonctionnaire, la Cour a affirmé que STERN acceptait des pots-de-vin en recevant LAVRENIOUK sans ordonnance de l'hôpital départemental.

Cette fois encore, pour condamner le docteur STERN, la Cour s'est permis une violation grossière des articles 275 et 277 du Code de procédure pénale de la R.S.S.d'U., interdisant en cours de procès la modification de la matérialité des faits retenus contre l'accusé, au risque d'aggraver sa situation pénale.

Cet épisode a ceci de caractéristique, que les affirmations de la Cour contredisent non seulement la déposition de STERN, mais le témoignage même de LAVRENIOUK, qui a déclaré à l'audience qu'il était en possession d'une ordonnance l'envoyant au dispensaire endocrinologique de Vinnitza, que cette ordonnance lui avait été délivrée par le docteur PIK de l'hôpital de Berchadsko, que STERN l'avait bien reçu.

Voici ce qu'a dit LAVRENIOUK à l'audience :

> *Le docteur ne m'a rien demandé, j'ai décidé moi-même de lui donner 25 roubles, les quatre fois où il m'a reçu, pour ses soins et son accueil* (cote 7, p. du dossier 95).

« Le 20 novembre 1967, recevant à sa consultation le malade LOSINSKY Grigorii, atteint d'un grave diabète, invalide du groupe I, STERN lui a délivré un certificat sur son état de santé à l'intention de la Sécurité sociale et reçu pour cela 10 roubles de LOSINSKY », écrit la Cour dans le verdict faisant l'objet de ce pourvoi.

STERN estime que même s'il a reçu 10 roubles de LOSINSKY, cela ne peut être que pour son auscultation médicale, pour un acte professionnel et non de fonctionnaire.

LOSINSKY lui-même a raconté qu'il avait passé des visites pour la Sécurité sociale à plusieurs reprises, qu'il était venu souvent au dispensaire, avait subi les analyses et, après l'examen par le médecin, lui avait donné 10 roubles « en qualité de cadeau » (cote 7, p. du dossier 82).

STERN a également été condamné pour avoir, en octobre 1973, reçu GROMOVOÏ dans son cabinet de travail sans ordonnance et touché pour cela un pot-de-vin de 25 roubles.

L'acte d'accusation indique (p. 28) que GROMOVOÏ a payé 25 roubles à STERN pour son examen médical.

Cette fois aussi, la Cour s'est permis de modifier la matérialité des faits objets de la poursuite, violant les articles 275 et 277 du Code de procédure pénale de la R.S.S.d'U., s'efforçant illégalement de donner aux actes médicaux professionnels de STERN un caractère d'actes de fonctionnaire.

La défense désire attirer une fois de plus l'attention sur le fait que, même si STERN était accusé d'avoir reçu GROMOVOÏ sans ordonnance et de lui avoir accordé son assistance médicale indispensable, il n'aurait rempli là que son devoir professionnel, chaque citoyen ayant le droit à l'assistance médicale en cas de maladie. Personne ne peut la lui refuser, indépendamment du fait qu'il ait ou non une ordonnance d'envoi dans une institution médicale.

J'estime que pour ces épisodes non plus, STERN ne peut être condamné en vertu de l'article 168 du Code pénal de la R.S.S.d'U.

8. Épisodes CHEVTCHOUK L. et TEREGAÏLO M.

En 1973, CHEVTCHOUK a amené son fils chez le docteur STERN; STERN l'a examiné, établi son diagnostic, prescrit un traitement et administré immédiatement une piqûre d'hormones combinées, ce pourquoi CHEVTCHOUK a payé 10 roubles à STERN.

STERN affirme avoir reçu ces 10 roubles pour ses actes professionnels et en compensation du prix de la préparation hormonale qu'il avait utilisée pour la piqûre faite à I. CHEVTCHOUK.

La Cour estime que STERN a touché l'argent pour avoir reçu CHEVTCHOUK sans ordonnance et que ce n'était pas un payement pour activité professionnelle.

Il en résulte que dans ces conditions, la Cour reporte entièrement le prix des préparations hormonales aux frais de STERN, considérant que le docteur STERN a injecté ces médicaments coûteux gratuitement.

TEREGAÏLO M. a amené sa fille en 1971 à la consultation de STERN. La Cour a reconnu STERN coupable d'avoir « touché un pot-de-vin de 25 roubles pour avoir délivré à la fille de TEREGAÏLO une ordonnance l'envoyant à l'hôpital régional pour ablation des amygdales ».

Dans ce cas également, la Cour a modifié la matérialité des faits aggravant, en violation des articles 275 et 277 du Code de procédure pénale de la R.S.S.d'U., la situation pénale de l'accusé. Il est indiqué dans l'acte d'accusation que TEREGAÏLO est venu avec sa fille à la consultation de STERN. Le médecin, après avoir examiné la jeune fille, aurait suggéré qu'on lui enlève les amygdales. « Après l'amygdalectomie à l'hôpital de Toultchine, TEREGAÏLO et sa fille sont revenus à la consultation de STERN » (p. 28 de l'acte d'accusation).

En conséquence, d'après l'acte d'accusation, TEREGAÏLO n'a absolument pas donné d'argent à STERN pour une ordonnance d'envoi à l'hôpital pour enlever les amygdales. D'après l'acte d'accusation, TEREGAÏLO, après l'amygdalectomie, s'est adressé à STERN pour des soins médicaux. TEREGAÏLO aurait appris par les malades dans la salle d'attente qu'il fallait payer de l'argent au médecin pour la consultation. C'est justement pourquoi il a agi de la sorte. L'acte d'accusation qualifie de pot-de-vin le payement à STERN de son assistance médicale accordée à TEREGAÏLO.

La Cour a compris que même si STERN avait touché cet argent, c'était en payement pour son activité professionnelle de médecin, qu'il s'agissait d'une simple faute et non de corruption. Voulant à tout prix condamner STERN aussi pour cet épisode, la Cour a statué *ultra petita* * en le condamnant pour avoir délivré une ordonnance pour l'amygdalectomie.

Stern nie avoir reçu de l'argent de Teregaïlo.

Ce qui est exposé plus haut démontre que c'est sans fondement que Stern a été reconnu coupable d'avoir touché des pots-de-vin de Chevtchouk et Teregaïlo.

9. Épisodes KALINA, OSTROVETZ, TARANOVA, ZELENIOUK, SOROTCHOUK et TOUZIOUK

Tous ces malades avaient été reçus par Stern sur ordonnance d'hôpitaux départementaux ou de conseils de révision.

Tous ces malades souffraient d'un retard de développement physique, pour le traitement duquel sont employés des médicaments coûteux.

Dans les cas où les adolescents venaient sans leurs parents, Stern, après les avoir examinés, leur suggérait de revenir le lendemain avec leurs parents munis d'argent pour ces médicaments. Quand ils revenaient avec leurs parents, Stern examinait les malades, décidait du traitement de chacun et leur prescrivait des médicaments.

Kalina a témoigné au procès :

> Stern *ne m'a rien dit à propos d'argent. Je lui ai donné 15 roubles de moi-même* (cote 7, p. du dossier 79).

Ostrovetz a témoigné au procès :

> *Je pensais remercier le docteur et je lui ai donné de l'argent* (cote 7, p. du dossier 81).

Seul le fils Touziouk fut interrogé au procès, il a témoigné :

> *Sur le chemin du retour, mon père m'a dit avoir donné 10 roubles à* Stern *en ajoutant que c'était pour que* Stern *me traite mieux* (cote 7, p. du dossier 85).

Zeleniouk a témoigné au procès :

> *J'ai mis 5 roubles sur la table du docteur. Ces 5 roubles, je les ai payés pour sa consultation. J'ai décidé moi-même de lui donner 5 roubles. Je les avais sur moi et je les ai donnés au docteur* (cote 7, p. du dossier 102).

Zeleniouk mère et fils n'ont pas confirmé au procès leur témoignage lors de l'instruction, dans lequel ils disaient que le docteur Stern leur aurait soi-disant dit lui-même « Qu'est-ce que vous attendez pour me payer! ».

Pendant l'instruction, le témoin Taranova a déclaré qu'elle avait entendu des autres malades dans la salle d'attente qu'il fallait payer Stern pour la consultation. C'est pourquoi, à la deuxième visite chez le médecin, elle lui a donné 25 roubles.

* Statuer plus qu'il n'est demandé.

Dans le cabinet même, j'ai donné 25 roubles à STERN. *Il a pris l'argent, m'a remerciée,* a dit TARANOVA (cote 11, p. du dossier 110).

A l'audience, TARANOVA a modifié son témoignage et s'est mise à affirmer qu'elle avait versé l'argent pour des médicaments, qui lui avaient été prescrits à sa première visite, mais qu'elle n'avait pu trouver nulle part.

La Cour a estimé plus digne de foi le témoignage de TARANOVA donné au cours de l'instruction. Cependant, même ce témoignage n'est pas un élément de preuve suffisant pour condamner le docteur STERN pour corruption puisque si l'argent fut donné, il l'a été pour activité professionnelle.

En février 1971, SOROTCHOUK et son fils sont venus à la consultation de STERN. Il a examiné le jeune SOROTCHOUK, fait son diagnostic et décidé d'un traitement. SOROTCHOUK affirme que STERN lui a suggéré de payer 30 roubles. Il lui a donné 17 roubles, n'ayant pas plus sur lui, son fils ayant ramené les 13 roubles restants quand il est revenu à deux reprises à la consultation du docteur.

STERN affirme que SOROTCHOUK le calomnie, qu'il ne se rappelle plus ce cas, mais admet la possibilité d'un payement pour des piqûres. STERN suppose que si le fils SOROTCHOUK est revenu encore deux fois à sa consultation, il a reçu des piqûres d'hormones combinées et que c'est le prix des médicaments injectés qui lui avait été payé.

Le fils SOROTCHOUK n'a pas été interrogé à l'instruction. Les explications de STERN n'ont pu être réfutées par l'accusation.

L'exposé ci-dessus démontre que, même si l'on reconnaît que STERN a reçu de l'argent des malades, ce n'était que pour activité professionnelle. STERN n'y agissait pas en qualité de fonctionnaire et ne peut donc que répondre pour des fautes qui ne sont pas susceptibles de qualification pénale.

III. LE DOCTEUR STERN A ÉTÉ CONDAMNÉ SANS FONDEMENT POUR ESCROQUERIE

STERN a été condamné en vertu du § II de l'article 143 du Code pénal de la R.S.S.d'U. La Cour a vu une escroquerie ou un abus de la confiance des malades qui s'adressaient au docteur STERN, dans les actes suivants de ce dernier :

a) STERN, au lieu des ordonnances que le médecin doit délivrer après l'auscultation et la décision d'un traitement, fournissait personnellement aux malades des médicaments, en leur faisant une réclame de médicaments étrangers manquants et coûteux, tandis qu'il s'agissait de médicaments soviétiques ordinaires, en encaissant des sommes d'argent considérablement supérieures à leur prix réel.

b) Le docteur STERN, en dépit du règlement existant, administrait lui-même dans son cabinet, et quelquefois à son domicile, des piqûres d'hormones, en omettant de plus de mentionner dans les fiches ou dans le registre des piqûres faites journellement la nature exacte de ce qu'il injectait à tel ou tel malade.

c) Pour disposer en sa faveur les malades et leurs proches, il soulignait constamment qu'il soignait les malades selon sa méthode spéciale, la méthode de

Stern, bien que — comme il a été établi aux audiences par les interrogatoires de Stern lui-même et d'autres médecins du dispensaire d'endocrinologie de Vinnitza une telle méthode n'existe pas.

Dans l'acte d'accusation, le chef d'inculpation de Stern en vertu de l'article 143 du Code pénal de la R.S.S.d'U. est formulé de la manière suivante :

« Dans le but de s'approprier l'argent des citoyens, en abusant de leur confiance, et en les escroquant, sous prétexte d'aide à se procurer des médicaments « étrangers manquants », qui soi-disant apporteraient une guérison rapide, Stern prenait systématiquement de l'argent des malades et de leurs proches, leur fournissant en fait des médicaments ordinaires, dont le prix était considérablement inférieur aux sommes perçues par lui » (p. 29 de l'acte d'accusation).

De la comparaison des accusations portées contre Stern en vertu de l'article 143 du code pénal de la R.S.S.d'U., telles qu'elles sont exposées dans le verdict et dans l'acte d'accusation, il ressort que la Cour, en condamnant Stern, a statué *ultra petita*, en imputant à Stern des actes d'escroquerie qui ne lui avaient pas été notifiés dans la formulation de l'acte d'accusation.

La condamnation de Stern a été faite *pour des actes pour lesquels il n'avait pas été inculpé*, ce qui est interdit par la loi (articles 275 et 277 du Code de procédure pénale de la R.S.S.d'U.).

Ce seul argument suffit amplement pour reconnaître la condamnation sur ce point comme contraire à la loi. Toutefois, la défense juge indispensable de démontrer non seulement l'illégalité, mais aussi le non-fondé de la condamnation.

1. Comment le docteur-endocrinologue Stern *soignait les adolescents souffrant d'un retard du développement physique?*

A cette question, je voudrais répondre en donnant la parole au docteur Stern lui-même :

« Chaque médecin ayant une longue pratique, modifie les méthodes de traitement généralement admises, en y introduisant certains correctifs et améliorations, qui lui sont dictés par sa propre expérience clinique. J'ai utilisé pour soigner les retards de croissance certaines préparations hormonales, mais en déterminant la combinaison, le dosage, la fréquence d'administration pour chaque cas particulier individuellement » (cote 7, p. du dossier 47).

« Dans ma méthode personnelle, j'ai utilisé des hormones combinées. Dans ma préparation modifiée, qui donnait d'excellents résultats, j'employais toutes les préparations hormonales connues. J'utilisais du Soustanon hollandais et yougoslave, de l'Horéogonine hongroise, de la Profisone de la R.F.A., du Testenat à 10 %, du Testosterone-Propionat à 5 %, 2,5 % et 1 %. Tout l'art consiste dans la combinaison de ces médicaments » (cote 7, p. du dossier 138).

« Les indications sur les fiches ne correspondent pas à la réalité. N'était pas inscrit sur les fiches ce que j'administrais aux malades. Je ne voulais pas que ceux qui travaillent à l'Institut médical connaissent mes modifications de traitement avant qu'elles ne soient publiées » (cote 7, p. du dossier 138).

« Il n'est interdit à aucun médecin, ni de faire des piqûres, ni d'aider à se procurer des médicaments. Peut-être ai-je fait une bêtise dans l'intérêt des malades, en prenant des médicaments des uns pour les donner aux autres » (cote 7, p. du dossier 147).

« Aucun règlement n'interdit à un médecin de procéder à n'importe quelle manipulation, s'il la fait dans l'intérêt du malade. Pour ne pas interrompre ou retarder un traitement, un médecin a le droit de proposer au malade un traitement à l'aide de médicaments en sa possession » (cote 7, p. du dossier 137).

« L'application de mon traitement modifié exigeait qu'il soit fait par moi-même. On peut confier le soin de faire des injections élémentaires à une infirmière, l'administration d'injections intraveineuses étant de la compétence du médecin. Je devais personnellement évaluer la sensibilité du patient à telle ou telle préparation hormonale. Je devais constater personnellement la réaction à l'injection des préparations hormonales » (cote 7, p. du dossier 155).

« J'ai fait la preuve de ma méthode par des exemples concrets, par exemple Overtchouk. Je soigne le malade et non la maladie. C'est mon principe! » (cote 7, p. du dossier 47).

En effet, les résultats obtenus par Stern dans le traitement de retards du développement physique des adolescents tranchaient nettement en comparaison avec les succès des traitements de la même maladie par d'autres médecins.

L'endocrinologue Bronstein a dit devant la Cour :

> « *En général, le docteur* Stern *obtenait des succès étonnants par ses traitements* » (cote 7, p. du dossier 142).

A la cote 4 se trouvent les fiches ambulatoires des malades. Elles indiquent en effet des résultats étonnants, obtenus par le docteur Stern dans les traitements de l'hypogénitalisme, de retards de croissance.

Cote 4, p. 4, on voit qu'avant de s'adresser à Stern, cet adolescent avait été soigné par un autre médecin pendant 4 mois et n'avait pris durant cette période ni 1 cm de taille, ni 1 gr de poids.

Pour une période analogue de 4 mois de traitement chez Stern, qui lui faisait ses piqûres de combinaisons hormonales lui-même, Overtchouk a grandi de 15 cm et pris 7 kg.

Non moins étonnants sont les résultats du traitement de Stern sur les exemples Baïda, Pribegui, Koval et autres.

Stern a prouvé qu'en utilisant, à égalité avec les autres médecins, les mêmes médicaments, ce n'est qu'avec l'art du praticien qu'on peut obtenir de grands succès dans le traitement des malades.

La Cour voit dans les actes de Stern de l'escroquerie, puisque dans son opinion il trompait les malades et leurs proches, soulignant constamment qu'il soignait les malades d'une façon spéciale, connue de lui seul.

La défense s'élève catégoriquement contre une telle assertion parce qu'elle ne correspond pas à la réalité.

Malgré ses brillants résultats, le docteur Stern ne faisait pas de réclame pour ses succès et la Cour, en soutenant de telles allégations, ne peut se référer, et ne se réfère effectivement pas à un seul témoin confirmant ce fait.

2. Y a-t-il des éléments constitutifs de l'escroquerie ou de l'abus de confiance dans les agissements de Stern?

Le verdict mentionne que le docteur Stern a reçu des parents d'Overtchouk 65 roubles pour avoir promis de le guérir à l'aide de médicaments étrangers, qu'en réalité Stern aurait trompé la famille Overtchouk, leur ayant donné des médicaments coûtant 26 roubles 85 kopeks et fait 4 injections de Soustanon qui coûte 5 roubles 80 kopeks, s'étant ainsi approprié par voie d'escroquerie 32 roubles et 35 kopeks.

L'accusé STERN a affirmé qu'il avait effectivement fait quatre piqûres à OVERTCHOUK, composées d'hormones combinées, mais qu'il n'avait pas noté sur la fiche la combinaison hormonale injectée, ne voulant pas dévoiler sa modification de traitement; que chaque piqûre coûtait d'après le prix officiel 7 à 9 roubles, qu'il se procurait lui-même ces médicaments, non pas à leur prix officiel, mais au prix du marché, et enfin STERN a dit qu'il n'avait pas trompé la famille OVERTCHOUK et surtout avait effectivement guéri leur fils, en lui administrant des médicaments étrangers coûteux, lui dispensant son savoir et sa peine.

Le témoin OVERTCHOUK Anna a raconté à l'audience :

> *J'ai mis 25 roubles sur la table de* STERN *pour qu'il se procure le médicament.* STERN *n'avait pas dit combien d'argent il fallait. Mon fils venait et* STERN *lui faisait les piqûres* (cote 7, p. du dossier 8).
>
> STERN *ne m'a rien demandé. C'est moi qui ai demandé qu'il soigne mon fils. J'ai donné encore 10 roubles à* STERN, *pensant que les médicaments pour les 25 premiers roubles étaient épuisés. Le garçon a grandi, grossi. Je ne sais pas quel était le médicament. Je n'ai aucun grief contre le docteur* STERN (cote 7, p. du dossier 9)

Tant dans le verdict lui-même que dans la commission rogatoire adressée auprès de la Section du ministère de la Santé de Vinnitza, la Cour a établi que le Dr STERN « administrait aux malades sous forme de piqûres des préparations hormonales en ne les inscrivant ni sur les fiches des malades, ni dans le registre de la polyclinique et ne laissant aucune trace de ce qu'il administrait effectivement à tel ou tel malade ».

En conséquence, il n'y a aucune raison pour utiliser en qualité de preuves dignes de foi les fiches contenant des renseignements inexacts ou pas de renseignements du tout sur les préparations hormonales administrées.

C'est pourtant ce que la Cour a fait pour l'épisode OVERTCHOUK.

Dans le verdict, il est affirmé que dans la période du 2 mars au 4 mai 1973, STERN aurait trompé la citoyenne MATVIENKO et ce, en lui vendant une boîte de Soustanon-250, coûtant 4 roubles 35 kopeks pour 25 roubles, de l'Horéogonine, coûtant 5 roubles 72 kopeks pour 20 roubles et délivré une ordonnance pour du Soustanon, encaissant 10 roubles pour cela.

En tout STERN aurait reçu 55 roubles et donné des médicaments pour une somme, d'après la Cour, de 10 roubles 07 kopeks, gardant à son profit 44 roubles 92 kopeks.

STERN ne nie pas le fait même d'avoir donné des médicaments à MATVIENKO et explique que par deux fois il s'était procuré pour MATVIENKO non pas du Soustanon mais de l'Horéogonine, que c'est un médicament très rare, qui manque souvent en pharmacie, qu'il se le procurait non au prix officiel mais au prix du marché pour ses malades, qu'il agissait ainsi dans leur intérêt pour ne pas interrompre le cours de leur traitement.

L'instruction n'a pas établi du tout où et à quel prix STERN se procurait ces préparations hormonales.

A la page 9 de l'acte d'accusation, l'instruction émet la supposition que ces préparations hormonales manquantes se trouvaient en la possession de STERN parce que — « apparemment, il les achetait lui-même dans les pharmacies ».

L'INSTRUCTION N'A PAS FAIT LA LUMIÈRE SUR LA SOURCE DES MÉDICAMENTS OBTENUS PAR STERN QUI NE SE TROUVAIENT PAS DANS LES PHARMACIES ET N'A PAS ÉTABLI LE PRIX, POUR LEQUEL STERN SE PROCURAIT LES MÉDICAMENTS.

Sans ces données essentielles comme point de départ pour toute évaluation, il est totalement impossible de parler d'escroquerie dans les agissements de STERN, qui affirme que ces préparations hormonales manquantes lui étaient apportées par des malades. Quelquefois, à la recherche de médicaments, des malades s'adressaient à des parents ou connaissances habitant à Odessa, à Kiev, à Moscou ou autres villes et recevaient les médicaments en plus grande quantité qu'il ne fallait pour leur traitement. Cela n'avait pas de sens de les conserver, car ils avaient une date limite d'utilisation. Souvent, les gens obtenaient ces médicaments non pas au prix officiel, mais au prix du marché et les recédaient à ce même prix à STERN.

Cette déposition de STERN a été confirmée pendant l'instruction par l'interrogatoire du témoin VOLINKINA, qui a raconté qu'il lui était resté 2 boîtes d'Horéogonine et que la date limite de leur utilisation approchant, elle avait demandé à STERN de les revendre pour 15 roubles la boîte, ce qu'il avait fait (cote 5, p. du dossier 62).

Il a été donné lecture du témoignage de VOLINKINA à l'audience.

Si les explications de STERN, confirmées par le témoin VOLINKINA n'ont pas été réfutées par l'accusation qui n'a pu prouver que STERN achetait les médicaments au prix officiel, la Cour n'avait aucune raison valable de retenir le prix officiel de ces médicaments délivrés par STERN, comme l'un des éléments constitutifs d'une escroquerie.

Le témoin MATVIENKO, au cours de l'instruction, a raconté qu'elle avait acquis deux fois de l'Horéogonine chez STERN et non du Soustanon, comme le mentionne le verdict faisant l'objet du présent pourvoi, et qu'elle avait décidé elle-même de la somme à donner au docteur pour ce médicament (cote 1, p. du dossier 91 et 105).

> *Le docteur ne m'a pas parlé d'argent. Je lui en donnais de moi-même. Il ne prenait pas d'argent pour les soins.* STERN *ne m'indiquait pas les sommes que je lui donnais,* a témoigné MATVIENKO à l'audience (cote 7, p. du dossier 14).
>
> STERN *ne mentionnait pas le prix. Je savais combien coûtait l'Horéogonine, mais donnais plus exprès.* STERN *ne m'a pas escroquée. Mon fils a été guéri en 6 mois. Je suis entièrement reconnaissante au médecin pour son traitement. Je n'ai pas de griefs contre le docteur,* a également déclaré MATVIENKO à l'audience (p. 6 des remarques de la défense sur le plumitif d'audience).

Le 21 janvier 1971, la malade KONDRATIOUK est venue à la consultation de STERN. Après l'avoir examinée, il lui a prescrit du Fepramon.

J'ai cherché le Fepramon partout, à Kiev et dans d'autres villes. Quand Stern *m'a donné ce médicament, je lui ai donné 5 roubles. Il ne m'avait pas dit combien il fallait payer. J'ai décidé moi-même de donner 5 roubles,* a dit Kondratiouk à l'audience (p. 5 des remarques de la défense sur le plumitif d'audience).

La Cour affirme que le Fepramon coûte 52 kopeks et que Stern a reçu de Kondratiouk 5 roubles, par conséquent il l'a escroquée de 4 roubles 48 kopeks.

Kondratiouk ayant cherché ce médicament partout et ne l'ayant pas trouvé en pharmacie, Stern ne pouvait par conséquent l'avoir acheté dans une pharmacie.

Sur quoi est basée la déduction de la Cour que Stern a acquis le Fepramon pour 52 kopeks?

Les éléments du dossier ne contiennent pas la réponse à cette question, il n'y a par conséquent pas de fondement à la condamnation de Stern pour escroquerie.

Le 10 décembre 1971, Souchko Piotr a été reçu à la consultation de Stern avec son père Souchko Mikhaïl. Le médecin l'a examiné, diagnostiqué un retard dans son développement et lui a prescrit un médicament. Ensuite Stern a sorti de sa poche 2 flacons de Tiréoïdine et a dit qu'il fallait prendre ces comprimés trois fois par jour. Souchko a donné 10 roubles à Stern.

La Cour affirme que Stern a reçu 10 roubles pour la Tiréoïdine qui coûte 30 kopeks, c'est-à-dire que Stern aurait escroqué Souchko de 9 roubles 70 kopeks.

Tant Stern que Souchko s'élèvent contre cette affirmation. Stern a déclaré qu'il n'avait pas vendu la Tiréoïdine à Souchko, que son prix était si insignifiant qu'il ne l'avait pas compté. Les 10 roubles lui avaient été donnés par Souchko pour la consultation et l'examen, c'est-à-dire pour un acte professionnel, ainsi que pour les piqûres qu'il avait faites à Souchko Piotr.

Stern *m'a donné 2 flacons de Tiréoïdine. Le prix du flacon était de 15 kopeks. C'était écrit dessus. J'ai donné 10 roubles à* Stern. Stern *a dit que le médicament coûtait 30 kopeks en tout. Oui, j'ai moi-même écrit dans ma déposition que je n'avais aucun grief contre* Stern. *J'ai donné 10 roubles pour la visite. J'ai été reçu le jour même. En effet, mon fils venait seul pour recevoir les piqûres. Il ne payait pas d'argent* (cote 7, p. du dossier 14-16).

Il n'y a aucune raison d'affirmer que le docteur Stern ait trompé en quoi que ce soit Souchko.

La Cour ne tient même pas compte du coût des préparations hormonales utilisées par Stern pour les piqûres.

Les éléments du dossier concernant l épisode de Souchko contiennent, de l'avis de la défense, une contradiction très caractéristique : dans le procès-verbal de l'instruction du 16 juin 1974 (cote 2, p. du dossier 28), il est précisé : « L'étiquette indiquait le prix courant de 15 kopeks », tandis que l'acte d'accusation dit : « A l'examen du flacon de Tiréoïdine présenté par le citoyen Souchko, il a été constaté que le prix avait été effacé. » Comme les deux documents ont été signés par le même juge d'instruction

Kravtchenko, il est absolument évident que lui seul pouvait avoir effacé le prix dans une intention plus que douteuse.

En décembre 1972, Stern a reçu à deux reprises l'adolescent Besnossiouk Vassili, qui venait avec sa mère Besnossiouk Vera. La Cour affirme que Stern aurait trompé Besnossiouk. Il leur aurait remis 2 ampoules de Soustanon-250 et fait deux piqûres de Soustanon. Besnossiouk aurait donné à Stern 20 roubles. Les médicaments coûtant 7 roubles 15 kopeks, Stern aurait escroqué Besnossiouk de 12 roubles 75 kopeks.

Pourquoi la Cour soutient-elle que Stern a injecté du Soustanon à Besnossiouk? Cette question ne trouve pas de réponse dans le verdict.

Stern dit qu'il avait fait une piqûre contenant des hormones combinées, qu'en effet le mélange contenait, comme une des composantes, du Soustanon hollandais.

Besnossiouk devait elle-même affirmer à l'audience :

> *Je suis venue chez* Stern *en décembre 1972. Je lui ai donné deux fois 10 roubles. Je les lui mettais dans la poche de sa blouse.* Stern *m'a montré un petit flacon d'un médicament hollandais et dit qu'il l'injecterait à mon fils. Personne ne m'a dit qu'il fallait payer de l'argent, j'ai décidé de payer moi-même. Je n'ai pas acheté de médicaments pour les piqûres à la pharmacie. J'ai donné cet argent en signe de gratitude* (cote 7, p. du dossier 29).
>
> *Je n'ai aucun grief contre le docteur, je lui suis reconnaissante* (p. 10 des remarques de la défense sur le plumitif d'audience).

Il n'y a donc aucun fondement non plus pour condamner Stern en vertu de l'article 143 du Code pénal de la R.S.S.d'U. pour cet épisode.

Dans l'acte d'accusation, on reproche à Stern le fait d'avoir escroqué Bogoutzkaïa en lui vendant du Soustanon (p. 30 de l'acte d'accusation).

Le verdict de la Cour indique que Stern, trompant Bogoutzkaïa, aurait reçu d'elle 25 roubles pour un médicament coûtant 4 roubles 56 kopeks et qu'il aurait administré à son fils non pas du Soustanon mais de la Testosterone-Propionat.

Stern affirme qu'il a fait à Victor Bogoutzky une injection combinée, composée de plusieurs préparations hormonales, qu'il avait reçu l'argent pour ces médicaments et pour ses actes professionnels.

Bogoutzkaïa a témoigné au procès :

> *Mon fils est allé seul deux fois chez le Dr* Stern *qui lui faisait des piqûres. Personne dans la file d'attente ne disait qu'il fallait donner de l'argent à* Stern. *J'ai donné de l'argent à* Stern *pour sa consultation.* Stern *a donné le médicament pour mon fils. Mon fils n'a pas donné d'argent à* Stern (cote 7, p. du dossier 19).

> *J'ai donné de l'argent à* STERN, *ni pour les piqûres, ni pour le traitement, mais pour son bon accueil. Je suis reconnaissante au docteur pour ses soins* (p. 8 des remarques de la défense sur le plumitif d'audience).

Le témoin BOGOUTZKAÏA affirme qu'elle avait donné de l'argent au docteur pour ses actes professionnels et non pour les médicaments qu'il administrait à son fils. Elle ne lui payait pas le prix des médicaments.

Le verdict indique que STERN aurait trompé aussi BESKOURSKY, en recevant de lui 32 roubles après lui avoir donné une petite boîte de Profisone coûtant 2 roubles 30 kopeks et 10 comprimés de Tiréoïdine coûtant 20 kopeks. « Tout cela a été confirmé par BESKOURSKY au procès », est-il écrit dans le verdict.

Les affirmations de la Cour ne correspondent pas à la vérité.

BESKOURSKY n'a confirmé au procès que le fait d'avoir acheté des médicaments chez STERN, mais « lesquels je ne me souviens plus, si je retrouve les flacons et l'emballage, je les remettrai ».

BESKOURSKY n'a précisé ni chez le juge d'instruction (cote 2, p. du dossier 79), ni au procès le nom exact des médicaments achetés chez STERN. Au procès, BESKOURSKY a témoigné :

> *En sortant du domicile de* STERN, *j'avais 10 ampoules. Il avait dit qu'on fasse à mon fils une piqûre tous les deux jours. Quinze jours ont passé. Je suis revenu chez* STERN. *Il m'a dit qu'il me redonnerait des médicaments. Je lui ai donné 7 roubles.* STERN *m'a donné un flacon contenant 10 comprimés. Je ne me souviens plus du nom des médicaments. J'ai reçu une deuxième fois des médicaments, les ampoules étaient plus petites* (cote 7, p. du dossier 16-17).

BESKOURSKY a reçu une première fois une sorte d'ampoules, la deuxième fois une autre, de forme plus petite. Par conséquent il a reçu *des médicaments différents.*

La fiche indique qu'on avait prescrit à BESKOURSKY non seulement de la Profisone et de la Tiréoïdine, mais aussi de la Gonadotropine (cote 4, p. du dossier 353).

La Cour a examiné le registre du poste des infirmiers qui contient la mention que depuis le 14.X.71 BESKOURSKY avait reçu 6 injections de Profisone. Il n'y a pas d'inscriptions antérieures au 14.X. Les premières piqûres avaient été faites chez STERN depuis le 23.IX.71 et ces 10 ampoules qui étaient injectées tous les deux jours se terminaient le 4.X. Par conséquent, il est impossible d'établir le nom des médicaments reçus par BESKOURSKY chez STERN.

Ce qui précède démontre qu'il n'y a pas au dossier d'éléments probants quant à la nature et à la quantité des médicaments reçus de STERN par BESKOURSKY.

De même il n'y a pas de précisions sur l'origine et le prix des médicaments que STERN s'est procurés.

C'est pourquoi il n'y a pas de fondement pour condamner STERN pour escroquerie en rapport avec cet épisode.

Il est affirmé dans le verdict faisant l'objet de ce pourvoi, qu'en mars 1973 Stern aurait reçu 25 roubles du plaignant Polichtchouk Dimitri pour une boîte d'insuline coûtant 2 roubles, c'est-à-dire 23 roubles de plus que son prix.

Polichtchouk a raconté qu'après la visite chez Stern, il était allé à la pharmacie où il avait obtenu une partie des médicaments qui lui avaient été prescrits.

Le médicament pour les piqûres manquait dans les pharmacies. Par hasard, il avait rencontré Stern dans la rue et lui avait raconté qu'il avait fait toutes les pharmacies sans pouvoir acheter le médicament pour les piqûres. Alors Stern avait sorti de sa serviette un paquet de médicaments qu'il lui avait donné et Polichtchouk lui avait donné 20 roubles.

> *Je suis incapable de dire quels médicaments j'avais obtenus à la pharmacie,* a dit Polichtchouk au procès (cote 7, p. du dossier 30).
>
> *Je n'ai pas demandé au docteur combien d'argent il fallait payer; je lui ai donné cet argent de moi-même* (p. 11 des remarques de la défense sur le plumitif d'audience).

Le témoin Strouk Ivan, fils de Polichtchouk a dit que Stern avait donné à Polichtchouk une boîte d'insuline.

Stern affirme qu'il n'a pas pu avoir donné de l'insuline à Polichtchouk et lui avoir pris 20 roubles, parce que l'insuline n'est pas un médicament manquant et se trouve toujours dans les pharmacies. Que si Polichtchouk avait été dans les pharmacies, il ne pouvait pas ne pas avoir trouvé de l'insuline. Que si cet épisode avait eu lieu, Polichtchouk devait avoir reçu une préparation hormonale manquante, qu'on ne pouvait se procurer à ce moment-là qu'au prix du marché et non au prix officiel. Qu'on ne peut guérir l'hypogénitalisme avec l'insuline seule et que Stern avait pourtant guéri Ivan Strouk.

S'il n'y a pas de certitude sur la nature du médicament donné par Stern à Polichtchouk ni sur le prix auquel Stern se l'est procuré lui-même, il n'y a pas lieu de condamner Stern dans cet épisode pour escroquerie.

Dans le courant de 1973, Koval Maria est venue à plusieurs reprises avec son fils Wladimir à la consultation de Stern. Koval a raconté à l'audience :

> *J'ai payé près de 7 roubles à la pharmacie.* Stern *m'a expliqué comment il fallait prendre le médicament. Il manquait un médicament. Nous sommes allés au domicile de* Stern. *Là, il nous a donné le médicament. En remerciement, je lui ai donné 3 dizaines d'œufs. Après un mois et demi, nous sommes revenus chez* Stern; Stern *a examiné mon fils, qui avait sensiblement grandi.* Stern *lui a fait une piqûre. La troisième fois nous sommes venus au domicile de* Stern. *Il lui a fait une piqûre et donné le médicament pour une autre. J'ai donné à* Stern *15 roubles et un poulet* (cote 7, p. du dossier 21).

Koval a fait un témoignage analogue lors de l'instruction (cote 2, p. du dossier 103).

Stern affirme avoir en effet reçu trois fois Koval Maria avec son fils chez lui. Il a reçu l'argent moins en remboursement du prix des préparations hormonales que pour son assistance médicale, accordée à son domicile. Il n'a en rien trompé Koval.

Il est écrit dans le verdict :

« Le 24 janvier 1969, en recevant et examinant Pliassoun Sergueï souffrant d'hypogénitalisme de gravité moyenne, Stern a indiqué à sa mère Pliassoun la nécessité de soigner son fils à l'aide d'un médicament hongrois et lui a donné 4 ampoules d'Horéogonine et reçu pour cela 40 roubles tandis que leur prix global était de 2 roubles 28 kopeks, s'appropriant donc 37 roubles 72 kopeks. Ce témoignage de Pliassoun a été confirmé. »

En vérité, tout s'est passé tout à fait autrement que ce qui est écrit dans le verdict. Stern n'a pas donné d'Horéogonine à la citoyenne Pliassoun le 24 janvier 1969, mais l'a simplement prescrite sur ordonnance. Chez le juge d'instruction, Pliassoun a raconté qu'elle avait cherché l'Horéogonine partout : à Odessa, à Kiev, avait envoyé l'ordonnance à Moscou, mais en vain, on ne pouvait avoir qu'un médicament de remplacement.

Stern avait dit qu'il s'efforcerait de lui en procurer, par quel moyen, elle ne le savait pas. Ils sont revenus chez Stern à la fin de l'année 1969 ou au début de 1970, c'est-à-dire près d'un an après avoir commencé à chercher ce médicament et Stern avait dit que pour 40 roubles on pouvait se le procurer et cela a été fait pour cette somme (cote 5, p. du dossier 143).

Au procès, Pliassoun a témoigné :

> *J'ai cherché l'Horéogonine à Odessa, à Kiev, à Moscou, mais n'ai pu me la procurer nulle part. Après avoir parlé à la femme d'un militaire.* Stern *m'a dit que nous pouvions nous réjouir, que cette femme possédait de l'Horéogonine, mais qu'il fallait lui payer 40 roubles pour l'avoir. J'avais compris qu'on ne pouvait obtenir ce médicament par les voies normales, c'est pourquoi j'ai payé les 40 roubles. Le docteur* Stern *ne m'a en rien trompée et je n'ai pas de griefs contre lui* (p. 4 des remarques de la défense sur le plumitif d'audience).

Stern affirme qu'il a aidé Pliassoun à se procurer de l'Horéogonine au prix du marché et ne l'a trompée en rien. Ces dépositions de Stern non seulement n'ont pu être réfutées par l'accusation, mais ont été confirmées par Pliassoun, qui ne se considère pas comme plaignante.

Le verdict précise :

« Le 22 octobre 1971, pour de la Testosterone-Propionat et de l'Apilak, dont le prix est de 3 roubles 83 kopeks, STERN a reçu de TCHERNETZKY 15 roubles, donc 11 roubles 17 kopeks indûment. »

La Cour affirme que ce fait a été confirmé par les dépositions du plaignant TCHERNETZKY, de STERN et les mentions inscrites sur la fiche du malade TCHERNETZKY.

Cette affirmation de la Cour ne correspond pas à la vérité!

TCHERNETZKY n'a jamais mentionné ni le nom ni la quantité du médicament qu'il avait reçu de STERN à son domicile (cote 2, p. du dossier 132).

TCHERNETZKY a témoigné au procès :

> *Il n'y avait pas ce médicament en pharmacie. Il m'a invité à venir chez lui. A son domicile, il m'a donné le médicament en me disant son prix : 15 roubles. Le médicament se présentait sous forme d'ampoules et de comprimés* (cote 7, p. du dossier 23-24).

STERN affirme qu'il n'a pas trompé TCHERNETZKY, qu'il lui a remis pour 15 roubles des médicaments introuvables dans les pharmacies de la ville, mais qu'il ne saurait dire maintenant leur nom.

L'expertise médico-pharmaceutique a établi d'après la fiche de TCHERNETZKY qu'on avait prescrit à TCHERNETZKY des médicaments pour 18 roubles 08 kopeks (cote 5, p. du dossier 12), que le *seul Apilak coûtait 7 roubles 28 kopeks.*

Il n'y a pas de preuves au soutien de l'arrêt de la Cour que STERN ait escroqué TCHERNETZKY.

La Cour affirme que le 12 décembre 1971, STERN aurait touché au moyen d'escroquerie de la mère de POLICHTCHOUK Sergueï 31 roubles, un coq, 20 œufs. Pour 45 roubles, il aurait donné à POLICHTCHOUK 4 paquets d'Apilak, une boîte de Gonadotropine, une boîte de Soustanon et 2 flacons d'insuline, d'un prix total de 13 roubles 78 kopeks.

Ces faits auraient été soi-disant confirmés par la plaignante POLICHTCHOUK et le témoin POLICHTCHOUK S.

Cette affirmation de la Cour, comme les précédentes, ne correspond pas à la vérité!

POLICHTCHOUK M. n'a jamais cité la liste des médicaments qu'elle avait reçus le 12.XII.71. Elle a déclaré au procès :

> *Je suis allée avec le docteur à la pharmacie, où il a acheté des médicaments pour 45 roubles. Je lui ai donné l'argent à la pharmacie ou à côté. J'ai encore redonné 5 roubles, comme 40 ne suffisaient pas. Nous avons bien reçu tous ces médicaments* (p. 9 des remarques de la défense sur le plumitif d'audience).
>
> *J'ai donné l'argent à* STERN *dans la pharmacie ou à côté, je ne me souviens plus maintenant. L'argent ne suffisait pas pour les médicaments qui étaient prescrits.*
>
> *Les médicaments étaient en boîtes et en paquets. Après, nous sommes encore revenus deux fois avec mon fils. On faisait une*

piqûre à mon fils selon les instructions de Stern. *Trois fois on lui a fait des piqûres au dispensaire. Personne ne nous a parlé d'argent* (cote 7, p. du dossier 20).

Polichtchouk S. n'a pas été interrogé au procès. Lors de l'instruction (cote 2, p. du dossier 87-90), il a témoigné que Stern leur avait remis 2 flacons d'insuline, 4 paquets d'Apilak, une boîte de Soustanon, 2 flacons de Tiréoïdine et encore deux médicaments dont il ne se rappelait plus les noms.

En conséquence, la Cour n'emprunte pas, comme elle le prétend, l'inventaire des médicaments soi-disant reçus par Polichtchouk de Stern aux témoignages des Polichtchouk.

Si l'on consulte la fiche du malade Polichtchouk, on peut y voir que le 12.XII.71, le docteur Stern avait prescrit à Polichtchouk tout un complexe de médicaments et l'expertise pharmaceutico-légale a estimé ces médicaments à près de 40 roubles (cote 5, p. du dossier 15).

Stern a déposé, qu'à part les médicaments remis, il avait encore administré à Polichtchouk des préparations hormonales en ne les faisant pas payer.

Dans le verdict faisant l'objet de ce pourvoi, il est affirmé sans aucun fondement, en contradiction avec les données évidentes, que cette déposition de Stern est réfutée par le témoignage des Polichtchouk. « Trois fois on a fait des piqûres à mon fils au dispensaire », a dit la mère et cela a été confirmé par la déposition de son fils lue à l'audience.

Cet exposé démontre que la condamnation de Stern dans cet épisode va à l'encontre des éléments du dossier.

En 1972, Netchiporouk Anna est venue à la consultation de Stern avec son fils Anatole et lui a demandé de soigner son fils.

Netchiporouk a raconté devant la cour que Stern devait se procurer un médicament pour elle et qu'elle lui avait donné 30 roubles. Qu'elle n'était toutefois pas venue chercher le médicament, un autre médecin lui ayant déconseillé de faire soigner son fils par Stern. Qu'elle n'était donc jamais revenue chez Stern et ne lui avait jamais réclamé ni le médicament, ni l'argent.

Stern explique la conduite de Netchiporouk par le fait qu'après avoir été chez lui, elle s'était rendue à la consultation du professeur Zelinsky — ennemi mortel de Stern, c'est ce qui aurait déterminé par la suite son attitude vis-à-vis de Stern.

Au moment de l'audition du témoin Netchiporouk Anatole, la Cour a examiné sa fiche, dans laquelle n'est pas mentionné du tout le fait qu'il ait été reçu par Stern.

Il est caractéristique que la fiche a été remplie de la main du professeur Zelinsky. « C'est le professeur Zelinsky lui-même qui a rempli ma fiche », a dit à l'audience Anatole Netchiporouk.

Le dossier ne contient aucune preuve du fait que Stern ait eu l'intention de tromper Netchiporouk. Elle n'est revenue chercher ni les médicaments, ni l'argent.

En quoi donc la Cour a-t-elle vu dans cet épisode une escroquerie de la part de Stern?

Le 13 février 1973, s'est présenté à la consultation de STERN KOROL S. avec son fils Nicolas. A la demande de STERN, KOROL a acheté à la pharmacie des médicaments pour 25 roubles et les a ramenés à STERN. C'est KOROL qui avait payé l'argent à la pharmacie.

La Cour affirme que des médicaments rapportés par KOROL, STERN lui aurait rendu : un paquet de Soustanon — coûtant 4 roubles 35 kopeks, pour 2 roubles d'insuline, pour 59 kopeks de Gonadotropine et de la Tiréoïdine pour 15 kopeks, en tout pour 6 roubles 94 kopeks, les autres médicaments achetés par KOROL pour 18 roubles 06 kopeks ayant soi-disant été gardés par STERN.

D'où la Cour tient-elle la liste des médicaments que, d'après son avis, KOROL avait reçus de STERN?

Dans les témoignages de KOROL et de son fils, tant à l'instruction qu'au procès, il n'y a pas de telles données.

Sur le plumitif d'audience a été ajoutée, sans aucune raison, une phrase, soi-disant dite par KOROL au procès : « J'ai su après qu'il ne m'avait donné des médicaments que pour 6 roubles 94 kopeks. »

La défense affirme catégoriquement que KOROL n'a rien dit de tel à l'audience. Si l'on considère le témoignage fourni par KOROL au juge d'instruction (cote 2, p. du dossier 14), il n'y a pas non plus d'indication quelconque de noms ou de prix de médicaments reçus chez STERN.

Les infirmiers GRIGORIOUK et MOUSYKA ont témoigné qu'ils ont injecté à KOROL Nicolas de l'insuline et de la Gonadotropine. Sur la fiche de KOROL et d'après l'expertise pharmaceutico-légale, on peut voir que le 23.XII.73, le docteur STERN n'avait pas prescrit de Gonadotropine à KOROL.

En conséquence, l'affirmation de la Cour que STERN aurait donné le 23 février 1973 de la Gonadotropine va à l'encontre des éléments du dossier.

STERN nie cet épisode et attire l'attention sur le fait que le 23.II.73 il avait prescrit à KOROL des médicaments pour 48 roubles, ce qui a été établi par la conclusion de l'expertise (cote 5, p. du dossier 14).

STERN a expliqué que KOROL souffrait d'une forme d'hypogénitalisme grave et qu'en ce moment il est en bonne santé. Que cette maladie ne peut être guérie seulement à l'aide d'insuline et de Gonadotropine, qu'il lui avait prescrit une grosse quantité d'Apilak pour un traitement prolongé de trois doses par jour, qu'il avait obligatoirement fallu injecter à KOROL de l'Horéogonine et du Soustanon.

KOROL avait dit au procès :

> *Mon fils recevait des piqûres au service médical et prenait des comprimés à la maison. Mon fils est maintenant en bonne santé, il apprend le métier de mécanicien* (cote 7, p. du dossier 18).
>
> *Mon fils prenait les comprimés trois fois par jour* (cote 7, p. du dossier 109).

En se référant à la conclusion de l'expertise, STERN a affirmé que le seul Apilak reçu par KOROL coûtait 21 roubles 70 kopeks (cote 5, p. du dossier 14).

Dans son verdict, la Cour a fait état de ce que cette affirmation de STERN « était non fondée et réfutée non seulement par les témoignages des KOROL mais aussi par l'expertise à laquelle STERN se référait ».

En quoi l'expertise réfute-t-elle les affirmations de STERN?

Il n'y a pas de réponse à cette question dans le texte du verdict.

La Cour ne peut, comme l'exige la loi, réfuter d'une manière précise les arguments de STERN, c'est pourquoi elle les rejette *in globo* sans motiver son arrêt.

J'estime que dans cet épisode également, il n'y a pas de preuves suffisantes pour accuser STERN d'escroquerie.

La Cour affirme qu'en décembre 1971, quand MALICHEVSKY Anatole est venu à la consultation de STERN avec son père « STERN a pris au père de cet adolescent 24 roubles pour 2 boîtes d'insuline, 1 flacon de Tiréoïdine et une boîte d'Apilak dont le prix global est de 6 roubles 16 kopeks, s'appropriant ainsi 17 roubles 84 kopeks ».

Cette déposition du plaignant MALICHEVSKY P. est confirmée par le témoignage de MALICHEVSKY A., mentionne le verdict.

Cette affirmation de la Cour ne correspond pas non plus à la réalité! Ni le père, ni le fils MALICHEVSKY n'ont jamais cité le nom des médicaments reçus du docteur. Lors de l'instruction, le plaignant MALICHEVSKY P. a déclaré :

> *Il m'a donné des médicaments : 10 flacons pour des piqûres, 2 paquets de comprimés dans des emballages vert et rose* (cote 2, p. du dossier 129).

Au procès il a dit :

> STERN *a délivré une ordonnance, il m'a donné 2 flacons, l'un avec des comprimés roses, l'autre avec des comprimés verts. Il m'a donné des ampoules pour des piqûres. Je lui ai donné 19 roubles et ai ajouté 5 roubles pour son accueil* (cote 4, p. du dossier 22-23).

Par conséquent, MALICHEVSKY a payé pour les médicaments non 24 roubles comme le prétend la Cour, mais 19 roubles.

STERN conteste cet épisode et attire l'attention de la Cour sur le fait que même si on ajoute foi aux affirmations de MALICHEVSKY quand il dit avoir acheté des médicaments pour 19 roubles, même alors il n'a pas été escroqué. La fiche de MALICHEVSKY (cote 4, p. du dossier 546) montre que les médicaments qui lui ont été prescrits ont été évalués par l'expertise à 19 roubles 85 kopeks (cote 5, p. du dossier 13).

Toutefois, la Cour estime que la conclusion de l'expertise est réfutée par les témoignages des MALICHEVSKY. Ce n'est pas par hasard que la Cour ne cite pas concrètement les témoignages des MALICHEVSKY qui, d'après elle, réfutent l'expertise.

Il n'y a pas de tels témoignages au dossier! La condamnation de STERN en vertu de l'article 143 du Code pénal de la R.S.S.d'U. ne résulte d'aucune preuve et est par conséquent illégale.

Ayant terminé l'analyse des épisodes concrets d'après lesquels STERN M. a été condamné en vertu du paragraphe II de l'article 143 du Code pénal de la R.S.S.d'U., la défense peut maintenant répondre à la question posée en guise de titre de cette partie du présent pourvoi :

On ne trouve dans les actions du docteur Stern aucune escroquerie ni abus de confiance commis au préjudice des personnes qu'il a aidées à se procurer des médicaments.

Il n'a pas été prouvé que le docteur Stern se procurait ces médicaments dans les pharmacies au prix officiel.

Ce seul argument suffit pour affirmer que Stern a été condamné sans fondement en vertu du paragraphe II de l'article 143 du Code pénal de la R.S.S.d'U.

La défense estime qu'en aidant quelqu'un à revendre des médicaments dont il n'a plus besoin ou en exerçant une pratique privée de la médecine sans avoir l'autorisation correspondante, le docteur Stern a commis des fautes susceptibles d'entraîner une sanction disciplinaire et non une sanction pénale.

IV. DE L'OCTROI DE DOMMAGES-INTÉRÊTS A UNE PARTIE CIVILE DANS UN PROCÈS PÉNAL

En faveur des plaignants, la Cour a exigé de Stern le versement d'une somme de 333 roubles 36 kopeks.

Dans ce cas également, la Cour a commis une violation flagrante de la loi. Aucun des plaignants n'a demandé des dommages-intérêts quelconques à Stern. Ils ont tous déclaré à l'audience être reconnaissants au docteur et de n'avoir aucune plainte à déposer contre lui. De nombreux plaignants ont aussi dit la même chose à l'instruction (cote 5, p. du dossier 176-187).

De plus, l'article 29 du Code de procédure pénale de la R.S.S.d'U. donne le droit à la Cour de demander d'office des dommages-intérêts uniquement dans le cas où le dommage matériel fut causé à une personne qui, par suite d'un état d'incapacité du fait ou non de l'accusé, ne peut défendre ses intérêts.

Dans le cas présent, la Cour a agi contrairement aux intérêts et à la volonté des « plaignants ».

V. DU PLUMITIF D'AUDIENCE

L'article 87 du Code de procédure pénale de la R.S.S.d'U. stipule : « Le plumitif d'audience est tenu par un greffier. »

Le dossier de la procédure criminelle accusant Stern M. ne contient pas le plumitif d'audience tenu au procès par la secrétaire-greffier V. Poutchkova.

Il y a au dossier le texte dactylographié d'un plumitif fabriqué en dehors des audiences. Ce texte ne correspond pas, en beaucoup de points, à ce qui fut dit au procès.

Cote 7, p. du dossier 271 se trouve une attestation du greffier du Tribunal régional de Vinnitza, qui informe que le condamné Stern a refusé de prendre connaissance du texte dactylographié du plumitif qui lui fut soumis, déclarant qu'il ne voulait prendre connaissance que du plumitif d'audience écrit à la main pendant le procès par la secrétaire-greffier Poutchkova.

La défense estime que les exigences de STERN sont fondées, étant donné qu'aux audiences la secrétaire POUTCHKOVA écrivait le plumitif à la main et ne le tapait pas à la machine.

Le rôle du président de la Cour, quand il signe ce plumitif, consiste à vérifier l'exactitude de son contenu écrit pendant les audiences et à l'authentifier de sa signature. (cf. p. 120 des *Commentaires scientifiques et pratiques au Code de procédure pénale de la R.S.S.d'U.*, Kiev 1974, ainsi que les *Commentaires au Code de procédure pénale de la R.S.S.F.R.*, Moscou 1970, p. 330).

SUBSTITUER UN AUTRE PLUMITIF FABRIQUÉ EN DEHORS DES AUDIENCES A CELUI TENU PENDANT LES AUDIENCES DU PROCÈS, LA COUR N'EN A PAS LE DROIT.

Le dossier de l'affaire criminelle contre STERN ne contient pas le plumitif des audiences tenu pendant le procès. En vertu du paragraphe 8 de l'article 370 du Code de procédure pénale de la R.S.S.d'U., le verdict est passible de cassation si les notes du plumitif d'audience sont absentes du dossier.

Vu les faits sus-énoncés,

Vu les articles 364, 369 et 370 du Code de procédure pénale de la R.S.S.d'U.

JE DEMANDE

de casser le verdict de la section criminelle du Tribunal régional de Vinnitza, ainsi que l'arrêt de la Cour suprême de la R.S.S.d'U. qui avaient reconnu STERN M. coupable et l'avaient condamné en vertu des articles 168 § II et 143 § II du Code pénal de la R.S.S.d'U. et de le relaxer des chefs de la prévention.

Avocat de la défense AXELBANT D. M.

INDEX DES TÉMOINS

Témoins de l'accusation :

Témoins de la défense :

Médecins et personnel médical :

COLLECTION TÉMOINS

Volumes publiés

Amalrik Andreï	*Voyage involontaire en Sibérie.*
Arendt Hannah	*Eichmann à Jérusalem. Rapport sur la banalité du mal.*
Auriol Vincent	*Mon septennat* (1947-1954).
Barnet Miguel	*Esclave à Cuba.*
Brüning Heinrich	*Mémoires.*
Castaneda Carlos	*Voir. Les enseignements d'un sorcier yaqui.*
Castaneda Carlos	*Le Voyage à Ixtlan. Les leçons de don Juan.*
Castaneda Carlos	*Histoires de pouvoir.*
Cohen Dr Sidney	*LSD 15, l'hallucinogène absolu.*
Combe Maurice	*L'Alibi.*
Davis Angela	*S'ils frappent à l'aube...*
Dedijer Vladimir	*Le Défi de Tito. Staline et la Yougoslavie.*
Diény Jean-Pierre	*Le monde est à vous.*
Gramsci Antonio	*Lettres de prison.*
Halimi Gisèle	*Le Procès de Burgos.*
Harrington Michael	*L'Autre Amérique. La pauvreté aux États-Unis.*
Hersh Seymour M.	*Le Massacre de Song My. La guerre du Vietnam et la conscience américaine.*
Jackson George	*Les Frères de Soledad.*
Jackson George	*Devant mes yeux la mort...*
Jones LeRoi	*Le Peuple du blues.*
Jung C. G.	*« Ma vie. » Souvenirs, rêves et pensées.*
Kouznetsov Édouard	*Journal d'un condamné à mort.*
Lewis Oscar	*La Vida. Une famille portoricaine dans une culture de pauvreté : San Juan et New York.*
Lewis Oscar	*Une mort dans la famille Sanchez.*
Lichm Antonin	*Trois générations. Entretiens sur le phénomène culturel tchécoslovaque.*
Lodi Mario	*L'Enfance en liberté.*
London Artur	*L'Aveu. Dans l'engrenage du procès de Prague.*
Mandelstam Nadejda	*Contre tout espoir*, I et II.
Medvedev Jaurès	*Grandeur et chute de Lyssenko.*
Mendès France Pierre	*La vérité guidait leurs pas.*
Myrdal Jan	*Un village de la Chine populaire* suivi de *Lieou-lin après la révolution culturelle.*
Naipaul V.S.	*L'Inde sans espoir.*

Ouvrage collectif	*Romanciers au travail.*
Ouvrage collectif	*Chili : le dossier noir.*
Pasqualini Jean	*Prisonnier de Mao.*
Razola Manuel et Constante M.	*Triangle bleu. Les républicains espagnols à Mauthausen.*
Schwiefert Peter	*L'oiseau n'a plus d'ailes...* Les lettres de Peter Schwiefert présentées par Claude Lanzmann.
Seale Bobby	*A l'affût.*
Viénet René	*Enragés et situationnistes dans le mouvement des occupations.*
Vincent Gérard	*Le peuple lycéen.*
Wylie Laurence	*Un village du Vaucluse.*
Wylie Laurence	*Chanzeaux, village d'Anjou.*

Achevé d'imprimer le 3 décembre 1976
sur presse CAMERON
dans les ateliers de la S.E.P.C.
à Saint-Amand-Montrond (Cher)

Dépôt légal : 4e trimestre 1976.
No d'Édition : 21846. No d'Impression : 211.
Imprimé en France

21846